L'HISTOIRE

ET LE

POUVOIR DE L'ESPRIT

RICHARD INGALESE

L'HISTOIRE
ET LE
POUVOIR DE L'ESPRIT

TRADUIT DE L'ANGLAIS
Par A. DE LOYRAC

PARIS
LIBRAIRIE INTERNATIONALE DE LA PENSÉE NOUVELLE
15, RUE DU LOUVRE, 15

1913

Dédié à ma femme qui fut mon inspiratrice et ma collaboratrice dans la préparation, la composition et l'achèvement de ces conférences.

Il vous a été donné de connaître les mystères du royaume de DIEU; mais aux autres en paraboles; ce que voyant ils ne voient pas et entendant ils ne comprennent pas.

PRÉFACE

Ce livre, composé de notes personnelles et de comptes rendus sténographiques des conférences données à New-York en 1900-01-02, avec addition de quelques nouvelles matières qui n'en sont que le développement, a été fait à la requête de mes élèves et publié originairement pour eux.

Il ne se recommande ni de la religion orthodoxe ni du matérialisme, mais il peut apporter des faits intéressants, sinon définitifs, à tous les curieux d'agnostique, de phénomènes psychiques ou de thérapeutique mentale.

Si l'enseignement moderne de la science de l'esprit n'intéresse qu'un très petit nombre de savants, il faut en rendre responsable l'imprécision apparente des pensées et des expressions de la majorité de ceux qui essayent de traiter ce sujet, comme aussi l'absence d'hypothèses capitales exigées pour expliquer la loi qui dirige le phénomène mental et psychique. Ce livre veut essayer de suppléer à cette dernière insuffisance, en fixant les lois sous lesquelles évolue et opère l'esprit.

L'auteur ne revendique dans cette voie aucune recherche ni découverte originale. Ce qu'il publie lui a été appris par des esprits cultivés qui, ayant vérifié ces faits par eux-mêmes, l'ont engagé à suivre leur exemple.

Certains ordres secrets, qui connaissent les Forces occultes de la nature et leurs modes de manifestation depuis des siècles, n'avaient pas jugé opportun jusqu'à présent de communiquer leur science au monde. Le siècle actuel leur semble plus propice à la divulgation des vérités occultes, en partie parce que beaucoup sont découvertes par des chercheurs indépendants, qui, dans leur ignorance, risquent d'en pervertir l'usage — tel l'hypnotisme — et que par ailleurs, les hommes avancés de la race font preuve d'un tel désir de cette science que leur supplique mentale ne peut manquer d'apporter sa réalisation.

L'Histoire et le pouvoir de la Pensée est le titre choisi pour ce recueil, car l'histoire de la Pensée n'est autre que l'histoire de l'homme. Ces conférences traitent d'abord de l'esprit ou psychique de l'homme, de son origine et de son développement; elles décrivent ensuite le pouvoir de l'esprit et ses manifestations.

En finissant, il est peut-être utile d'affirmer que cet ouvrage n'est pas écrit dans un but de propagande. Il se contente d'expliquer quelques effets des lois de la nature dont l'acceptation ou le refus ne sauraient pas plus changer ces lois qu'en affecter l'auteur.

R. I.

New-York, 1ᵉʳ octobre 1902.

PREMIÈRE CONFÉRENCE

L'OCCULTISME
SON PASSÉ - SON PRÉSENT - SON AVENIR

A un grand nombre de personnes les sujets que nous allons traiter pourront sembler déraisonnables; c'est pourquoi ceux qui n'ont pas étudié la métaphysique, sont priés de se réserver agnostiquement jusqu'à ce que le cours entier soit terminé. L'occultisme est-il une réalité ou une fiction? Vous l'ignorez, ce n'est donc qu'après avoir entendu l'exposé entier du sujet, que vous serez en mesure de juger s'il offre une suite logique d'hypothèses et s'il vaut ou non la peine d'y consacrer plus de temps et d'attention. La vérité est toujours démontrable, et vous pourrez faire la preuve de chacune des assertions fondamentales qui seront faites, comme vous pouvez prouver une proposition mathématique. En disant : Toute vérité est démontrable, je ne veux pas dire qu'il soit possible d'en faire la preuve immédiatement en l'énonçant. Tout doit suivre une évolution, vous ne pourriez vous élever sur une barre horizontale en essayant ce mouvement pour la première fois. Vos muscles ne sont pas assez forts; peu à peu, entraîné par la pratique, vous deviendrez capable de placer votre corps dans toutes les positions désirées. Ainsi en sera-t-il si vous n'avez jamais appliqué votre intelligence au raisonnement scientifique ou à la concentration, vous ne sauriez vous flatter d'accomplir immédiatement ce que vous parviendrez à faire après plusieurs années de pratique. En vous servant de votre esprit suivant les règles indiquées au cours de ce livre, vous percevrez un progrès continuel jusqu'au moment où vous constaterez sans erreur possible que vous arrivez à l'accomplissement de tous vos désirs. Une bien grande promesse, direz-vous; si elle est réalisable, elle peut être démontrée.

Notre premier sujet est « l'Occultisme, son passé, son présent, son avenir », c'est un chapitre d'introduction, un aperçu de l'histoire de l'occultisme et des occultistes qui précisera la source de nos informations.

Le Dictionnaire donne cette définition de l'occultisme : « La doctrine, les pratiques ou rites de choses occultes ou mystérieuses ; les sciences occultes ou leur étude ; mysticisme, ésotérisme. »

Au moyen âge, la science occulte ou occultisme comprenait originairement ce que nous appelons maintenant *Sciences physiques*. Une branche de l'alchimie, la chimie, regardée comme une science occulte, parce qu'elle était communément ignorée, devint ce qu'elle est aujourd'hui à la suite de recherches persistantes et de nombreuses expériences. L'occultisme signifiait aussi mysticisme et ésotérisme.

Les peuples de l'antiquité ne jugeaient pas qu'il fût insensé d'aller à la découverte de l'inconnu en expérimentant le côté subjectif de la nature aussi bien que son côté objectif, et ces deux causes dont on pouvait constater les effets rentraient dans le terme *Occultisme*.

Le matérialisme grandissant qualifia l'inconnu (lequel devenait connu en s'objectivant du côté visible de la vie) du nom de « science », alors qu'il traitait de « superstition » les croyances et les recherches touchant au côté subjectif de la vie. Et cette qualification de superstitieux semblait plus redoutable à beaucoup qu'une accusation d'ignorance, aussi délaissait-on avec quelque crainte les sciences occultes. Actuellement l'Occultisme est l'équivalent «d'ésotérisme» après avoir signifié « ce qui a trait au subjectif ».

En remontant dans l'histoire, on peut constater l'importante contribution de l'ésotérisme à la formation de la pensée humaine. Les Religions et les Sciences ésotériques ont toujours existé, il y a toujours eu et il y aura toujours dans les siècles à venir une religion pour les masses et une autre pour les initiés. De même, n'y a-t-il pas toujours eu deux sciences? l'une pour la foule matérialiste et l'autre pour l'élite spiritualiste. On trouve des traces de cette dualité dans toutes les histoires religieuses. Un jour, après qu'il eut enseigné la multitude en paraboles, ses disciples demandèrent à Jésus de Nazareth : « Pourquoi leur parlez-vous en paraboles? » Il leur répondit : « Parce qu'il vous est donné de connaître les mystères du royaume de Dieu, mais que cela ne leur est point donné. » Puis, il dévoila à ses disciples le côté ésotérique de son enseignement, leur donnant ainsi des vérités qui n'étaient point pour les masses. Dans toutes les religions, quelles qu'elles soient, égyptienne, bouddhiste, juive ou chrétienne, il existe des vérités révélées aux seuls initiés. Le judaïsme comprenait l'enseignement jéhovique pour la masse, l'enseignement cabalistique pour les plus secrets initiés, et un troisième, l'enseignement talmudique, qui participait de la nature des deux autres. Ainsi, la vérité atteignait tous les degrés de la Société, conforme à la compréhension de chacun. Ce plan fut adopté plus tard par l'Église de Rome avec un plein succès.

Certains fanatiques, se qualifiant de chrétiens, nieront très probablement tout ésotérisme dans leur foi. Mais les familiers de l'histoire des commencements de l'Église chrétienne, des écrits des Pères, comme aussi de la philosophie du « Logos » et du mysticisme des Épîtres de saint Paul ne songeront jamais à le nier.

La violence dans la négation de l'ésotérisme par les exaltés, est encore dépassée par la majorité des savants modernes dans leur opposition à qualifier de « science » tout ce qui a quelque rapport avec l'occulte; le mépris, la moquerie ou la négation n'effaceront pas des pages de l'histoire sacrée et de l'histoire profane, le fait que la Magie était, et qu'elle est encore pratiquée chez tous les peuples. Or, pour exister, la Magie nécessite la connaissance de certaines lois et de certaines forces inconnues du matérialisme. Cependant la science moderne, presque arrivée à la limite du visible, commence à frapper à la porte des sciences occultes et à scruter l'invisible. L'éther, les ions, les invisibles électriques, les atomes et la matière radiante sont déjà à l'étude.

Il y a seulement quelques semaines (1) C. Flammarion, dans un de ses articles, se déclarait partisan de l'occultisme, et prévoyait que dans un prochain avenir tous les hommes de science soucieux de progrès devraient chercher dans cette voie.

D'accord avec les enseignements de l'ésotérisme, l'occultisme est la science de la révélation divine. L'initié considère la Divinité comme le tout, il n'y a et ne peut y avoir pour lui aucune manifestation en dehors de la Divinité. Que nous regardions un brin d'herbe, une goutte d'eau ou notre planète avec sa surabondance d'hommes et d'animaux; ou dans l'espace le système des mondes, tout est Divinité sous différents aspects

(1) Ce livre paraissait en 1902.
(N. D. T.)

de manifestation. L'occultiste est originairement un évolutionniste, pour lui toute évolution s'accomplit en de longues périodes de temps qu'il appelle « Périodes cosmiques ». La Divinité décide ce qu'elle accomplira durant chaque période cosmique, puis la réalisation commence sous l'impulsion créatrice qui n'est autre que l'énergie divine, elle avance progressivement, en efforts continus pour réaliser le plan divin.

Tout dans l'Univers est développement de la Divinité et l'occultisme est la science de ce développement. Il enseigne les lois qui président à cette évolution, non seulement sur le plan objectif de la vie, mais encore sur le plan subjectif. Pour l'occultiste la science moderne n'est que la science des effets, aucune des sciences actuelles n'enseigne la cause d'un phénomène.

Prenons le sujet sur lequel la science moderne a peut-être fait le plus de progrès : l'embryologie. Nous avons là un germe; il a l'aspect de la vie, une méthode d'accroissement, il atteint un certain point de développement; demandez alors à un savant ce que ce germe deviendra : poisson, oiseau, reptile ou homme? Il est impuissant à vous répondre. Jusqu'à un certain degré de formation, toute espèce de germe est identique;

au delà, il y a un nouvel accroissement, une nouvelle forme se dessine et le germe devient : poisson, oiseau, reptile ou homme; or, cette forme qu'il prend était ineffaçablement marquée dès le commencement. Comment était-elle indiquée? Qu'est-ce qui détermine le point divergent ? la forme de conscience, de perception intérieure? l'expression définitive? L'embryologie n'étudie que les résultats et ne peut nous donner de réponse satisfaisante. La cause n'est pas cherchée; elle n'est pas trouvée.

L'étudiant occultiste veut savoir quand l'idée déterminant toute sa croissance future a été marquée sur ce germe. Il veut savoir pourquoi, à partir d'un certain moment, ce germe est devenu un homme au lieu d'un oiseau; pourquoi il a assimilé certains éléments à l'exclusion de tous les autres. Il veut connaître les lois qui gouvernent le côté subjectif de la vie. Il veut que le voile déchiré lui laisse voir la cause de la forme et non pas seulement ses effets. Et il essaie d'étudier d'abord le côté objectif de la vie, puis le côté subjectif, ou de mener de front cette double étude.

Quelque matérialiste qu'ait été le XIXe siècle, nous y trouvons des hommes dont la pensée s'est tournée vers le domaine de l'inconnu et de l'invisible pour découvrir si possible le « pourquoi » de l'existence. Quelques hommes de science ont pensé qu'il n'était ni indigne d'eux, ni déraisonnable de fonder la Société de Recherches Psychiques dans le but d'approfondir ces sujets occultes. Nous avons vu l'idée spiritualiste remettre en vigueur et répandre à travers le monde la chiromancie, l'astrologie et autres sciences quasi occultes. Après quoi, par un dernier effort, l'homme commençait à réaliser qu'il était esprit et, comme tel, n'était limité ni par le temps ni par l'espace, mais pouvait envoyer ses pensées dans n'importe quelle direction donnée et communiquer sans l'aide de mots avec d'autres esprits éloignés de lui; que cet esprit pouvait donc contraindre la matière à lui obéir.

A la longue, l'homme se fatigue de l'aspect extérieur des choses et, vie après vie, selon qu'il évolue, il étudie plus profondément les lois de la nature. Nous n'accomplissons pas la même quantité de travail dans chaque vie, perdus dans mille détails qui nous paraissent importants, nous ne trouvons jamais le temps de nous consacrer à l'étude. Le monde extérieur avec ses devoirs et ses plaisirs accapare si profondément notre attention qu'il ne nous reste guère de loisirs pour des sujets plus sérieux. Mais graduellement, au cours de notre évolution, nous devenons des travailleurs plus ardents et plus convaincus.

La connaissance des lois occultes peut être acquise de deux façons : par la recherche personnelle et par l'enseignement des maîtres. Certaines âmes courageuses préfèrent avancer par leurs propres forces sans recourir à l'aide des maîtres, ce qui semblerait plus simple et peut-être plus indiqué pour arriver à la connaissance des principes cherchés. Ces âmes fortes font souvent de terribles erreurs et d'inutiles sacrifices, car après avoir délaissé le plan objectif, elles arrivent au secret du subjectif et entrent en contact avec des forces et des influences qui mettent à néant la pensée de l'homme et ses efforts, si l'un et l'autre n'ont pas été bien dirigés.

La science acquise sous la direction des maîtres n'empêche pas l'expérimentation, le maître explique la loi et laisse l'élève faire sa vérification personnelle, après lui avoir enseigné comment elle doit être faite. La science réelle ne s'acquiert-elle pas par l'expérience?

Quels sont ceux qui enseignent? Ils peuvent être groupés en trois grandes classes : les maîtres, les adeptes et les étudiants. Les maîtres de l'occultisme dans une période antérieure de l'évolution cosmique se sont élevés à travers les stages humains jusqu'à ce qu'ils aient atteint la divinité et soient eux-mêmes devenus Dieu. Au commencement d'une nouvelle période cosmique, de nouvelles planètes sont formées, et des hommes naissent pour développer en eux l'étincelle divine. Les maîtres sont alors ceux qui dirigent et enseignent la race en évolution. Les adeptes, êtres avancés de la race, sont en même temps les élèves des maîtres et les maîtres de leurs frères moins développés; perfectionnés jusqu'à un certain point, ils n'ont pas atteint la perfection absolue. Les étudiants qui travaillent sous la direction de ces adeptes sont des hommes qui recherchent la vérité et se consacrent à l'étude spéciale de ces sciences. Ils ont le même rapport avec les adeptes que les adeptes avec les maîtres.

Il y a différents grades parmi les maîtres, les uns ayant accompli plus tôt que les autres leur évolution pendant la grande période cosmique. Il y a de même plusieurs grades d'adeptes et d'étudiants. En fait, nous constatons partout des degrés dans les intelligences. La nécessité scientifique dont parle Huxley est aisément vérifiable, la diversité des intelligences en ce monde et la supériorité de certains hommes sur leurs congénères étant aussi évidente que celle de l'homme sur l'animal. Si nous comparons le cerveau d'un bûcheron australien à celui d'Emerson, nous constatons sans difficulté qu'un monde sépare ces deux intelligences; elles ont pourtant le même procédé d'évolution, mais l'une est infiniment en avance sur l'autre. C'est une constatation que nous pouvons faire tous les jours autour de nous et la logique permet de supposer que la simple expérience journalière doit se justifier du haut en bas de la nature.

Les maîtres et les adeptes sont les gardiens des sciences occultes, sciences parfaites qui embrassent la nature entière, physique et métaphysique, l'objectif et le subjectif.

Tous les principes et tous les faits de cette science doivent être vérifiés par chacun au fur et à mesure qu'il progresse dans son évolution. J'affirme une chose, elle vous semble raisonnable, si elle satisfait le côté intuitif et rationnel de votre nature; mais pour acquérir une certitude, vous devez vérifier par vous-même la réalité de mon assertion. Ainsi doit procéder tout étudiant occultiste, il vérifiera chaque proposition de son professeur de façon à en faire une partie de lui-même, à en être sûr expérimentalement, il n'aurait autrement qu'une opinion, et les opinions à peu près aussi nombreuses que les individus n'ont qu'une valeur relative.

Pendant la période cosmique actuelle, l'occultisme nous fut apporté par les maîtres qui vinrent sur notre planète enseigner l'humanité. L'évolution de cette planète est divisée en un certain nombre de périodes et nous traversons actuellement ce que les occultistes appellent la cinquième période. Pendant la première et la seconde période, l'homme a très lentement progressé. Il se trouvait dans un nouveau monde avec de nouvelles sensations et de nouvelles expériences, sa vie était entièrement objective, presque complètement animale. Le théâtre de son activité était ce continent connu par la tradition sous le nom de *Terre de Dieu* « Mount Muru », les « Iles impérissables » ou ce que nous appelons aujourd'hui le « Pôle Nord ».

Pendant la troisième période de l'évolution, l'homme vécut sur un continent appelé Lémurie, situé entre l'océan Pacifique, la mer d'Arabie et l'océan Indien. La partie nord occupait à peu près la situation actuelle de l'Australie, des Philippines et des îles Sud du Pacifique. Les débris de ce continent dorment maintenant sous les flots. Cette période aussi connue des géologues que des occultistes coïncide avec les changements géologiques qui bouleversaient alors les continents, anéantissant les uns, faisant surgir les autres.

En Lémurie, l'homme passa de l'état le plus inférieur de la vie animale à une existence un peu plus élevée, son développement durant cette période correspond à ce que nous savons de l'homme primitif. Quelques egos, devançant les autres, réussirent à atteindre par certains côtés l'état d'adeptes, mais la masse vivait une vie de sensualité, et manifesta très peu de spiritualité pendant cette période vers la fin de laquelle la perversion des lois et des forces naturelles ne fit que s'accentuer.

Avant le cataclysme qui engloutit ce continent sous les flots, une colonie s'établit aux Indes. Les colons étaient composés de maîtres, d'adeptes et des êtres supérieurs de la race. Ils bâtirent les temples de granit d'Elephanta et la plupart des grands temples de l'Inde qui semblent avoir été le premier asile du mysticisme : leurs murs sont ornés de vieux symboles étranges qui sont autant de points de repère du développement de l'humanité.

Ces âmes donnèrent à l'Inde ses richesses littéraires et philosophiques et fondèrent de vastes empires dont la tradition n'a rien conservé. Les descendants dégénérés de ces colons répandus au Nord et à l'Ouest, peuplèrent l'Asie et plus tard l'Europe.

Après la disparition du continent lémurien, vint la période quaternaire avec Atlantis, un nouveau champ d'activité pour l'homme. Atlantis s'étendait de l'Ouest des Indes à la côte centrale et à la côte Nord de l'Afrique (les recherches auxquelles le gouvernement anglais employa plusieurs années et des sommes considérables permettent de déterminer l'étendue du continent submergé), la civilisation s'y développa avec une formidable rapidité. Toute la science accumulée pendant les autres périodes était amassée dans les âmes de ceux qui avaient été des Lémuriens et s'incarnaient alors comme Atlantéens. Ils atteignirent un degré de développement bien supérieur au nôtre, l'étude de l'occultisme était générale, même parmi le peuple.

Dans le même temps, les grands maîtres s'étaient retirés du contact humain, et les adeptes avaient pris leur place dans l'enseignement direct du peuple. Ils vivaient parmi les hommes, étaient leurs rois, leurs juristes et leurs inventeurs : en fait, ils furent les inspirateurs de la race jusqu'au moment de cette période où elle atteignit son plus haut point de développement.

Atlantis était divisé en cinq grands royaumes, dans chacun desquels existaient des loges d'adeptes. Parvenu à l'apogée de sa gloire, le peuple atlantéen s'abandonne à tous les vices, les adeptes s'éloignent dans la retraite avec leurs élèves, désormais sans action sur la masse du peuple qui refuse de les écouter et d'être aidée par eux plus longtemps.

Dans le cours des siècles qui suivent, le matérialisme s'installe en maître sur le continent ainsi qu'il était déjà arrivé en Europe et en Amérique. Le pur occultisme, oublié des masses, reste seulement le souvenir de quelques-uns qui graduellement le pervertissent et commencent à user criminellement de leurs pouvoirs. Ceux qui le pratiquent encore, l'emploient à asservir ceux qui l'ont oublié ou sont moins développés qu'eux-mêmes. Atlantis devient alors la proie d'un petit nombre d'egos infiniment riches, puissants et forts, qui réduisent le peuple en esclavage. Mais l'abus des forces occultes provoqua une réaction ainsi qu'il arrive toujours, et, comme Platon le raconte, Atlantis s'abîma soudain dans les flots. A son voyage en Égypte, il apprit que les derniers restes de ce continent avaient disparu à peu près cinq mille ans antérieurement à sa venue et que les prêtres possédaient les archives du vieux continent avec celles de leur propre pays. Ces archives gardées par les occultistes, prêtres au temps de Platon, sont encore conservées en triple, et déposées dans trois continents différents. Avant la disparition d'Atlantis, ceux de ses habitants restés vertueux au milieu de la corruption générale furent emmenés du pays par les adeptes. Ils vécurent dans les Empires de l'Ouest et colonisèrent le Centre et le Sud de l'Amérique. Dans l'Amérique centrale, cette civilisation précédant la nôtre, était fondée à tous égards sur le modèle de celle qui régissait autrefois les Indes. Leurs descendants dégénérés émigrèrent au Sud et au Nord de l'Amérique qu'ils peuplèrent.

La dégénérescence de ces aborigènes Américains était due à ce fait, qu'au moment de la quatrième période, les âmes non développées des

Atlantéens s'incarnaient dans leur corps; il en fut pour les Atlantéens comme il en avait été pour les Lémuriens; les âmes les plus avancées s'incarnèrent les premières, elles supportèrent les plus lourds fardeaux, préparant ainsi le chemin à celles qui n'avaient pas la force d'accomplir le travail de leurs aînées. Il ne faut pas oublier que l'histoire des Lémuriens et des Atlantéens n'est autre que notre propre histoire. Nos âmes les plus braves et les plus fortes ont fait éclore l'évolution de la cinquième période, ainsi qu'un bref aperçu de l'histoire générale peut le révéler, réapparaissant de temps à autre, elles ont manifesté leur énergie dans les multiples directions du perfectionnement humain, enseignant, aidant et dirigeant le cours des événements.

Les âmes avancées des Empires de l'Est d'Atlantis vinrent en Afrique pour y fonder l'Empire égyptien. Ce qui nous amène à la cinquième période, pendant laquelle l'occultisme était encore ouvertement enseigné parmi le peuple. Nous voyons dans toute l'histoire égyptienne des occultistes appelés « magiciens », qui pouvaient produire des phénomènes extraordinaires. C'étaient des adeptes répandus parmi le peuple qu'ils enseignaient comme prêtres et comme législateurs; amis des princes, ils étaient consultés dans toutes les affaires publiques.

Pendant la cinquième période — la période actuelle — les descendants de la colonie restée aux Indes, à l'apogée de leur prospérité et de leur développement, passèrent en Occident où ils fondèrent les Empires babyloniens et assyriens. Dans l'histoire sacrée et dans l'histoire profane de cette époque, nous voyons que la magie avait le pouvoir de guérir les maladies et d'asservir les lois de la nature. En remontant vers la Méditerranée, d'un côté, par Babylone et la Syrie, de l'autre, à travers l'Égypte, nous trouvons les grands survivants de la troisième et de la quatrième période submergés et confondus pendant la cinquième période parmi les peuples phénicien, grec, carthaginois et romain.

Cette esquisse forcément incomplète de l'histoire occulte, est un simple aperçu qui nous montre très brièvement ce que fut l'occultisme dans le passé et comment il parvint jusqu'à nous.

Au commencement de la cinquième période, la science et les forces occultes jetèrent un nouvel éclat renforcé de toutes les connaissances amassées par les egos, dans les précédentes périodes et dans les temps primitifs de chacune des nations mentionnées, l'occultisme fut une fois de plus enseigné au peuple. Les adeptes étaient les amis librement consultés par tous, mais graduellement le matérialisme et la sensualité dominant à nouveau ces peuples, ils s'éloignèrent du monde, comme les grands maîtres s'en étaient écartés dans les périodes antérieures.

En Grèce, le matérialisme sous sa forme la plus artistique imprégnait l'esprit du peuple, le détournait de l'enseignement spirituel et causait l'éloignement définitif des adeptes. Dans de nombreux temples grecs, le cérémonial magique était enseigné, et par le mélange des forces mentales unies à la science de la chimie et de l'alchimie, d'étonnants phénomènes étaient produits. Plusieurs de ces faits sont mentionnés dans l'histoire qui se trouve aux mains de tous.

Avant que l'occultisme ait disparu de la Grèce, un dernier effort fut accompli pour neutraliser le matérialisme et les mystères d'Eleusis furent institués. Des prêtres enseignaient sous une forme symbolique le développement et l'évolution de l'âme humaine, les sages d'alors considéraient comme un honneur le privilège d'y être initiés, ce qui prouvait l'inutilité des efforts faits pour enrayer le courant matérialiste ; aussi les prêtres cessèrent-ils d'exercer publiquement leurs pouvoirs occultes. Parfois surgissait quelque initié enthousiaste qui exhibait sa science occulte en accomplissant quelque merveilleux phénomène; mais la masse du peuple était trop enfoncée dans le matérialisme pour comprendre un enseignement supérieur à ses grossières croyances, et rapidement ces initiés devaient se retirer du ministère public.

Puis vint le christianisme; ses doctrines, après une brève période de véritable renaissance spiritualiste, servirent dans un but politique. Les différents ordres du clergé devinrent des corporations occultes dans l'Église chrétienne et assez avant dans le moyen âge, les prêtres de l'Église possédèrent toute la science occulte qu'avait conservée le monde. L'Église catholique est maintenant la seule qui ait gardé trace de ces anciennes vérités.

Au moyen âge, les occultistes se séparèrent de l'Église de Rome et formèrent, dans les différentes parties du monde, des Sociétés secrètes telles que la « Rose-Croix ».

Actuellement, presque toute la science occulte est possédée et préservée par ces Sociétés secrètes dont les membres n'enseignent que les individus parvenus à un point de leur évolution où ils sont aptes à recevoir les plus hautes vérités.

Le point culminant de l'âge sombre pendant cette période de l'évolution fut atteint au XIXe siècle; le monde en vint alors au degré le plus inférieur du matérialisme; depuis lors, la tendance s'accentue vers le spiritualisme. Quelques occultistes jugent les êtres mieux préparés à recevoir ces vérités et ne trouvent plus nécessaire de les garder avec un soin jaloux. Tant de personnes font des recherches dans cette voie et mésusent dans leur ignorance des forces qu'elles découvrent, qu'il a été décidé d'enseigner aux peuples quelque chose de ces forces et l'usage qui doit en être fait dans l'espoir de leur éviter le sort des Lémuriens et des Atlantéens.

Chaque jour, vous pouvez lire, dans les journaux, des réclames offrant aux lecteurs de les instruire sur le magnétisme et ses usages : comment réussir dans la vie — comment devenir populaire — comment dominer les autres esprits pour les asservir. Les individus se réveillent et commencent à sentir un grand désir de savoir à quoi s'en tenir sur ces forces occultes, dont ils useront sûrement à tort s'ils ne sont guidés. Des efforts variés sont faits pour donner des leçons occultes aux personnes prêtes à les recevoir, elles ne sauraient encore être offertes à la grande masse du peuple, mais seulement enseignées à ceux qui désirent connaître la vérité et veulent allier leurs forces avec celles de la nature pour le bien des autres et pour leur avantage personnel.

Le contenu de ce livre ne vous enseignera pas tout ce qui concerne l'occultisme; mais seulement cette partie spéciale qui traite de l'esprit universel, de la composition de votre être, en quoi consiste l'esprit objectif et subjectif, et quelles forces occultes chacun de ces esprits atteint et domine. Vous apprendrez alors à vous servir de ces forces pour l'avancement de votre évolution.

Nous confinant dans la sphère mentale, nous choisirons des fragments d'histoire occulte pour les réunir en une mosaïque qui vous montrera le rapport de votre esprit avec l'esprit universel et comment toute l'humanité n'est rien autre qu'une manifestation de cet esprit infini. Nous apprendrons comment nous accroître spirituellement, mentalement et matériellement, car cette science peut être employée avec succès dans ces trois directions. Nous désirons tous réussir matériellement dans la vie, beaucoup d'entre nous souhaitent augmenter leur science et leur puissance; c'est par l'usage de ces forces que nous accomplirons ces désirs secrets de notre cœur. Les temps viennent où l'homme qui n'aura pas appris à user de ses forces mentales périra dans la grande bataille de l'évolution — il périra pour cette période entière — sans pouvoir de nouveau prendre part à la lutte jusqu'à la venue de quelque autre jour cosmique.

Dans les siècles à venir, tous les hommes survivants seront des occultistes.

DEUXIÈME CONFÉRENCE

L'ESPRIT DIVIN
SA NATURE - SES MANIFESTATIONS

L'idée de Dieu paraît être universelle, bien qu'on prétende avoir découvert à l'intérieur de l'Australie une tribu d'hommes ne possédant pas la moindre conception de la Divinité. Dans toutes mes recherches, c'est la seule mention que j'aie jamais vu faire d'un peuple absolument sans aucune notion de Dieu ou du mot Dieu dans son acception générale. La conception que l'homme se fait de Dieu se transforme à mesure qu'il se développe. « Un Dieu bon est l'œuvre la plus noble de l'homme, » a-t-on dit. Pensée profonde sur le concept de la Divinité par l'homme qui correspond à son pouvoir d'idéalisation, il ne saurait créer un Dieu qui dépasse son propre idéal. Et s'il est vrai que « Dieu a créé l'homme à son image », comme nous le dit l'Écriture, « l'homme le lui a bien rendu », d'après le célèbre auteur français du XVIIIe siècle. Quand l'homme primitif réalisa le « Je suis moi », il prit connaissance de sa personnalité, il la différencia de toutes les choses existantes, il commença à penser, à analyser et à adorer. La nature et ses forces furent les premières choses dont il se rendit compte et qui éveillèrent en lui la peur et le respect; il s'aperçut qu'elles étaient plus fortes que lui, en fit des Divinités et commença à les adorer. Puis il confectionna des images de ce qu'il adorait (les totems). Il adora le soleil, la lune et les étoiles, et quand il eut appris, par l'expérience, que le feu pouvait détruire son corps et ses biens, il l'adora aussi et continua à travers les âges, adorant et craignant tout ce qu'il ne comprenait pas et dont il ne pouvait vérifier l'origine.

L'idée de Dieu est d'abord une adoration individuelle. Chaque homme a son Dieu particulier, qui est le seul vrai pour lui, chacun se faisant une conception personnelle de la Divinité. A mesure qu'il devient plus fort, il ne suffit plus à l'homme d'adorer tout seul, il désire empreindre ses idées sur ceux qui sont en contact avec lui, et nous voici à la seconde phase de l'adoration, non plus seulement individuelle, mais collective. Quand une tribu devient numériquement plus forte qu'une autre, et commence à la dominer, elle impose immédiatement l'idée de son Dieu au peuple conquis. La Grèce ancienne nous en fournit un des meilleurs exemples. Là, chaque petit État avait son Dieu particulier. A mesure qu'ils étaient absorbés, graduellement, l'idée d'un Dieu national prenait consistance, les plus faibles acceptant le Dieu du plus fort. Quelquefois, le Dieu national du peuple conquis, satisfaisant mieux les désirs ou les besoins des conquérants, était adopté par eux ainsi qu'il advint pour Isis transformée en Diane d'Ephèse. Le christianisme nous a donné un autre exemple de cette adoption du Dieu d'une autre nation en prenant à la Judée le Dieu Yah-Weh, qu'il appela Jéhovah.

Yah-Weh n'était autre que le principe créateur mâle-femelle réunis, c'était un des esprits planétaires, ou Élohim; le christianisme l'a pris au judaïsme, l'a perfectionné suivant ses conceptions et en a fait un Dieu universel et personnel. Sa vengeance et sa colère ont été modifiées et améliorées par une attribution suffisante de l'élément d'amour, qui lui permet de montrer de l'indulgence à l'égard de ses créatures élues ou prédestinées à être sauvées.

Actuellement, nous sommes dans un état de transition où la conception de l'homme sur la Divinité, s'élargit de l'anthropomorphisme à un Dieu réel et universel, illimité et immuable. L'idée anthropomorphique est celle d'un Dieu fait à l'image de l'homme avec les attributs de l'homme. Les faiblesses humaines et les traits humains étaient attribués au Dieu Jéhovique. Nous en sommes maintenant à un point où l'anthropomorphisme a cessé d'être la caractéristique de nos penseurs les plus avancés. Nous devenons capables de concevoir une Divinité universelle sans la faiblesse humaine, sans la limitation humaine, et l'une des acquisitions capitales de ce grand mouvement mental et métaphysique, est la disparition de cette vieille idée anthropomorphique remplacée par celle d'une Divinité universelle.

« Esprit divin » est le terme choisi pour qualifier cette nouvelle conception de Dieu, en accentuant l'idée de Divinité universelle de façon à exprimer clairement : premièrement, l'idée déifique; secondement le fait qu'elle est consciente

—esprit et conscience étant en réalité synonymes. Je préférerais « conscience universelle », mais puisque « esprit divin » semble être le terme choisi par les « Christian Scientists », « Mental Scientists », « New Thought Movement » et autres, nous l'emploierons comme représentant l'universalité de la divine conscience.

Cette conscience universelle se manifeste nécessairement partout. En la considérant du côté objectif, dans le domaine minéral, par exemple, elle constitue la cohésion des minéraux, qui ne pourraient adhérer sans qu'une certaine force consciente maintienne leur cohésion. Si nous examinons ce que nous appelons états transitoires, en reculant du domaine minéral à celui des gaz dont les combinaisons chimiques produisent les minéraux, nous trouvons l'affinité chimique qui n'est qu'une certaine forme de conscience. Prenons un exemple concret. Une goutte d'eau est, comme vous le savez, formée par la combinaison de deux gaz : hydrogène et oxygène dans la proportion de deux à un, H^2O. Pourquoi ces atomes se combinent-ils ainsi et non autrement? La somme de puissance requise pour dissocier les forces combinées dans cette goutte d'eau est formidable. Vous pouvez encore mettre une goutte d'eau sur un morceau de fer et vous constaterez comment s'opère la séparation entre les deux éléments (rouille). S'il n'y avait pas de conscience dans ce qu'on appelle l'affinité chimique, comment ces phénomènes pourraient-ils se produire? La force énorme contenue dans cette combinaison de gaz se dissipe aussitôt que les atomes sont placés dans de nouvelles conditions. Il y a donc là une preuve de conscience, sans laquelle aucun changement ne serait survenu. Dans le cas de l'eau bouillante, si le feu et l'eau n'étaient que des matières inertes agissant sur une matière inerte et sans conscience, comment se produiraient les vibrations qui font bouillir l'eau? C'est le côté conscient des atomes dont le feu est composé, agissant sur la partie consciente des atomes composant l'eau, qui élève les vibrations de l'eau et la font bouillir. Et dans le règne végétal d'un degré plus élevé, pourquoi un sapin et une ciguë croissent-ils côte à côte, prenant seulement à la terre, telles molécules nécessaires à chacun individuellement. N'y a-t-il pas là une sélection consciente des éléments, faite par chaque arbre?

Dans le règne animal, la conscience individualisée se nomme intelligence, pour distinguer sa forme plus élevée de la forme inférieure du règne végétal, et nous appelons âme la forme de conscience de l'homme, supérieure à celle des animaux : c'est le point de développement le plus élevé qui nous soit familier. C'est pourquoi, lorsque nous usons du terme « conscience universelle » ou « esprit divin », ce terme désigne tout ce qui se conçoit, tout ce qui existe, tout ce que nous appelons conscience, individualisée ou non. Il exprime tout ce qui est visible ou invisible, connu et inconnu. Tout ce qui peut être vu, touché, entendu ou senti, tout ce qui peut être pressenti — tout est Dieu.

L'esprit universel se partage de deux façons, une partie se manifeste, l'autre demeure inconnue. Le côté qui se manifeste peut être compris par l'esprit humain, mais l'autre reste incompréhensible. Il y a un « plus-élément », toujours au-dessus et par delà ce qui se manifeste. La manifestation est l'extériorisation d'une cause intérieure qui la motive. Nous n'essaierons pas d'expliquer ce « plus-élément », nul d'entre les occultistes — même parmi les plus grands — n'a jamais pu en pénétrer la nature.

Du point de vue humain, la partie manifestée de l'esprit universel se divise en visible et en invisible; et bien entendu, l'une et l'autre ne sont qu'une expression, une part ou une diversité de l'unité complète de la conscience universelle. Sur le plan visible de la manifestation, l'esprit divin ou conscience s'exprime sous les deux grandes formes vulgairement connues comme force et matière. Considérant la matière au point de vue matérialiste (puisque la matière est soi-disant ce qui nous est le plus familier), nous étudierons la manifestation de la conscience universelle sous cette forme.

Nous nous supposons renseignés sur la matière, bien que Holman, J. Clerk, Maxwell et presque tous les savants avouent n'en avoir qu'une conception hypothétique. « Tout ce que nous savons de la matière revient à dire que c'est l'hypothétique substance d'un phénomène physique », déclare Huxley dans *Sensation and Sensiferous Organs* (1). Physiquement, nous savons très peu de chose sur la force et la matière, car ce monde objectif est sur le plan des effets.

Les occultistes partagent la matière en deux grandes divisions : une partie intégrale et une partie divisée. La partie divisée constitue en

(1) La Sensation et les Organes sensitifs.

quelque sorte un précipité de la partie intégrale. Prenons un exemple. Si vous placez dehors un récipient d'eau par une température au-dessous du degré de congélation, vous constaterez un ralentissement graduel de la force de vibration des atomes qui composent l'eau, jusqu'à ce qu'il se produise une cristallisation dans le récipient. La plus grande partie de l'eau contenue dans le vase est encore à l'état fluide, mais des formations cristallines existent en même temps et nous avons ensemble dans le récipient, la molécule intégrale et la molécule divisée. C'est ainsi que dans la nature ces deux forces de la matière sont toujours constatées pendant une période de manifestation ou d'évolution, et c'est cette partie divisée de la matière que la science appelle atomes. Cependant certains savants ont récemment essayé de subdiviser même l'atome qu'ils conviennent n'avoir encore jamais vu. Il y a beaucoup de théories scientifiques sur la nature de l'atome, dont la discussion nous entraînerait trop loin. Sachons seulement que les physiciens s'accordent à dire que, logiquement et nécessairement, il doit y avoir un ultime élément — lequel produit le phénomène que nous appelons vie. Si tous les intellectuels avaient la foi des scientifiques, ils deviendraient bientôt des occultistes convaincus qui réussiraient dans toutes leurs entreprises. Le scientifique profane — que l'on excuse le terme « profane » — concentre sa vie et son action sur un seul but, s'étant dit : « Cette loi doit exister de toute nécessité », il fait de sa vie l'enjeu de sa foi. Avant la découverte de Neptune, la science avait déclaré : « A tel point de l'espace doit exister une planète. » Dès lors, tous les calculs astronomiques furent basés sur la logique de cette idée, jusqu'à ce que la planète fût enfin découverte par Leverrier. Ainsi en est-il avec la question qui nous occupe : l'existence de l'atome invisible. Le scientiste est convaincu de l'unité de la substance ; il sait qu'il ne peut en être autrement, que la diversité des formes physiques visibles doit avoir une base unique ; en conséquence, il conclut à l'existence de l'atome.

Les occultistes affirment que l'atome dont parlent les scientistes, doit exister, qu'il existe, et qu'il est visible du côté subjectif de la vie ; que les atomes sont les pierres dont le monde est construit. L'atome est donc vu et connu de l'occultiste comme il est une nécessité logique pour le physicien. A la question : « Comment a-t-il été créé ? », l'occultiste répond : « Il est créé par la volonté de Dieu. » Dieu veut se manifester dans la plus haute forme d'existence; ce désir, en s'extériorisant, s'objective et produit l'Univers et son évolution. Désir qui se manifeste d'abord en une partie intégrale, force qui se désagrège elle-même et produit les atomes. Et tous les mondes, tous les corps, tous les atomes sont faits de la même substance. Partout, à travers l'espace, une seule base existe pour l'Univers physique et nous appelons cette base la matière. Bien des gens cependant donnent à la matière des qualités qu'elle ne possède pas et partant une puissance excessive. En comprenant la nature de la matière et en la considérant à son vrai point de vue, vous pourrez la dominer; mais en lui attribuant des propriétés imaginaires, c'est elle qui vous dominera ou vous limitera.

L'autre grande puissance reconnue comme un facteur dans la construction du monde physique est la force dont nous n'avons qu'une connaissance très limitée. Il est vrai que la force est classée scientifiquement en force électrique, force calorique, force mécanique, etc.; mais les physiciens, après l'avoir ainsi classée et analysée, savent seulement que la force est la cause immédiate du changement de vitesse ou de direction d'un corps en mouvement. En d'autres termes, c'est la cause approximative du phénomène de la forme. Quand nous considérons le monde matériel comme une manifestation de la Divinité, nous savons que derrière ce mouvement appelé force et derrière cette forme appelée matière existe une cause qui les produit ; et c'est cette cause que nous voulons étudier.

L'occultiste part de ce point de vue, comme nous l'avons déjà dit, que tout est Dieu ou essence divine. L'essence divine se manifestant comme mouvement est appelée force et par l'occultiste et par le physicien. L'occultiste l'appelle aussi pensée, toute force étant, en définitive, ou une pensée, ou le résultat d'une pensée. Pour l'occultiste, force et pensée sont identiques, et la force est produite par l'esprit. L'essence divine manifestée comme matière, est ce qu'en occultisme et en physique, on appelle substance — la substance est le nom collectif qui désigne les atomes (ce mot représente pour nous ce qui est au-dessus) — ce qui se trouve derrière l'Univers visible.

Qu'est-ce que l'Univers physique, si ce n'est le mouvement ou vibration des atomes ? Et l'origine de la matière, du mouvement, n'est autre que l'essence divine elle-même.

L'erreur commise par les matérialistes est de croire que la matière est tout : principe et substance; qu'esprit et conscience ne sont rien autre que la matière en mouvement. La grande erreur des « Mental Scientists » et des « Christian Scientists » est de croire que tout est esprit et que la matière n'existe pas. Chacune de ces opinions excessives échoue devant les manifestations de l'essence divine, car l'essence divine se manifeste sous les deux formes, et nous l'étudierons dans sa double manifestation. Prétendre que la matière n'existe pas et faire en pensée table rase du monde physique, ne saurait être ni raisonnable ni scientifique. La véritable attitude scientifique consiste à dire que la suprême essence divine universelle — Conscience, Dieu — se manifeste dans une double expression de mouvement et de matière. Ce qui nous donne la trinité, Conscience, Force et Substance.

L'occultiste n'oublie ni cette trinité ni le rôle joué par chacune de ses parties dans la vie. Pour lui, l'atome est double, il possède un aspect conscience et un aspect substance. Son aspect positif est conscience, son aspect négatif substance et les deux sont inséparables.

Le physicien ne reconnaît pas le côté conscient de l'atome et le « Christian Scientist » en méconnaît le côté physique; l'occultiste assure que le côté physique de l'atome est le véhicule dont se sert la conscience, cette dualité de l'atome est la clef de l'occultisme, la connaissance en est essentielle pour la production consciente de phémènes. Ceci admis, on s'explique comment l'Univers visible est produit, comment les forces sont réglées, comment des guérisons sont obtenues par la thérapeutique mentale. Tout se résout dans l'action de l'esprit sur l'esprit ou sur de moindres ou différentes formes de conscience. La matière est assujettie à l'esprit quand l'esprit contrôle la forme à travers le côté conscient de la substance, en créant ou en modifiant les vibrations, causes de la forme.

Le monde des formes n'est composé que d'atomes vibrant à différentes vitesses bien définies. Les vibrations, qui évoquent pour nous l'idée de son, n'ont pas en réalité de son inhérent; celui-ci n'est dû qu'à la somme des vibrations qui frappant les nerfs de l'oreille, sont transmises au cerveau et de là à l'esprit. Les vibrations qui se rapportent à l'œil, comme la couleur, n'ont pas de lumière par elles-mêmes, mais sont vitesses de vibration frappant le nerf optique et transmises au cerveau en vibrations. Tout est vibration — vibrations plus ou moins modifiées par la conscience individuelle qui est en elles. Toute sensation n'est que l'effet des vibrations sur le cerveau.

En examinant, par exemple, une ampoule de verre contenant une lumière électrique, j'ai l'impression de quelque chose que nous appelons lumière. L'éther est fait pour vibrer à une certaine vitesse, ces vibrations frappent les nerfs optiques, atteignent l'esprit objectif à travers le cerveau, et j'ai la sensation d'une chose qu'il est convenu d'appeler lumière. Nous voyons ainsi que tout revient à une base mentale pour le monde matériel, puisque tous les phénomènes physiques sont produits par la même substance animée de vitesses différentes. Si vous mettez un tisonnier dans le feu, en peu de temps, il devient très brillant et nous disons qu'il est blanc. Otez-le du feu, un moment après, il passera du blanc au jaune, puis au rouge et finalement redeviendra noir. C'était le même groupe d'atomes dont les vibrations en augmentant ou en se ralentissant produisaient les couleurs bien distinctes du tisonnier. Le heurt des vibrations sur notre esprit produit les conceptions du changement de couleurs et la même loi qui crée pour nous les couleurs, crée l'Univers physique ou monde extérieur manifesté. C'est donc le rapport de notre conscience individuelle avec le monde extérieur des vibrations qui fait le monde pour nous.

Considérons maintenant l'esprit divin dans ses manifestations subjectives. La partie inférieure de cette conscience intégrale est appelée, dans le langage scientifique des physiciens « éther ». Les deux sont identiques. De même que l'atome, l'éther doit exister; c'est une nécessité logique, mais aucun savant ne l'a jamais vu; on sait seulement qu'il produit certains phénomènes. Cet éther, d'après l'opinion scientifique la plus répandue, est un médium subtil, universel, magnétique, fluidique, dans lequel est baignée toute chose manifestée.

Ce cours ayant spécialement pour but la nature et les pouvoirs de l'esprit, il nous faut étudier les qualités de l'éther au point de vue mental.

En premier lieu, l'éther est subtil. Il interpénètre toutes les formes existantes, toutes les formes de la vie physique. Pourquoi voyez-vous les autres êtres ? Pourquoi voyez-vous la lumière ? Si ce n'est par l'entremise de cette subtile essence. Je parle d'un aspect de l'esprit universel, il faut vous rappeler que ce fluide est conscience ou esprit, qu'il vous pénètre, que les atomes de votre corps sont groupés ensemble par son entremise ; cette conscience impondérable est partie intégrante de votre être. Vous nagez, vous vivez, vous existez dans une mer d'éther.

Secondement, il faut comprendre que l'éther est universel, il ne peut être exclu de nulle part ni d'aucun plan. Cette conscience universelle, ainsi que son nom l'implique, est partout. Universalité qu'il est nécessaire de bien réaliser pour comprendre les phénomènes de transmission de pensée ou les cures mentales à distance; il n'y a pas de barrière pour l'esprit.

Sur le plan mental, la pensée passe immédiatement de l'un à l'autre; il n'est pas nécessaire de faire un grand effort pour atteindre un autre esprit, vous pouvez prendre contact aisément et instantanément à travers ce médium universel.

Troisièmement, l'éther est magnétique. Toutes ses parties et chacune d'elles s'attirent et chacune étant entredépendante aucune n'est indépendante. Chaque particule de cette mer de magnétisme, chaque partie individualisée que ce soit un atome, un homme ou un soleil, est un centre magnétique, or si le tout est magnétique, chacune de ses parties doit l'être aussi. L'évolution peut seulement s'accomplir en raison de ces centres, c'est dans ce but que l'existence leur a été donnée. Chaque centre de la conscience universelle devrait être préservé avec grand soin ; votre premier devoir envers Dieu et envers vous-même est de préserver votre centre magnétique personnel. L'occultisme n'enseigne pas le sacrifice de soi-même, car un tel enseignement ne fait que retarder l'évolution au lieu de l'aider. Je ne prétends pas par là supprimer le renoncement au confort personnel et à d'égoïstes superfluités, mais je veux dire que le centre individuel ne doit être ni détruit, ni endommagé de façon à n'être plus qu'un médium imparfait pour le travail de la Divinité en lui. L'occultisme ne veut pas qu'on sacrifie sa vie pour celle d'un autre, chaque vie ayant la même valeur pour Dieu et nul ne sachant si la vie sacrifiée n'est pas le centre le plus important des deux. Et ce n'est pas ici une question de sentimentalité, mais l'énoncé d'une loi.

De plus, personne ne devrait donner de sa propre force spirituelle, mentale ou physique jusqu'à faire de soi-même un déchet. Un centre déprimé n'est d'aucun usage pour la Divinité dans la lutte évolutionnaire. Parcourez la liste de ceux qui pratiquent la thérapeutique mentale, considérez ceux de vos amis altruistes qui prennent en charge les fardeaux des autres et voyez comment agit la loi dans leur cas. Beaucoup d'entre eux ne sont-ils pas mentalement, physiquement ou financièrement diminués et d'une utilité relative à cause de cette violation consciente ou inconsciente de la loi? Je ne sonde pas ici la gloire des martyrs et des héros, pas plus que je ne critique les victimes de la vanité, j'énonce une loi immuable et ses effets.

Je sais que l'altruisme a été soi-disant enseigné par Jésus de Nazareth; en tout cas, il n'en fut plus question après trois ou quatre générations — d'après les récits qui nous sont parvenus — son enseignement ne pouvait avoir été donné que dans l'intention de neutraliser l'égoïsme intense qui dominait alors. L'altruisme et l'égoïsme sont deux extrêmes, alors que l'individualisme intelligent est un pays moyen, d'accord avec la loi énoncée plus haut. Il est heureux cependant que l'égoïsme soit si vivement condamné, et que l'altruisme soit plus prêché que pratiqué, car l'humanité serait moins apte à s'assimiler cette loi qu'elle ne l'est à présent. Votre devoir est donc de devenir un centre positif, et plus élevé sera votre degré de vibration, plus puissant vous deviendrez. N'ont jamais réussi dans la vie ceux qui sont continuellement en condition négative. Pour avoir des succès, vous devez être positifs. « Instable comme l'eau, vous ne réaliserez rien », dit l'Écriture, mais forts et positifs, tout ce que vous entreprendrez s'achèvera avec succès.

Si vous avez parfois regardé l'eau d'une rivière tourbillonnant au milieu du courant, vous avez pu observer que le tourbillon attirait à lui tout ce qui flottait à l'entour. C'était un centre actif, positif, distinct des autres centres ou tourbillons du fleuve, sa force individualisée possédait un pouvoir d'attraction qui attirait tout à lui.

C'est ainsi que les hommes deviennent tourbillons dans cette grande mer magnétique de conscience, et selon qu'ils sont positifs et forts, attirent à eux tout ce qu'ils désirent. Mais nous ne pouvons aider autrui jusqu'à ce que nous soyons devenus forts nous-mêmes. Il nous faut posséder de la force avant de vouloir en donner aux autres, nous devons savoir avant d'enseigner.

L'ESPRIT DIVIN

Quatrièmement, l'éther est fluide. Cette mer homogène de conscience divine flotte suivant l'impulsion qui lui est donnée par la Divinité elle-même et par l'homme; elle se meut dans la direction qu'on lui donne. Point des plus importants à noter car nous apprendrons qu'il y a des courants, dans cette mer fluide, et plus tard nous saurons comment nous servir de ces courants et de leurs forces pour attirer à nous l'objet de nos plus secrets désirs. Il existe des courants d'amour dont vous apprendrez l'usage pour attirer l'amour, et des courants destructeurs que l'on vous enseignera à éviter.

Vous êtes, supposons à des milliers de kilomètres de votre demeure, et vous voulez venir en aide à quelqu'un des vôtres. Par la puissance de votre pensée, vous pouvez faire affluer cette force fluidique, cette conscience et cette vie dans la personne qui a besoin d'être secourue. Il est donc très important de vous rendre compte de la nature de cette fluidique conscience universelle, étonnant dépôt dans lequel se trouve tout ce que peut concevoir l'esprit de l'homme, où ses pensées peuvent choisir et lui apporter exactement l'objet de ses désirs.

Cinquièmement, cette conscience — l'éther —

qui baigne tout, est le medium à travers lequel toutes choses sont mises en rapport les unes avec les autres. Ce medium supprime tout frottement entre ses parties; il vient à vous et vous met en communication avec tout ou partie de ses composants. Il transmet la force que vous envoyez telle quelle, sans l'altérer, ni l'affaiblir, et il vous rapporte exactement ce que vous avez désiré. Si vous pensez avec affection à un ami, votre sentiment ira vers lui précisément comme vous le pensez, ni plus ni moins intense que vous ne l'éprouvez. Un frottement quelconque dans cet éther universel ou conscience divine, nous empêcherait de recevoir la lumière des étoiles; et ne pouvant tourner plus d'un temps limité, les mondes s'arrêteraient de temps à autre dans leur orbite, s'ils éprouvaient la moindre résistance à leur progrès à travers l'espace.

Dirigée consciemment dans l'éther, votre pensée atteindra sûrement la personne, la place, ou l'objet vers lequel vous l'envoyez. Pour guérir un malade par traitement mental, vous pensez positivement à lui avec bonté et cette pensée transmise par l'éther se trace un chemin jusqu'à ce qu'elle l'atteigne. Avec le temps, un lien magnétique s'établit entre vous, lien par lequel lui parviennent vos pensées de santé et de force. Aucune vague de vibration mentale ne saurait jamais se perdre ni s'altérer. Les savants modernes s'accordent à dire qu'à la même place et au même moment, il peut y avoir une infinie variété de vagues éthériques de différentes forces sans qu'elles se mélangent les unes aux autres. Certaines de ces vagues nous sont visibles, comme celles que nous appelons lumière et qui nous parviennent des étoiles ; peut-être les messages que nous envoient ces vibrations nous rendraient-ils plus sages et meilleurs si nous pouvions les comprendre. La couleur d'une étoile indique son état de développement, et nous aide ainsi à déterminer ceux d'entre les corps célestes qui sont plus ou moins en avance sur nous dans leur évolution.

Combien en est-il qui connaissent le pouvoir magnétique donné à toutes les créatures vivantes par notre soleil ? Son apparition dissipe souvent les craintes qui nous viennent avec la nuit. Les difficultés qui nous semblent insurmontables au clair de lune, s'évanouissent comme un brouillard devant les rayons d'or de l'astre du jour. Courageux, positifs et forts dans la lumière, la nuit qui tombe fait fléchir notre courage et nous rend souvent faibles et négatifs. Plus d'âmes quittent leur corps pendant la nuit que pendant le jour; et l'état des malades s'aggrave quand le soleil décline. Toutes ces conditions sont déterminées par la loi de vibration. Les vagues de lumière ou vibrations du soleil sont plus fortes, plus puissantes et plus magnétiques que celles qui nous viennent de n'importe quelle autre source. Elles vibrent au degré du jaune doré et versent à flots des courants de force, sur notre monde et sur toutes les autres planètes assez rapprochées pour en recevoir les vibrations. Tout être ou conscience individualisée qui concentre ses pensées sur le soleil, reçoit de ce grand centre un traitement mental et magnétique. La concentration de la pensée ouvre une voie directe à la force considérable qui afflue à travers celui qui se concentre; elle élève ses vibrations mentales et physiques en rapport avec l'intensité de sa puissance de concentration.

L'esprit divin est précisément analogue à une plaque sensible sur laquelle chaque pensée humaine laisse son image. Par la pensée, vous faites l'exposé; l'image se fixe et deviendra vôtre, si vous restez fidèle à votre création; le temps l'accentuera encore et la développera pour vous. En la maintenant suffisamment, vous l'obtiendrez parfaite. Si vous y pensez paresseusement, vous avez ce que les photographes appellent une pose insuffisante, le dessin incomplet n'est ni clair, ni précis, beaucoup de détails en sont absents. Mais la peinture maintenue avec force et précision d'une façon permanente vous apportera immanquablement l'objet de votre pensée matérialisée.

Les images mentales existent d'abord dans notre pensée, puis avec le temps se réalisent effectivement suivant l'objet de notre demande, car la grande conscience nous donne précisément ce que notre pensée lui a demandé. Elle nous donne toujours l'objet de notre demande, quel qu'il soit, et l'ignorance qui guide nos désirs ne saurait en empêcher la réalisation. La seule manière dont l'évolution puisse s'accomplir, consiste pour l'Esprit divin à exaucer toute requête présentée avec persistance, nous acquérons ainsi la sagesse par l'expérience. Cette action automatique de la conscience divine fut pleinement enseignée par Jésus, mais elle est aussi mal comprise, par ses soi-disant disciples d'à présent, qu'elle le fut par ceux qu'il enseignait alors. Qui ne se rappelle ces paroles : « Ne jugez pas, pour ne pas être jugés, car avec le même jugement vous serez jugés, et la mesure dont vous vous serez servi pour les autres sera employée pour vous. » Et encore : « Demandez et vous recevrez; cherchez et vous trouverez; frappez et l'on vous ouvrira ! » Il savait en s'exprimant ainsi qu'Il énonçait une loi, une loi irrévocable dès lors et dans la suite des temps.

TROISIÈME CONFÉRENCE

DUALITÉ DE L'ESPRIT ET SON ORIGINE

Un rayon de lumière passant au travers d'une série de verres diversement colorés, prendra la teinte du dernier verre traversé, en s'accentuant de toute cette dernière coloration. Ce verre modifie les autres couleurs qui ne s'allient pas avec sa nature, alors qu'il laisse passer les rayons d'une vibration similaire à la sienne.

Il en est de même dans le rapport de tout être avec la conscience. La conscience est limitée dans ses manifestations par le médium au travers duquel elle se manifeste. Voyez, par exemple, la conscience d'une fleur, d'un animal ou d'un homme. L'expression de chacun d'eux est limitée par la forme à travers laquelle ils s'expriment, forme dont la conscience accentue la nature particulière. Si vous concentrez votre conscience — votre esprit — pendant un moment sur un de vos pieds, vous attirez le sang des autres parties du corps dans celle-ci qui deviendra rouge et enflée. En pensant à ce membre à l'exclusion de tous les autres, la portion de conscience qui fonctionne ordinairement en lui s'augmente de la conscience qui séjourne dans le reste du corps. Nous voyons en élargissant notre champ d'observation, que la loi opère exactement de la même manière avec l'homme entier. La conscience accentue la partie de l'homme dans laquelle elle s'accumule.

C'est ainsi que depuis les premiers siècles du christianisme, le corps a trompé l'homme, cette partie de lui-même accentuée par sa conscience était le dernier médium à travers lequel s'exprimait cette conscience ou esprit.

Au IIe et IIIe siècle de l'ère chrétienne, la nature réelle de l'homme était peu connue; son corps généralement considéré comme l'essentiel, était en tout cas le fait le plus certain de son existence; à ce corps les théologiens assignèrent un quelque chose de vague appelé âme. Le terme d' « âme » n'est pas encore défini de nos jours, le dictionnaire en donne une multitude de significations. Quant aux théologiens qui n'ont pu préciser ce qu'est l'âme, ni la représenter, ils ont accepté la conception juive de l'homme adamique créé d'un peu de limon sur lequel Dieu souffla pour lui donner la vie : l'âme serait donc un peu de souffle divin.

On trouve dans l'Ancien Testament des passages qui montrent que les Juifs ésotériques ne concevaient pas l'âme distincte du principe de vie universel, et ils la conçoivent à peine aujourd'hui. En traduisant en langue théologique la pensée juive, les chrétiens appelèrent « âme » le principe vital de l'homme. Les siècles se succédèrent; « la philosophie morale — entrée en scène — fut presque aussi vague que la théologie dans ses enseignements sur la vraie nature de l'âme. Les maîtres de philosophie morale ou métaphysiciens, traitaient de l'âme ou esprit, avec une confusion de mots due naturellement à une confusion de pensées; car au lieu de définir ce qu'était l'âme ou esprit, ils décrivirent le phénomène de l'esprit.

Par exemple, dans les œuvres de Sir William Hamilton, — philosophe très en vue d'un temps qui n'est pas si lointain — nous trouvons dans une discussion sur l'esprit cette question : « de combien d'articles ou de sujets l'esprit humain peut-il être conscient dans le même temps ? » Puis des digressions sur les phases du somnambulisme, la mémoire inconsciente, etc... autrement dit l'étude des *phénomènes de l'esprit*. Toute l'ancienne philosophie morale d'Occident sur l'esprit intérieur, âme ou intelligence, selon qu'elles furent plus ou moins vaguement désignées, fut en réalité de la psychologie physiologique, et se rapporte entièrement à l'action de l'esprit sur le corps et par le corps.

Puisque la conscience se manifestait alors principalement dans l'homme extérieur, et puisque le corps, plus une petite chose indéfinie, était considéré comme l'homme, la doctrine de la résurrection physique enseignée par les théologiens devenait dès lors très naturelle. Beaucoup d'entre eux ne savaient comment expliquer l'immortalité sans une résurrection physique; du moins il en était ainsi après le concile de Nicée. Le Chrétien et le Juif étaient alors les deux seuls croyants au monde qui redoutaient la dissolution du corps physique; de là vint la pratique malsaine d'ensevelir les corps morts dans le but de les préserver. Les Égyptiens embaumaient leurs morts pour conserver leurs vieux atomes afin qu'ils pussent s'en servir encore à leur retour sur la terre.

De nos jours, la majorité des humains n'est pas beaucoup plus avancée que les théologiens et les métaphysiciens des premiers siècles. Demandez à dix des personnes que vous rencontrez chaque jour, en quoi consiste un être humain, et neuf sur dix vous décriront le corps physique. Vous serez surpris de constater l'ignorance générale en ce qui concerne l'homme intérieur. Des êtres intelligents vous décriront l'âme comme un corps dans le genre du corps physique, orné d'ailes. Cette conception était, je crois, celle du peuple au moyen âge, les peintures de ce temps représentent souvent l'âme comme un corps volant à travers l'espace. Le corps, plus des ailes, telle était anciennement la conception artistique de l'homme psychique — de l'homme réel.

Il y a quelques jours, je demandais à une personne de cette ville, réputée par sa piété, l'image qu'elle se faisait d'une âme. Après avoir profondément réfléchi, elle avoua son ignorance, puis elle émit la supposition d'une chose blanche qui flottait dans l'air comme une feuille. A la même question, une autre me répondit avec hésitation qu'elle se figurait une âme comme une sorte de réveil-matin attaché au corps, qui sonnait à chaque mauvaise action. L'homme sait si peu à quoi s'en tenir sur lui-même que pour quatre-vingt-dix-neuf personnes sur cent, il n'y a pas de distinction entre « elle » et leur corps. Que chacun de vous réfléchisse un moment pour voir comment il se définirait, et quelle formule il donnerait de lui-même.

Vers le milieu du XIXe siècle, un mouvement spiritualiste se dessina; certains esprits aventureux commencèrent des recherches sur la nature de l'homme, se demandant si l'immortalité était un fait démontrable. En Amérique et en France, les investigateurs maintinrent qu'il y a persistance de la conscience après la dissolution du corps physique, et que certains phénomènes en sont le résultat. C'était la première tentative générale délibérée depuis les temps chrétiens pour découvrir l'âme de l'homme; le premier effort pour réunir une quantité suffisante de données scientifiques sur lesquelles on baserait une philosophie de l'homme psychique. Ils ne nous ont pas encore donné de système philosophique, bien que leurs recherches aient commencé à peu près au milieu du siècle dernier. Le principal dogme de leur croyance est qu'au delà de cette vie terrestre, il existe une progression éternelle pour l'âme humaine, différant en cela de la vieille croyance chrétienne orthodoxe, à un état de stagnation où les élus portent des couronnes, agitent des palmes, et chantent des alleluias pour toujours et à jamais.

Le mouvement qui continua cet ordre d'idées commença vers 1875, ce fut le mouvement théosophique. Son but, entre autres, était d'étudier l'homme et particulièrement ses facultés latentes psychiques. Ces recherches donnèrent de la nature de l'homme, une théorie plus complète qu'on ne la possédait alors en Occident. Théorie parfois assez vague, les nombreuses sectes de ce mouvement n'étant pas d'accord dans leurs croyances. Les unes faisaient de l'homme une combinaison de sept, les autres de quatorze personnalités ou principes différents. C'était toutefois un effort vers le spiritualisme.

En 1886, la Société de recherches psychiques était fondée pour l'étude des phénomènes psychiques, et travaillait dans le même sens que les investigations des spiritualistes. Son but était d'établir la démonstration scientifique de la persistance de la conscience chez l'homme après la mort. Jusqu'ici nul n'a eu connaissance des découvertes que la Société a pu faire dans cette voie.

Un ensemble de chercheurs se mirent finalement à pratiquer ce qu'ils appelèrent l'hypnotisme, et ce n'était là en réalité que le mesmérisme rajeuni et rebaptisé. L'hypnotisme a fait un peu de bien au monde et fera un mal considérable avant d'être définitivement condamné. Toutefois, j'appellerai votre attention sur quelques faits découverts avec l'aide de l'hypnotisme. Ce fut une preuve pour beaucoup, et l'évidence même pour tous les investigateurs, que le corps de l'homme n'est pas l'homme réel, le corps d'une personne en état de sommeil hypnotique étant inapte à penser, à sentir, ou à fonctionner d'aucune façon. Si le corps était l'homme, le sommeil ne pourrait éteindre complètement sa conscience, il en resterait suffisamment pour enregistrer la sensation. Enfoncez une épingle dans la chair d'un homme endormi normalement, et vous regretterez promptement votre expérience ! Mais faites le même essai sur un homme en état complet d'hypnose, vous n'aurez aucun réflexe de votre victime. Dans un cas, il y a donc conscience et dans l'autre, il n'y en a aucune, preuve suffisante pour l'expérimentateur que le corps n'est pas l'homme, mais contient un quelque chose capable d'enregistrer les sensations produites par les objets extérieurs au corps. Le phénomène de l'hypnotisme démontre aussi que l'esprit n'est pas le produit de la vibration moléculaire du cerveau, puisque durant l'hypnose et pendant l'inaction du cerveau, l'esprit continue à agir.

Ces expériences sont appuyées davantage encore par l'usage des anesthésiques. Sous l'influence du chloroforme, une personne présente le même phénomène qu'à l'état d'hypnose ; dans les deux cas l'esprit ou homme réel est expulsé de son corps physique qui devient incapable de fonctionner et reste inerte jusqu'à ce que le principe raisonnant réintègre sa demeure. Il arrive souvent que la conscience extériorisée des sujets en état d'hypnose, une fois revenue, ceux-ci vous donnent le compte rendu exact des faits qui se passaient à l'endroit éloigné où elle se trouvait. L'hypnotisme a donc donné deux très bons résultats. Il a prouvé scientifiquement que l'homme est esprit, que cet esprit peut subsister séparément et en dehors de son véhicule, le corps, et que cet état qui peut exister pendant un moment, n'a aucune raison logique pour ne pas se prolonger pendant une éternité.

Nous avons donc là une donnée scientifique de l'immortalité.

Ces sujets d'abord étudiés à Paris et à Nancy, le furent ensuite aux États-Unis et en Suède, et finalement dans le monde entier. Les chercheurs découvrirent l'existence d'un esprit capable d'éprouver les sensations, qui fonctionne ordinairement dans le corps humain, mais peut en être séparé comme je viens de le dire plus haut. Ils constatèrent aussi qu'un second esprit existe dans l'homme, et cela après que le premier esprit est tout à fait sous le contrôle de l'hypnotiseur; ce second esprit ou intelligence peut agir indépendamment du premier. Ils appelèrent cette deuxième conscience, le subliminal. L'homme n'est donc pas seulement un esprit, il est deux esprits. Par la suite la première conscience atteinte devint l'esprit objectif et la seconde l'esprit subjectif.

Si l'esprit existe — et l'hypnotisme nous l'a démontré — il doit avoir une forme et une couleur, car rien ne se peut concevoir existant dans l'Univers sans forme et sans couleur.

L'individualisation, l'état de séparation exige une forme et une couleur, sans lesquels cet état ne saurait exister. Une grande quantité de preuves ont été réunies à ce sujet venant de sources variées. La Société des recherches psychiques, les clairvoyants, les mages et sensitifs du monde entier sont tous d'accord sur ce point que l'esprit a une forme. Ils diffèrent quant à la couleur, nécessité logique que j'expliquerai plus loin. L'esprit a une forme, cette forme est celle du corps qu'il habite; l'homme réel est le prototype éthérisé de son moi physique. En d'autres termes, le moi physique est une peinture matérialisée de l'homme intérieur ou esprit. Si l'on accorde quelque valeur au témoignage humain, il est certainement concluant dans ce cas, puisqu'il y a unanimité évidente de quatre grandes sources différant sur beaucoup d'autres points.

En ce qui concerne la couleur, la différence d'opinion tient à une différence dans le développement respectif des observateurs. Je m'explique. Dans la rue, une femme en observe une autre : « Quelle jolie robe ! » dit-elle, si on lui demande la couleur, elle répond « bleue », mais ne sait dire comment elle est faite, elle peut seulement en décrire l'effet général et la couleur. Une autre femme ayant vu la même robe, vous dira sa couleur et sa façon. Une troisième, d'accord avec les deux autres, ajoutera : « Et la femme était encore plus jolie que sa robe. » Cette dernière était capable de voir non seulement la robe, la couleur et la forme, mais aussi l'apparence de la femme qui la portait.

Il en est de même avec les quatre classes d'investigateurs mentionnés plus haut; quelques-uns fonctionnent exclusivement sur le plan objectif de la vie, mais dans des cas exceptionnels seulement, ils voient l'ébauche de la forme de l'homme psychique — de l'homme réel. D'autres observateurs, plus attentifs, en sont au point où ils commandent aux plus hautes forces naturelles et peuvent fonctionner du côté subjectif de la vie; ils voient non seulement les formes vagues de ces esprits, de ces âmes, mais ils les voient aussi distinctement que les formes physiques autour d'eux dans la vie courante. D'autres encore sont si avancés dans leur évolution, que la forme de l'homme leur révèle son caractère. Ce sont les mages ou clairvoyants supérieurs. Ces deux dernières classes, d'accord avec les occultistes, assurent que le caractère de l'esprit est toujours révélé par sa couleur, ce qui doit être scientifiquement vrai, car la forme pourrait ne pas différer, mais seulement la vibration manifestée par la couleur. Chaque esprit humain ou homme psychique a une forme et une couleur, c'est une nécessité logique aussi bien qu'une question de témoignage.

S'il est une chose au monde qui ne puisse être faussée, c'est la vibration. La vibration d'un homme détermine sa forme et sa couleur; sa pensée, son caractère sont l'essence même de ses vibrations, ainsi que nous le verrons plus tard dans un autre chapitre. Au point où nous en sommes, nous savons que l'homme est identique à l'esprit, et que cet esprit a une forme et une couleur; l'homme a aussi deux consciences appelées esprit objectif et esprit subjectif. La couleur normale de l'esprit subjectif humain — intelligence en langage théologique — est bleue, il est de la même nature que l'éther ou conscience divine d'où il vient. La couleur de l'esprit objectif humain — appelé âme par les théologiens — est verte; et la couleur prédominante de l'homme est toujours déterminée par l'esprit qui domine. Nous examinerons maintenant l'origine de ces aspects respectifs de l'homme : l'objectif et le subjectif.

L'évolution ne s'accomplit pas parallèlement dans toutes ses parties. Nous le constatons partout où nous recherchons les opérations de cette loi. L'évolution s'accomplit par la création de centres dans la grande conscience, et par la préservation et l'agrandissement de ces centres. Les réformes s'accomplissent dans une grande cité en commençant par les individus et non par la masse, ainsi procède la grande loi des centres individuels.

L'occultiste diffère du savant dans sa manière d'envisager la loi qui gouverne la sélection naturelle. Ce dernier interprète le travail de cette loi à peu près comme il suit : « Deux jeunes sauvages, de sexe différent, qui représentent chacun le type le plus développé de leur tribu, se rencontrent par hasard et, par impulsion naturelle, s'unissent et fondent une famille de petits sauvages qui sera d'un degré de développement encore supérieur au leur, et ainsi de suite. » Ceci constitue la loi de sélection naturelle, et le hasard détermine la destinée entière de la race, d'après le savant.

Mais une des maximes de l'occultiste est que

la nature échoue quand elle n'est pas aidée; et que les centres conscients n'évoluent que par le travail. Par exemple, le soleil est un centre formé à dessein, pour agir sur notre planète, la grande force vitale en jaillit consciemment dirigée sur les centres plus petits, plus faibles, il les vivifie et favorise l'éclosion d'autres formes de vie dont il aide le développement. Il en est de même avec les espèces et les types; ce n'est pas une sélection naturelle dans le sens de la nature travaillant aveuglément, qui cause l'évolution, c'est plutôt une sélection artificielle ou l'accroissement des parties individuelles. Prenez l'homme, par exemple; l'adepte choisit tels êtres plus avancés qu'il sait capables d'évoluer plus rapidement que les autres, et il aide leur développement en leur communiquant sa propre force. Ces individus sélectionnés sont ainsi assistés jusqu'à ce qu'ils deviennent la plus haute expression de l'humanité.

Dans le règne animal et végétal, l'homme choisit la plus parfaite expression d'un type ou d'une forme, et par la sélection artificielle consciente, les unit avec d'autres formes choisies, obtenant ainsi la production d'un type d'expression encore plus parfaite d'animal, d'arbre ou de fleur. L'occultiste insiste sur ce fait que le but de la Divinité, en tant que nature, est présent dans chaque partie individuelle, mais ne se manifeste pleinement qu'avec la coopération consciente de ses centres plus évolués.

Ceci bien compris, nous sommes maintenant préparés à examiner l'origine et le développement de l'esprit subjectif et de l'esprit objectif de l'homme. En passant, qu'il soit bien entendu qu'en usant des termes *objectif* et *subjectif*, expressions acceptées par les psychologues modernes, nous ne partageons pas complètement leur manière de voir sur la nature et le pouvoir de ces esprits respectifs.

Occupons-nous d'abord de l'origine de l'esprit subjectif.

Les occultistes enseignent que l'esprit subjectif de l'homme vient directement de la substance de Dieu. Minerve jaillit ainsi du front de Zeus. Avec la coopération de l'Elohim, ayant dit : « Faisons l'homme à notre image », la suprême conscience unit en elle quantité de ses parties divisées pour façonner les formes de l'esprit ; et les atomes se réunirent par la loi d'attraction, ainsi naquirent les esprits subjectifs des hommes. Expliquons-nous. Imaginez que l'atmosphère soit la suprême conscience. Considérée par un jour sans nuages, l'atmosphère en elle-même est une matière hétérogène ordinairement invisible; toutefois cet état de limpidité absolue n'existe guère, et un examen attentif permet de constater la condensation graduelle d'une de ses parties, un centre en formation, un nuage apparaît, partie d'atmosphère suffisamment condensée pour devenir visible. C'est ainsi que sont nés de l'éther les esprits individuels. Prenons encore l'exemple dont nous nous sommes déjà servis, celui d'un récipient d'eau congelée. Dans l'eau d'abord homogène, se produit peu à peu une diminution de vibration des atomes qui la composent et graduellement apparaissent quelques légères formes cristallines. Ces cristaux s'attirent et de petits morceaux de glace se forment dans le récipient, de même nature que l'eau, dont cette glace est pourtant séparée et bien distincte. C'est ainsi que la substance divine se condense et donne naissance aux esprits subjectifs individuels des hommes. Ceux d'entre vous qui ont lu le roman occulte : *Mata, le magicien*, de Mrs Ingalese se souviendront que la même pensée s'y trouve poétiquement exprimée.

> Il pense et les soleils jaillissent dans leur forme
> Il veut et les mondes se désagrègent
> Il aime et les Ames sont nées

Mon but n'est pas d'entrer dans les détails de la loi d'évolution, mais pour vous aider à comprendre votre propre nature, je vous donnerai brièvement un aperçu des phases évolutionnaires par lesquelles passe l'esprit subjectif dans son travail d'individualisation. Comme vous l'avez vu, une condensation immédiate de conscience dans la grande conscience est causée par le désir de la Divinité de se manifester, de s'exprimer en des formes individualisées, expression réalisée avec le concours des esprits planétaires ou Elohim. Ces grands êtres concentrent leur pensée sur un point désigné de l'éther, forment un centre et par l'union de la force des vibrations de leur pensée provoquent un assemblage d'atomes dont le côté conscient correspond à ces vibrations.

Les physiciens nous disent qu'avec le groupement des atomes en vie moléculaire, une nouvelle individualité est toujours créée, laquelle ajoute quelque chose à la somme totale des parties composantes. L'occultiste partage cette manière de voir, en disant que ce quelque chose est constitué par l'union du côté conscient des atomes qui détermine le caractère ou individualité du groupe. Quand un grand nombre de consciences atomiques est ainsi resserré dans une forme ovale par l'Elohim, une conscience ou esprit s'organise qui contrôle ses parties atomiques.

Ces esprits nés de l'éther commencent, dès l'instant, leur évolution, ils s'individualisent, recueillent et amassent les expériences et accentuent au fur et à mesure leur individualisation. L'évolution de ces esprits subjectifs commence du côté subjectif de la vie ; pendant des siècles, ils continuent à progresser sur des planètes composées d'une matière tellement ténue qu'elles sont invisibles à l'œil actuel de l'homme. Quand ces esprits subjectifs sont complètement individualisés, ils — ou plutôt nous, car ces esprits subjectifs ne sont autres que nous-mêmes — ils sont prêts à s'incarner en des formes animales sur notre monde physique. Il y a deux classes d'esprits subjectifs qui s'incarnent en même temps dans un monde physique. Les uns naissent avec le jour cosmique, les autres ont commencé leur carrière évolutionnaire une ou plusieurs fois déjà dans quelque autre jour cosmique, ils ont failli, et recommencent un autre stage pour continuer leur évolution. Un centre de conscience peut ne pas réussir dans la période spéciale d'évolution qui lui a donné naissance, le salut n'est pas une pure question de foi, c'est de nous-mêmes qu'il dépend entièrement de parvenir de l'humanité à la Divinité, dans la période d'évolution qui nous est assignée.

Dans la première moitié de leur évolution, l'homme et sa planète recevaient une impulsion de la conscience universelle. Quand ils eurent parcouru la moitié du chemin, l'ancien ordre de choses fut changé, les hommes suffisamment individualisés avaient atteint leur majorité mentale, ils doivent se servir maintenant de leur propre esprit et faire usage de la connaissance qu'ils ont des lois de la nature, s'ils veulent continuer leur évolution. C'est le progrès, ou l'insuccès et le retour dans l'espace pour y rester jusqu'au commencement d'une nouvelle période d'évolution, où les âmes s'essaieront encore à perpétuer leur individualité. Finalement, la destinée de l'homme est d'évoluer vers un stade supérieur à l'humanité l'homme doit atteindre un jour à la Divinité.

J'appelle maintenant votre attention sur une

ou deux caractéristiques de la partie divine de l'homme. L'esprit subjectif est de nature divine, il vient directement de la conscience universelle; c'est le Logos ou le Verbe fait chair, c'est le plus élevé, la première expression de la conscience universelle; il vient du cœur de Dieu, premier-né, il porte l'empreinte initiale de la Divinité. Parce que son évolution fut entièrement subjective avant d'atteindre cette planète, et parce que maintenant, il fonctionne normalement sur le plan des causes — le plan mental — il constitue la partie intuitive de l'homme. Cette partie qui sait sans raisonner, qui saisit immédiatement l'énoncé d'un sujet, qui voit les causes.

L'esprit objectif évolue entièrement sur cette planète. C'est un produit de la période actuelle d'évolution, sa nature est le résultat de son origine objective et de ses expériences physiques. Brièvement, voici comment procède son évolution. La Divinité se condense en une grande masse, en un nuage de conscience, s'il est permis de s'exprimer ainsi, sur une planète et lui donne la vie et la forme, les minéraux acquièrent avec leur principe vital une forme de conscience, ce qui ne veut pas dire que ce domaine inférieur s'individualise entièrement. Dans les immenses mines de charbon et de fer, la grande conscience n'est pas individualisée, cette forme d'expression n'est qu'un début d'individualisation, qui s'accentue un peu dans le domaine supérieure de ce règne — les pierres précieuses. — Une partie de la masse, quelques-uns des plus purs et des meilleurs atomes, ceux qui peuvent atteindre un mouvement de vibration plus rapide, se sont séparés des autres et commencent ainsi un essai d'individualisation.

Ensuite, la grande conscience se manifeste dans le règne végétal où nous avons d'abord les lichens et les herbes ayant chacun une forme bien distincte; ici, la conscience est individualisée; individualisation éphémère de par la fragilité et le manque de persistance des formes. La conscience en passant par le buisson atteint dans l'arbre l'individualisation parfaite, la plus haute forme de vie du monde végétal.

Puis une partie de la grande conscience pénètre dans le règne animal; elle anime ses formes les plus inférieures et graduellement, à mesure que l'évolution en fait de meilleurs véhicules, ces âmes animales ou intelligences individualisées, se réincarnent dans les formes supérieures de ce règne, telles que l'éléphant, le cheval, le chien.

Ici l'individualisation ne devient pas seulement conscience, mais esprit, et persiste comme esprit animal; il se réincarne de forme en forme; le chien, par exemple, revient plusieurs fois sur ce plan matériel comme chien, acquérant chaque fois plus de force et d'expérience.

Finalement ces esprits animaux individualisés, passent dans les formes simiesques; de là dans les corps physiques humains, et à travers la désagrégation et la disparition de ces corps successifs, ils persistent, se réincarnent et deviennent enfin les esprits objectifs des hommes.

Ces quasi-formes humaines ayant atteint le point de développement nécessaire, pour en faire des véhicules de l'esprit subjectif divin, l'union des esprits objectif et subjectif s'accomplit. Les esprits subjectifs viennent sur terre dans le but d'acquérir l'expérience de ce plan matériel, de s'assagir et de s'individualiser plus fortement, afin d'élever les esprits animaux ou consciences objectives qu'ils animent à un état de développement supérieur. La fusion de l'esprit subjectif divin avec l'esprit objectif ou animal, devient une union permanente, et ceux « que Dieu a unis » ne peuvent être séparés sans se faire le plus grand tort, comme on le verra plus loin dans le chapitre sur « Les Forces occultes inférieures et leur danger ».

L'entité ainsi formée par l'union des esprits subjectif et objectif, continue à s'incarner et à se réincarner à mesure que ses corps physiques sont hors d'usage. Ceci compris, vous serez plus à même de saisir la signification du chapitre VI de la genèse où il est dit : « Et il advint quand les (animaux) hommes commencèrent à se multiplier sur la face de la terre, et que des filles naquirent d'eux (c'est-à-dire quand des formes suffisantes furent créées) que les fils de Dieu (les esprits subjectifs) virent les filles des hommes (les esprits objectifs) qui étaient belles, ils les prirent pour femmes et s'unirent suivant leur choix. »

La genèse est le reste mutilé et défiguré des archives de l'occulte chaldéen; même dans sa forme présente, malgré les multiples déformations qu'elle a subies, elle renferme encore de grandes vérités. Quelque jour, un occultiste entreprendra de reconstituer la Bible originaire et l'interprétera pour le plus grand bien de l'humanité. Ce qui nous en reste contient encore de précieux enseignements pour ceux qui sont capables de lire et de comprendre.

L'esprit objectif ou intelligence animale est la

faculté raisonnante de l'homme, faculté dont l'éducation se fait par les signes extérieurs et s'instruit par les livres; il est aussi le siège de la sensation. Sans esprit objectif, nous ne pourrions sentir comme nous l'avons démontré en parlant de l'hypnotisme. L'esprit objectif est aussi ce que nous appelons l'intelligence par rapport au cerveau. Mais sa science basée entièrement sur l'apparence extérieure, est plus souvent fausse qu'exacte quant aux causes véritables. Cet esprit prend seulement en considération les effets ou phénomènes et comme sa vision limitée n'embrasse pas tous les faits, dans beaucoup de cas, il est incapable par lui-même de déduire une conclusion exacte.

L'esprit subjectif incarné dans l'esprit objectif, nous donne le véritable homme psychique, la dualité humaine, la fusion de ces deux consciences constitue une forme dans laquelle elles se perpétuent. Le corps physique de l'homme se modèle sur l'homme intérieur, l'homme intérieur est la matrice magnétique dans laquelle les particules physiques viennent se loger. C'est ainsi que toute forme a une base mentale, pour exister sur le plan physique, une forme doit être créée sur le plan mental.

Puisque ces deux esprits sont les condensations de l'esprit universel, ils ont naturellement tous deux les caractéristiques de cet esprit. La conscience universelle leur a donné la vie par son pouvoir créateur; ces deux esprits ont donc le pouvoir de créer. Malheureusement un grand obstacle empêche les créations de l'esprit objectif d'être toujours bonnes en même temps que son expérience animale, il acquérait la peur animale, principale caractéristique de l'esprit animal et son grand ressort d'action; c'est pourquoi quantité de créations de l'esprit objectif sont le produit de la peur ou colorées par la peur.

Nos mères impriment en nous la peur avant notre naissance, et continuent à nous l'inspirer jusqu'à ce que nous soyons en âge de craindre par nous-mêmes. Elles créent nos maladies en les redoutant, jusqu'à ce que nous puissions créer nous-mêmes nos propres maux. Et cette pitoyable peur nous suit du berceau à la tombe. Nous craignons de ne pas réussir en affaires, et nous créons ainsi nos propres insuccès. Nous craignons de ne pas avoir l'argent nécessaire pour payer nos échéances, ce qui arrive généralement par la faute de notre création imaginaire. Nous avons peur de la mauvaise chance, des désastres, de la mort, et il est vraiment stupéfiant que ses terrifiantes créations n'aient pas supprimé l'homme de cette planète. Les résultats de la peur sont les créations et les créatures de cet esprit objectif; l'esprit subjectif contenu dans l'esprit objectif, accepte les créations malheureuses, dénature les faits, unit ses propres forces à celles de l'esprit objectif pour faire naître à l'existence extérieure, les calamités imaginées.

J'ai connu une petite fille à laquelle on avait donné le même nom qu'à l'une de ses tantes morte d'un cancer. La mère disait souvent qu'elle espérait que son enfant ne mourrait pas de la même maladie. Cependant une petite grosseur fit un jour son apparition sur la joue de l'enfant. La mère, effrayée, crut reconnaître un cancer, on en fit l'ablation. L'attention de l'enfant bien attirée sur la petite excroissance de son visage, elle déclara gravement que c'était son cancer. La mère avait suggéré la pensée et l'enfant l'avait acceptée. Plus âgée, le cancer se développa effectivement et on dut l'opérer.

Un homme très heureux en affaires réussissait dans toutes ses entreprises. Un jour il rencontre un ami qui lui fait observer que sa chance ne peut durer toujours. Impressionné par cette remarque, il l'accepta comme une prophétie et se mit à attendre le changement prédit. Les ennuis arrivèrent bientôt, chaque fâcheux événement lui rappelait la réflexion de son ami. Depuis, il n'éprouva plus que des contretemps et, cinq ans après avoir accepté la malheureuse suggestion, il était ruiné financièrement et physiquement.

Voici à ce sujet, trois règles qu'il serait bon de vous rappeler :

Premièrement : la conscience dominante contrôle toujours les créations ;

Deuxièmement : l'entourage est la preuve de la conscience qui domine ;

Troisièmement : l'ignorance des lois de la vie n'est une excuse pour personne.

En continuant à créer avec ignorance, malgré votre connaissance de la loi, vous continuerez à souffrir, car logiquement une mauvaise application de la loi amènera toujours des résultats fâcheux, alors que si vous en faites un bon usage, vous obtiendrez de bons résultats. Dieu vous donne toujours, avec le temps, exactement ce qu'a créé votre pensée, si vous laissez votre esprit objectif faire les créations, il faudra les accepter, votre ignorance ne vous sauvera pas. Si vous tuez un homme dans un mouvement de colère, vous serez puni, que vous connaissiez ou non la loi. Il en est de même avec la loi morale. Vos deux esprits réunis peuvent faire de bonnes créations, ce que ne fait pas l'esprit objectif seul jusqu'à ce qu'il ait été dûment entraîné. L'esprit subjectif de l'homme doit contrôler l'esprit objectif et ses peurs, avant que l'image puisse se fixer et se développer dans un milieu favorable. Dès qu'une crainte ou une pensée déplaisante s'impose à votre esprit, bannissez-la ; si la pensée d'une maladie se présente, refusez-la. Vous le pouvez, le divin pouvoir étant en vous qui vous permet de dominer votre esprit objectif, lequel n'est que votre instrument, votre véhicule. En laissant se dessiner dans votre esprit l'image mentale d'une maladie, elle deviendra une réalité physique, mais en la détruisant au moment même, rien de mauvais n'en résultera. Remplacez toute image désagréable, par une image qui vous plaise. Dieu, en son temps, accomplira l'expression de vos désirs. Vous ne réussirez jamais, vous n'atteindrez jamais le maximum de vos possibilités sans avoir obtenu le contrôle absolu de votre esprit objectif et de ses forces. Nous allons voir comment on peut y parvenir dans le prochain chapitre intitulé : *L'Art du Self-Control*.

Un mot encore sur la dualité de l'esprit humain. Cette double nature de l'esprit peut expliquer bien des contradictions de la nature humaine. Elle fera comprendre pleinement le péché originel, qui n'est ni plus ni moins que la nature animale de l'esprit objectif sans contrôle, donnant libre cours au désordre de ses manifestations jusqu'à ce que cette nature ait été disciplinée. Quand vous voulez faire d'un poulain un cheval de courses, vous prenez grand soin de son dressage et de son entraînement avant de l'aligner avec des concurrents; et pourtant vous autorisez l'indiscipline de l'esprit animal objectif de votre nature et le laissez vous dominer dans la course de la vie.

La distinction de cette double nature de l'esprit, vous fera comprendre l'incertitude et la crainte des scientistes chrétiens, quand ils décrivent un quelque chose en dehors de la Divinité, qui n'est pas divin, mais qui crée et peut seulement créer le mal. Ils ne savent d'où cela vient, ils constatent seulement que cela est, ils en font un malicieux magnétisme animal, un diable personnel, qui n'est rien autre que l'esprit objectif de l'homme sans contrôle. C'est une partie de la conscience universelle, et par conséquent non dénuée de bien, plus ignorante que mauvaise, seul, son développement incomplet l'incite à de fausses créations.

En comprenant la nature inférieure de l'homme, vous saisissez la nature du mal. Le mal n'est que la création ignorante de cet esprit objectif, une fausse direction des forces créatrices mal employées par l'obscur esprit animal que nous autorisons à faire des créations sans contrôle. Beaucoup de vieilles controverses théologiques, et bien des questions de science mentale des temps modernes, se trouvent résolues par la compréhension de la dualité de l'esprit humain.

QUATRIÈME CONFÉRENCE

L'ART DU SELF-CONTROL

« *Celui qui est lent* à la colère est supérieur au plus puissant, et celui qui gouverne son esprit est plus fort que celui qui prend une cité », d'après un des plus grands sages de l'humanité.

Ce chapitre sur « l'art du Self Control » (1) ne sera que l'analyse et le développement de ces paroles de Salomon. Il est certes beaucoup plus facile de parler du contrôle de soi-même que de le pratiquer; néanmoins il ne nous est pas impossible d'arriver à l'exercer avec l'aide de certains moyens. Le fait que l'aphorisme cité

---

(1) Ou l'art du Contrôle de soi-même. Nous conservons l'expression anglaise si répandue qu'elle peut être comprise par tous. (N. D. T.)

plus haut vient de Salomon ne saurait suffire à nous engager au « self Control », il faut encore nous rendre compte de l'avantage que nous trouvons à nous dominer. La plupart des actes humains ont comme mobile, soit le commandement de l'Écriture, soit les conseils de ceux qui nous entourent. L'effet n'est en ce cas qu'une manière d'acquit, une sorte d'obéissance passive, dont le résultat est peu concluant.

Examinons donc quelles raisons valables inspiraient les paroles du roi Salomon. Elles reviennent à dire que nul ne peut être vraiment grand qui n'a pas le pouvoir de se contrôler. Peu importe les qualités d'un homme, s'il se laisse aller à des paroxysmes de colère et perd la domination de lui-même dans les moments critiques, sa valeur en est largement diminuée ; il ne réussira pas davantage dans un travail quelconque, à moins d'avoir d'abord développé ce contrôle de soi-même. Napoléon reconnaissait que, s'il avait pu maintenir ses accès de colère, sa domination sur les hommes eût été absolue. Quand la force de ses émotions lui faisait perdre le contrôle de lui-même, elles lui enlevaient le pouvoir de dominer les autres. La supériorité de Grant venait de sa puissance à se dominer dans les moments critiques. Georges Dewey détruisit promptement et complètement la flotte espagnole par son empire sur lui-même et sur ses hommes.

— Quand vous serez prêt, Gridley, dit-il simplement à son capitaine, ouvrez le feu.

Imaginez, si vous pouvez, un homme d'État qui n'aurait pas développé cet art du Self Control; un des grands financiers de ce pays qui ne se dominerait pas suffisamment pour garder ses plans secrets? Combien de temps serait-il un facteur important du monde des affaires?

En ce qui concerne la santé physique, à moins qu'il n'y ait un contrôle approximatif des émotions, il n'y aura pas de bonne santé permanente, une santé parfaite ne saurait exister sans le contrôle de soi-même. Les réactions qui suivent naturellement les excès d'émotions, amènent un désordre physique, sinon immédiat, du moins avec le temps. Et par dessus tout, il ne peut y avoir aucun progrès en occultisme sans le contrôle de soi-même, c'est la puissance du Self Control qui détermine les progrès d'un élève. Sans ce pouvoir, l'intuition ne peut être pleinement éveillée, la clairvoyance et la clairaudience ne peuvent se manifester, et le reste du développement se trouve grandement retardé. Un élève ne peut se servir des forces supérieures de la nature, à moins de se maîtriser d'abord. Un guérisseur mental ne saurait assister efficacement un patient tant que son propre esprit est en état de perturbation. Un élève n'arrivera à dominer son propre corps, qu'à l'aide d'un esprit calme et équilibré. Il ne peut se concentrer à distance sur quelqu'un et attirer ses pensées à moins qu'il n'ait le pouvoir de dominer son propre esprit objectif pendant que la puissance de concentration est mise en action.

Ces quelques raisons données pour motiver le contrôle de soi-même, pouvant sembler insuffisantes à beaucoup d'entre vous, en voici une autre qui sera peut-être plus décisive. Chaque fois que vous perdez votre Self Control, votre aura ou photosphère devient si activement inharmonieuse, que toutes les créations dont vous désirez la réalisation sont repoussées. Vous ne sauriez être un créateur heureux sur le plan spirituel, mental ou physique, à moins de contrôler suffisamment vos émotions, pour permettre à vos créations d'arriver jusqu'à vous. Un autre motif pour pratiquer la maîtrise de soi-même est qu'on ne peut échapper à la douleur, jusqu'à ce qu'elle soit obtenue. On n'atteint jamais le lieu de la paix, si ce n'est par la conquête de soi-même. Compris par l'occultiste, le contrôle de soi-même est le contrôle de l'esprit objectif par l'esprit subjectif, en d'autres termes, le Self Contrôl est le contrôle des émotions par l'esprit supérieur. Cette dernière définition sera peut-être plus tangible, les sensations et les émotions étant comme nous l'avons déjà vu, les manifestations de l'esprit objectif de l'homme.

Une conquête complète de l'esprit objectif par l'esprit subjectif établit une fois pour toutes la maîtrise de soi-même. Autrement dit, nous n'avons pas un nouvel esprit objectif à conquérir dans chaque nouvelle incarnation. Prenons, par exemple de l'hydrogène en supposant qu'il représente l'esprit objectif et de l'oxygène qui sera l'esprit subjectif. Le temps venu pour l'union de ces deux esprits, l'oxygène se combine avec l'hydrogène et produit une goutte d'eau. L'union des deux corps dans la goutte d'eau correspond à l'union qui produit l'homme réel intérieur. Cette goutte d'eau peut se trouver dans un vase de grès, un vase de fer ou de faïence vulgaire, ou dans une porcelaine de prix, ce sera toujours la même goutte d'eau, le récipient n'a aucune importance. Ainsi en est-il pendant vos différentes incarnations, il n'y a qu'une entité, l'homme psychique, composé de ces deux esprits s'incarnant ensemble dans des corps physiques différents, et si vous conquérez une fois votre esprit objectif, vous serez son maître à travers l'éternité. La question ainsi posée, et, sachant qu'une seule conquête suffit, elle paraît moins difficile à réaliser. Mais, cette seule conquête demandera beaucoup de luttes et la victoire changera souvent de côté, avant de rester définitivement à l'esprit subjectif.

Dans la première partie de notre évolution, les plaisirs de la vie physique et animale, semblent supérieurs à la peine qu'ils entraînent, et l'esprit subjectif pour jouir du plaisir de la sensation donne à l'esprit objectif la domination absolue. Or toute force croît avec l'usage, et l'esprit objectif dans ses manifestations de plus en plus fréquentes, acquiert une telle force que, finalement, la réaction qui suit le plaisir laisse plus d'amertume que de joie, et l'esprit subjectif réveillé par la souffrance, demande à se libérer de sa peine. Nous nous sommes abandonnés à ces plaisirs sensuels pendant tous les âges passés;

vie après vie, nous avons lâché la bride à l'esprit objectif, nous lui avons laissé l'empire et la puissance absolus, pensant trouver dans cette voie le maximum de plaisir possible. Par réaction, la souffrance nous apprit qu'il existait une meilleure manière de vivre. La douleur reste la preuve que l'esprit objectif n'a pas été pleinement conquis.

Dans le dernier chapitre, quelques caractéristiques des deux esprits vous ont été montrées. Je veux mentionner d'autres faits, qui pourront vous aider à vous identifier avec l'esprit subjectif, votre vrai vous-même. L'esprit subjectif est le « Je suis moi » de l'homme, c'est la conscience de soi-même, cette partie qui se rend compte des états de la conscience et des modes de l'esprit. C'est le centre de la conscience en soi, et jusqu'à ce qu'il ait été éveillé, il ne peut y avoir de Self Control. Les émotions ne se contrôleront pas seules, comme le terme l'implique, il doit y avoir un soi qui puisse les contrôler. Chacun de ces esprits a deux aspects; l'aspect positif et l'aspect négatif. Dans l'esprit subjectif, le côté négatif est le côté intellectuel et le côté positif est la volonté.

A la période actuelle, le côté intellectuel de

notre nature est éveillé et la volonté ne l'est pas. L'esprit objectif a aussi deux aspects : le côté négatif ou raisonnant et le côté positif ou désir. Ces deux aspects de l'esprit objectif sont largement mélangés, et c'est leur union qui rend cet esprit si fort.

Le premier but que nous poursuivrons sera d'éveiller la partie voulante ou aspect force de l'esprit subjectif, de façon que la volonté et l'intellect réunis puissent contrôler l'esprit objectif. Le côté positif de cet esprit subjectif est assez fort pour accomplir ce qu'il désire, c'est pourquoi il est de notre intérêt d'éveiller en nous cette force latente redoutable.

Voyons comment le travail se fait. Je dis : « Je veux faire telle chose », ceci est le désir ou côté positif de mon esprit objectif qui s'exprime. Mais un autre aspect de mon esprit réplique : « Non, vous ne devez pas le faire, parce que c'est mal. » Ici se manifestent différents aspects de mes esprits en activité, le désir ou partie positive de mon esprit objectif et la partie intellectuelle ou négative de mon esprit subjectif; si ma volonté, ou partie positive de mon esprit subjectif, n'est pas éveillée, ce sera plus que probablement le côté positif de mon esprit objectif qui l'emportera. Mais si le côté positif de mon esprit objectif dit : « Je veux faire telle chose » et que ma volonté ou côté positif de mon subjectif dise : « Il ne faut rien faire de cette sorte et *vous ne le ferez pas* » alors entre en action une force supérieure au désir, le désir est vaincu, subjugué par le côté supérieur positif de mon esprit subjectif, la volonté.

Les émotions sont des forces naturelles sur leur plan propre, et parce que naturelles, bien des gens trouvent inutile de les contrôler; d'autres voudraient le faire, mais ne savent comment s'y prendre, ne comprenant pas leur propre nature. Est-ce une raison parce qu'une chose est naturelle pour ne pas la contrôler? L'électricité est une force naturelle, en user dans un but d'éclairage par exemple est une très bonne chose. Cependant, cette force naturelle peut aussi détruire les corps et les biens humains, il peut donc y avoir perversion des forces naturelles par leur manque de contrôle et leur mauvais usage. Pour comprendre nos émotions, il faut les analyser, elles semblent constituer la plus grande partie de nous-même; en apparence elles sont légion, et leurs dénominations innombrables, mais en réalité, nous en trouvons seulement quatre primordiales, base de toutes les autres, ce qui restreint le travail et circonscrit la lutte.

La première grande émotion, celle qui nous cause la plus inutile souffrance est la peur. La seconde émotion cardinale est la sensualité. La troisième est le désir sexuel, la quatrième et la plus subtile de toute est la vanité. Voici donc les quatre bases élémentaires de la nature émotive. Vous ne pouvez concevoir aucune émotion qui n'ait son origine dans une ou plusieurs de ces quatre causes. Examinons brièvement leur nature puisque la plus grande partie des actions humaines peut être directement attribuée aux unes ou aux autres.

La peur est la cause de la plupart des colères, des jalousies, des meurtres, des insuccès, des vols, des doutes, des découragements, des dé-sespoirs et de bien d'autres états fâcheux de moindre importance. Analysez chacun de ces états d'esprit, vous constaterez que la peur est leur source commune; éliminez la peur et vous détruirez la racine, le point de départ de quantité d'émotions qui induisent l'homme en erreur. Vous éviterez la dispersion d'une grande quantité de force en commençant votre lutte, non contre ses nombreuses manifestations, mais directement contre la peur elle-même : il faut dompter la peur pour réussir dans la vie. Vous vous rappelez avoir appris dans une précédente conférence que l'esprit est magnétique et attire à lui tout ce à quoi il pense fréquemment. En redoutant constamment une éventualité, vous attirez la chose redoutée, et l'humanité serait anéantie depuis longtemps, sans la mobilité de ses sujets de craintes, qui ont changé si souvent, qu'elle ne s'est jamais tenue à l'un d'eux un temps suffisant pour se détruire en le réalisant.

Pour se débarrasser rapidement de ce grand ennemi, il est bon de commencer à contrôler quelques-unes de ses formes les plus vulgaires, telle que la poltronnerie physique. Un grand nombre d'hommes et de femmes sont en leur for intérieur les plus misérables poltrons qui soient, la honte seule leur en fait dissimuler l'expression extérieure. La peur de l'opinion publique devient ici plus forte que toute autre peur, et l'émotion n'est pas maîtrisée, elle change seulement d'objet. Tâchez de dominer votre lâcheté, cet ennemi retarde votre développement.

Très peu de gens sont absolument sans crainte.

Vous pouvez ne pas avoir conscience du fait, mais avec un peu de réflexion, il est facile de le constater. Vous craignez de rencontrer M. X..., parce que vous ne savez ce qu'il pensera de vous, ou parce qu'il est riche et que vous ne l'êtes pas, et que vous avez peur de ne pas produire autant d'effet. Peut-être M. X... est-il un grand homme d'État, or, vous avez la terreur des hommes d'État, vous balbutiez, vous rougissez et vous souhaitez d'être à mille lieues de là quand on vous présente à lui. La première chose à faire contre cette peur des autres est de déclarer : « Je ne crains ni M. X..., ni qui que ce soit au monde. » Puis, évoquant l'image de M. X..., comme s'il se trouvait là, déclarez qu'il n'a pas le pouvoir de vous intimider et que vous ne le craignez pas; continuez à répéter cette assertion jusqu'à ce que votre trouble ait cessé, et que vous vous sentiez capable d'affronter sa présence, sans aucun tremblement de peur ou d'embarras.

Quantité de femmes ont peur des souris. J'ai vu des femmes s'enfuir d'une chambre en criant comme des folles à la vue d'une petite souris qui courait sur le plancher. Aux poltrons de cette espèce, je conseillerai de mettre une souris dans une cage placée de façon à pouvoir bien la regarder. Qu'ils examinent son petit corps à travers un verre grossissant pour se familiariser avec cette vue, déclarant sans cesse pendant cet examen qu'ils n'en sont pas effrayés, qu'il n'y a aucune raison pour avoir peur, que les souris sont de petits centres conscients de la même conscience dont ils sont, eux aussi, des centres plus importants, que le même principe de vie les anime; et quand ils auront réalisé ces positions relatives, leur peur s'évanouira pour ne jamais revenir.

Quand vous avez éliminé les formes les plus grossières de la peur, attaquez alors les plus subtiles : telles que la peur de l'invisible ou de l'inconnu. La vie de beaucoup de gens est une crainte perpétuelle de l'avenir. Ils prévoient continuellement des choses qui n'arrivent jamais. D'autres craignent l'opinion du monde et vous entendez constamment cette phrase : « Qu'en pensera-t-on? » Rappelez-vous que le monde critique toujours et condamne tout ce qu'il ne comprend pas. Il faut, en conséquence, vous dire que vous ne craignez pas plus la critique individuelle que la critique générale; que vous ne dépendez de personne, pour votre santé, votre fortune ou votre bonheur, et que l'approbation ou la désapprobation des autres, qu'elle soit collective ou individuelle, vous est également indifférente. En vous répétant ceci sérieusement et souvent, vous triompherez de toute peur de l'opinion.

La peur éliminée, nous tournerons notre attention vers la sensualité, qui n'est que la perversion des forces naturelles. L'animal satisfait ses sens de manière à vivre, l'homme les satisfait non seulement pour vivre, mais aussi pour en jouir, c'est dans l'excès que réside la perversion de cette force naturelle. Une réaction suit rarement la satisfaction naturelle des sens; une créature qui mange parce qu'elle a faim et s'arrête quand sa faim est apaisée, ne provoquera pas de réaction; mais une réaction suit toujours la satisfaction en cas de stimulation excessive, dès que les sens sont satisfaits non par nécessité mais par plaisir. L'ascétisme est une des réactions morales de la sensualité. Dans beaucoup de contrées d'Orient et spécialement aux Indes, l'ascétisme est enseigné comme la vraie manière de vivre. De nombreuses écoles de philosophie en Amérique, ont adopté cet enseignement oriental, mais comme tous les principes extrêmes celui-ci ne donne pas les meilleurs résultats. L'École Occidentale d'occultistes n'est pas d'accord avec l'École Orientale sur ce point, qui n'est après tout qu'une question de méthode et de développement. Les occultistes occidentaux pensent qu'on obtient des résultats plus satisfaisants par la réglementation des sens que par leur suppression. Réglementation signifie satisfaction modérée dans tout ce qui concerne l'usage normal des sens. En n'excédant jamais cette satisfaction, vous jouirez de tous les plaisirs de la vie sans en subir les réactions. Le sac et les cendres n'indiquent pas toujours chez celui qui en est recouvert la spiritualité. Dénier au corps ses fonctions les plus naturelles, le fouetter ou le torturer ne rend un être ni sage ni bon, et il n'y a pas plus de raison pour atteindre la spiritualité par l'ascétisme qu'il n'y en a de l'acquérir par l'excès de jouissance. Usez de vos sens avec raison et jouissez de toutes les choses saines de la vie, laissez l'esprit — et non le désir — déterminer jusqu'à quel point vous pouvez vous servir de vos sens. C'est en quoi consiste la réglementation, l'enseignement de l'occultisme occidental.

La troisième grande émotion fondamentale que l'humanité doit apprendre à contrôler est le désir sexuel. C'est aussi une force naturelle, une des manifestations de la vie et de l'amour, c'est une partie de la force d'attraction magnétique manifestée dans l'absolu et se manifestant dans chacune de ses parties, d'accord avec la nature de son véhicule. Dans les minéraux, c'est l'affinité chimique, elle se manifeste chez les animaux par le désir de la procréation. L'homme doit régler cette force comme la sensualité. Ici encore l'occultisme occidental diffère des écoles orientales où l'ascétisme est enseigné. Cette émotion doit être si bien réglée qu'elle devienne une force créatrice au lieu d'un désir animal de procréation. Je ne veux pas dire que cette force doit être convertie seulement en puissance mentale, mais au lieu d'être altérée par la passion, elle devrait être consciemment employée, pour créer des corps à l'usage des égos qui veulent se réincarner. Usez de cette force naturelle sans en abuser, réglez-la, ne la supprimez pas. L'état normal de l'homme demande qu'aucune des parties de son corps ne soit atrophiée ou inutile; que chaque partie de lui-même, qu'elle soit spirituelle, mentale ou physique, fonctionne en parfaite harmonie.

La quatrième grande émotion qui doit être dominée avant d'acquérir le parfait contrôle de soi-même est la vanité. Émotion d'une subtilité qui nous joue presque toujours, et dont la caractéristique est d'illusionner sa victime, qui ne reconnaît jamais cette défectuosité de son caractère. Rarement, vous convaincrez une personne vaniteuse qu'elle est vaine, sa subtilité en fait l'ultime émotion, la plus difficile que nous ayons à vaincre. Le premier aspect de ce défaut et le plus vulgaire, est la vanité physique qui vient de l'admiration pour l'attraction personnelle de ses traits ou de sa forme. C'est le sentiment qui vous pousse à porter certains vêtements, non parce qu'ils sont jolis et que vous aimez la beauté, mais parce que vous pensez qu'ils augmenteront l'admiration des autres pour vous. Il est encore relativement facile de vaincre cette forme grossière de vanité qui nous est souvent révélée par nos amis ou nos ennemis, mais ce n'est que le commencement de la lutte, car plus subtile encore existe un autre genre de vanité, la vanité mentale, d'un diagnostic tout aussi difficile à préciser, peut-être même davantage.

La vanité mentale se révèle sous toutes les formes mentales. Si un homme découvre qu'il est quelque peu supérieur aux autres, il se complaît dans cette idée et considère souvent avec mépris ses frères moins avancés. Il essaye de dominer ceux qu'il croit être ses inférieurs intellectuels, oubliant que lui-même n'est qu'un enfant cosmique comparé avec les âmes qui ont évolué avant lui. Ce défaut de caractère qui limite son évolution, exige de nombreuses incarnations et de dures expériences pour disparaître tout à fait.

Puis vient la vanité spirituelle, celle qui anime tous les réformateurs, qui fait dire aux hommes : « Le monde est mal fait », ce qui implique que la suprême conscience se trompe dans l'organisation des choses terrestres. Dieu a commis des erreurs et *je* les corrigerai. J'élèverai toute l'humanité jusqu'à moi et *je* l'aiderai d'après *mes* plans. *Je* convertirai le monde à *mes* vues et tous adopteront *ma* conception de Dieu, *ma* politique ou *ma* religion, et les hommes seront les prosélytes de *ma* vérité. La vanité spirituelle se déguise si bien que son motif caché se dissimule, mais l'heure sonne dans l'évolution de ces âmes, où, purifiées de toute vanité très souvent par le martyre, elles deviennent des centres perfectionnés, conscients d'eux-mêmes dans la conscience universelle, travaillant obscurément au relèvement de l'humanité entière *d'accord avec le plan divin.* Là est la véritable expiation de ces sauveurs, qui passent dans la foule, travailleurs obscurs et inconnus au bien de l'humanité — leur fraternité silencieuse inspire et élève le genre humain de tout son pouvoir, sans jamais un mot d'éloge, une parole de reconnaissance ou de remerciement, une approbation du monde, pour leurs sacrifices et leurs efforts.

La vanité spirituelle doit s'éteindre avant que la perfection soit atteinte.

Pour le moment, luttons avec les deux premières formes de vanité et laissons le combat avec cette dernière pour quelque autre incarnation.

Il nous faut donc contrôler les quatre grandes émotions fondamentales que nous venons de passer en revue. Pour y arriver, nous devons apprendre à exercer notre volonté. Il existe deux très bonnes règles au moyen desquelles, si elles sont suivies avec persistance, le contrôle de soi-même peut être obtenu. La première est de ne jamais parler avant d'avoir pensé avec votre esprit subjectif. Il vous serait impossible de parler sans penser du tout, car la manifestation matérielle de la parole ne peut être obtenue sans qu'une action mentale précède. Mais ne laissez pas s'exprimer par des mots les émotions de votre esprit objectif avant d'avoir pensé avec votre esprit subjectif. En d'autres termes, divorcez votre pensée d'avec l'émotion avant d'essayer de l'exprimer par des mots. Vous sortez par exemple d'une chambre chaude et soudain l'air froid vous saisit, immédiatement vous vous écriez : « Je m'enrhume. » Cette remarque est le fruit de l'émotion *peur* et non le résultat de l'impression consciente d'un peu d'air froid. L'esprit objectif manifeste une crainte, exprime une création de maladie, mais si vous vous arrêtez pour penser avec votre esprit subjectif, avant de créer l'existence de ce rhume, vous détruirez la peur..., et le rhume par la même opération.

La seconde règle est de ne jamais agir jusqu'à ce que vous ayez pensé avec votre esprit subjectif. L'émotion sous le coup de laquelle vous agissez laissera généralement des regrets et se trouvera toujours suivie d'une réaction. Des milliers de cas pourraient être cités à l'appui de ce que j'avance et je ne doute pas que vous n'ayez quantité d'exemples présents à la pensée. Ces deux règles vous aideront si elles sont pratiquées même occasionnellement ; mais en les pratiquant constamment, vous serez surpris de voir avec quelle rapidité vous arrivez à dominer les quatre émotions cardinales. Après leur destruction toutes les autres disparaîtront, car elles n'en sont que les ramifications.

Certaines considérations vous faciliteront l'observance de ces règles. D'abord, rendez-vous compte que toute émotion sans contrôle est le résultat de l'ignorance ou du manque de développement; cette constatation leur enlèvera tout pouvoir sur vous. Vous saurez que vous en êtes au point émotionnel de votre évolution, ce qui est une indication d'ignorance de votre pouvoir personnel de Self-Control. Vous comprendrez alors la nécessité de corriger vos fautes pour vous développer.

Un enfant craint l'obscurité, parce qu'il ignore sa nature et sa cause. Dès qu'on éclaire la chambre noire qui lui faisait peur, il se rend compte qu'il ne s'y trouve rien qui puisse lui faire du mal, et sa crainte est immédiatement dissipée; en même temps que son ignorance est détruite, sa peur est bannie. En démontrant à quelqu'un qu'il n'y a pas de « malchance » si ce n'est celle qu'il crée, et que le « mal » dont il a peur, est son propre ouvrage, vous détruisez immédiatement la puissance qu'il a donnée à ces conceptions. Qu'un homme vain de sa science comprenne que le champ de la science étant infini, sa vanité de la petite quantité qu'il possède n'est qu'une indication de sa grande ignorance et immédiatement cette vanité disparaît. C'est donc par la lumière que quelques-unes ou toutes nos émotions peuvent être contrôlées ou éliminées.

En deuxième lieu, comprenons ce qu'est l'habitude et sachons la loi qui la gouverne; si nous savons que beaucoup de notre abandon à nos sensations inférieures et notre manque de Self-Control n'est qu'une question d'habitude, nous devenons capable de détruire ces habitudes plus vite que si nous ne les comprenions pas. Je ne puis ici pénétrer plus au cœur de ce sujet, mais voici une bonne base de travail pour commencer. Il y a deux éléments qui entrent dans la formation d'une habitude. Le premier est ce que nous appelons la loi de périodicité ou retour périodique, le second est l'impulsion initiale. La loi de périodicité cause la répétition d'un acte ou d'une pensée dans un temps déterminé. L'intensité avec laquelle la pensée a été conçue, ou l'acte accompli, détermine la durée du temps dans lequel la tendance à se répéter se manifestera.

Expliquons-nous. Regardez une lampe électrique pendant un moment, puis fermez les yeux et notez les effets. Immédiatement se produit une vibration mentale, l'image d'une lumière brillante qui disparaît peu de temps après, puis réapparaît pour disparaître encore. Elle revient à nouveau et s'en va, s'affaiblissant chaque fois davantage jusqu'à la disparition finale. C'est un exemple de la loi de périodicité, chaque pensée, chaque sentiment, chaque tendance se répéteront en temps donné d'après l'intensité de l'impulsion initiale. Connaissant cette loi, si vous voulez vous rappeler le temps exact où vos habitudes se répètent, vous pourrez en triompher avec succès. Ce qu'on appelle association d'idées est une autre démonstration de cette loi de périodicité. Par exemple, dans n'importe quel endroit où nous puissions être seuls, si nous émettons une pensée intense à une heure déterminée, le lendemain à la même heure, nous serons enclins à répéter la même pensée. En cédant chaque jour à notre inclination, à la fin de la semaine, l'habitude sera formée, et nous serons obligés de faire effort pour résister à la tentation de répéter la pratique commencée. C'est ainsi que se forment les habitudes de par la loi cyclique qui nous apporte les pensées et les choses que nous-mêmes avons créées.

Quelqu'un m'avertit soudain : « Vous perdez quelque chose ! », mon cœur cesse presque de battre devant l'image présentée à mon esprit. Si je revois la personne qui m'a suggéré cette perte, je l'associe à la suggestion qui m'a été donnée et la même image se lève dans mon esprit. L'endroit où nous étions au moment où la suggestion a été faite me la rappelle et me fait ressentir la même impression de crainte; dans un temps donné, l'habitude de cette pensée s'établira si fermement en moi que je penserai à la perte prédite jusqu'à ce que l'image se matérialise et devienne une réalité sur le plan objectif.

Mais la même loi qui vous aide à former une habitude, vous aidera à la surmonter en renversant la règle. Quand l'image mentale se présente, détruisez-la en niant qu'elle puisse se matérialiser. Si vous avez entretenu l'image d'une perte, dites-vous que vous ne pouvez rien perdre, refusez à cette image toute attention et remplacez-la par la peinture d'une idée agréable. Si vous avez coutume de vous représenter à vous-même comme un invalide, détruisez cette pensée habituelle et considérez-vous toujours en possession d'une santé parfaite. Avez-vous créé l'habitude de penser à votre mort ou à celle d'un ami, renversez l'image et représentez-vous tous deux bien portants et heureux, la loi de périodicité vous apportera de nouvelles images qui s'associeront aux anciennes et finiront par en avoir raison. Bientôt les vieilles imaginations dédaignées s'évanouiront pour faire place à un nouvel ordre d'idées.

La troisième aide importante pour vaincre les émotions réside dans le pouvoir de la suggestion. Jusqu'à présent, l'esprit objectif a fait la plus grande quantité des suggestions reçues passivement par l'esprit subjectif. Par exemple, si vous sentez un courant d'air, immédiatement votre esprit objectif suggère à votre esprit subjectif — votre moi réel — que vous prenez froid. Sans prendre la peine de réfléchir, vous acceptez la suggestion, vous vous dites : « Oui, c'est vrai, je prends froid, » de suite, vous vous voyez avec un rhume. Rien ne pourra empêcher la création de l'esprit objectif, la suggestion qu'il vous a fait accepter, de se matérialiser pour vous. Mais en employant la même quantité de force à refuser la suggestion de votre esprit objectif que vous en mettrez à combattre le rhume, alors qu'il s'est matérialisé, vous l'empêcherez complètement de se manifester.

Pour vaincre l'émotion de la sensualité, dans le cas où votre esprit objectif voudrait satisfaire plus que son appétit, pour l'unique plaisir de manger, dites-vous que vous ne voulez plus de nourriture, suggérez à votre esprit objectif qu'il ne désire rien de plus. Raisonnez-le comme une autre personne ou un enfant. Pour vous débarrasser de l'habitude de boire ou de fumer, suggérez à votre esprit objectif qu'il n'a pas au fond un si grand désir de ces deux choses, qu'en réalité le plaisir qu'il retire de la satisfaction de ces goûts est des plus relatifs, et vous verrez bientôt, en persistant à faire usage de la suggestion, vos désirs changer et la sensualité disparaître sans presque vous en apercevoir.

Certaines déclarations et suggestions sont employées avec succès par nombre de personnes travaillant dans ce sens, en voici quelques-unes : suggérez à votre esprit objectif : « Je suis votre maître, vous êtes mon serviteur, mon instrument et vous devez m'obéir. » En insistant pendant quelque temps, vous vous sentirez bientôt maître de votre esprit objectif; dès que les deux esprits reconnaissent la vérité de cette déclaration, le contrôle, la maîtrise de soi-même est assuré.

Une autre manière d'enlever à l'esprit objectif son pouvoir sur l'esprit subjectif, est de lui déclarer : « Vous ne pouvez pas me dominer, vous ne pouvez ni me troubler ni m'attrister. » Les mots *ne pas pouvoir* expriment toujours une limitation ; employés quand il faut, ils détruisent les créations nuisibles ; mal employés, ils limitent notre propre pouvoir de progression. Il est inutile de discuter avec l'esprit objectif ; c'est une perte de force ; autant vaudrait discuter avec un animal et essayer de le convaincre de ses erreurs de direction. La seule manière de réussir à le conquérir est de commander, de l'obliger à obéir ; quand il essaye de discuter avec vous, imposez-lui silence : « la paix ! restez tranquille ! » et tenez-vous-en là comme réponse à ses protestations et à tous ses arguments, plus vous prononcerez ces mots avec véhémence, plus vite l'esprit objectif vous obéira.

Séparez-vous en pensée de votre esprit objectif ; pour plus de commodité, pendant que vous apprenez à le maîtriser, identifiez-le à votre corps. Dites-vous que vous en êtes séparé, que vous lui êtes supérieur, traitez-le comme un enfant confié à vos soins par la Divinité pour l'élever et l'éclairer. En même temps que vous mettez en pratique ces suggestions, demandez chaque jour à la Suprême Puissance la plus haute sagesse que vous soyez en état de recevoir, et « toutes choses, quelles qu'elles soient, que vous demanderez, en priant avec foi, vous les recevrez. »

CINQUIÈME CONFÉRENCE

LA LOI DE RÉINCARNATION

Herbert Spencer, dans ses *Premiers Principes*, après une longue dissertation sur la force et la matière, accepte le fait de l'indestructibilité de la matière et de la persistance de la force. Il développe cette idée que la matière et la force persistent à travers tous les changements de forme, et prétend qu'il existe seulement une certaine quantité de force et de matière dans l'Univers. Il conclut en déclarant que l'Univers entier est un développement de l'homogène à l'hétérogène, avec retour à l'homogène, et désigne ces périodes respectives « époques alternatives d'évolution et de dissolution », effleurant ainsi une vérité occulte, un fragment de science occulte. Car l'occultisme n'enseigne rien de semblable à l'éternité, du moins telle qu'elle est comprise par l'esprit occidental, mais déclare que rien ne peut continuer indéfiniment sans repos, tout se meut suivant une loi donnée, les périodes d'action et de réaction se succèdent d'un bout à l'autre de la nature. Ceux d'entre vous qui sont familiers avec la philosophie orientale se souviendront que « les jours et les nuits de Brahma » n'expriment pas autre chose. D'après l'occultisme, la grande conscience se manifeste périodiquement en tant qu'Univers; après chaque manifestation, vient une période de repos, une période de nuit, pendant laquelle la divine conscience elle-même doit se reposer.

Quand vient la nuit de Brahma, l'Univers sent graduellement les pulsations de sa vie se ralentir et s'affaiblir; une par une, les planètes deviennent invisibles; les étoiles s'éteignent une à une et les soleils eux-mêmes s'assombrissent. La terre roulée comme un parchemin, les Dieux et les hommes, les mondes et les soleils, tout s'endort — il n'y a plus de pensées dans le grand esprit. Tout est silence, repos, obscurité. La réaction a suivi l'action, le travail du jour accompli par le Tout et les Parties Suprêmes, la nuit cosmique est venue.

Cette nuit de repos dure des Éons embrassant des milliers et des milliers d'années, puis vient la création. Une légère pulsation se manifeste dans la grande conscience et des rudiments d'Univers commencent à exister. C'est, en quelque sorte, le spectacle que pourrait présenter une immense salle plongée dans l'obscurité; au centre de laquelle brûlerait une flamme vacillante, seul point lumineux visible dans toute la nuit; et voilà que naît une autre flamme, puis une autre, et encore une autre, l'atmosphère pesante commence à battre et bientôt toute la salle est illuminée, l'obscurité devient lumière, l'Inexistant existe et c'est le mouvement. Vous avez tous observé la nuit descendant sur une ville; à mesure qu'elle s'assombrit, ici et là apparaissent, les unes après les autres, de petites lueurs brillantes qui se multiplient et s'étendent à travers la ville entière comme une grande vague lumineuse. Les ténèbres et l'obscurité ont fait place à la lumière.

Ainsi en est-il avec la grande conscience. Du plus profond de son cœur, sort le battement de la vie, les Divinités solaires qui sont les plus puissantes et les plus sages que l'homme puisse concevoir, sont éveillées pour prendre part au travail du nouveau jour. Un soleil surgit à l'existence, puis un autre et un autre encore, jusqu'à ce que l'Univers entier soit de nouveau en activité. La force vitale irradiée par ces divinités fait entrer en mouvement les esprits planétaires qui accomplissent eux aussi leur part de travail, et les mondes paraissent à nouveau dans l'espace. Les esprits humains, endormis pendant la longue nuit de Brahma, sont éveillés par la même force vitale et reprennent leur journée évolutionnaire, ainsi se lève l'aurore d'un jour cosmique. La Divinité éveillée a fait le plan de la journée.

Les jours cosmiques sont plus ou moins semblables comme les jours des années humaines, cependant chaque jour cosmique est supérieur à celui qui l'a précédé, chaque nouvelle période d'évolution est une avance sur la précédente. L'Esprit divin pense en lui-même au jour qui se lève et crée ainsi l'ébauche du plan dans lequel toutes choses évolueront pendant cette période. Alors les centres de conscience les plus importants s'emparent du plan dessiné par la Divinité pour exécuter l'idée du Grand Architecte. Dieu pense et les intermédiaires créateurs font naître les mondes physiques d'après la pensée divine, qui leur est visible. Dieu veut, et sa volonté divise la matière en deux parties que nous avons décrites dans un chapitre précédent; l'une intégrale, l'autre divisée, et la force et la matière sont animées par la conscience. Alors, les grands centres de conscience dirigent cette force et cette matière dans les différentes matrices préparées par Dieu; les soleils projettent leur lumière, les mondes sont prêts pour l'évolution des hommes et des animaux.

Les plans faits par la Divinité au lever de chaque jour cosmique, appelés par les hommes « lois naturelles », sont les voies choisies par Dieu pour se manifester spécialement pendant ce jour cosmique. Ces plans émanent du centre suprême, s'irradient par chacune et dans chacune de ses parties. La loi qui gouverne le côté visible de la vie est la même qui agit du côté invisible; si vous constatez qu'une loi opère dans le domaine physique, sachez qu'elle opère aussi dans le domaine métaphysique.

Nous avons vu maintenant comment la pensée divine s'est manifestée dans la réincarnation physique, comment la loi de périodicité a une fois de plus causé l'incarnation de la pensée dans une forme, et comment cette loi se fait sentir partout d'un bout à l'autre du jour cosmique. Prenez, par exemple, la plus vaste conception du temps que l'esprit humain soit actuellement capable de concevoir, le mouvement circulaire de notre soleil. Nous constatons qu'il voyage dans son orbite d'un point donné de l'espace et y retourne en vingt-cinq mille et neuf cents années environ. La loi de périodicité a causé la grande orbe et un cycle s'est formé. La lune a aussi son orbite spéciale, de même que notre terre et toutes les planètes suspendues dans l'espace, toutes sont gouvernées par la loi de périodicité. C'est le même principe qui forme les habitudes de l'homme par la répétition de la pensée. Comme il en est de la loi de périodicité, ainsi en est-il de toutes les autres impulsions données à l'Univers par la Divinité, elles continuent à se manifester sans arrêt, depuis leur émission jusqu'au dernier battement du grand cœur divin, jusqu'à la nuit cosmique. Ces impulsions qui forment un Univers, persistent et se manifestent en lois universelles.

Quand la suprême conscience se réincarne pour un nouveau jour cosmique, nous savons que la loi de réincarnation s'appliquera aux parties les plus infimes de l'Univers; c'est une loi cosmique, une loi de la nature. Nous en constatons l'évidence par l'étude des planètes. Les esprits planétaires ou Elohim créent les mondes d'après l'image qu'ils voient dans la pensée divine, image qui leur sert de matrice. Ils projettent alors leurs pensées sur ces centres, créant des tourbillons qui, par l'intensité de leurs vibrations et la formidable rapidité avec laquelle ils tournent, attirent de l'espace sans bornes les particules infimes que nous appelons atomes. Ces masses de matières en fusion deviennent d'immenses globes de gaz flamboyants, qui mettent des siècles à se refroidir suffisamment pour pouvoir sustenter la vie végétale et animale à leurs surfaces. Les mondes comme les corps humains ont leur naissance, leur enfance, leur maturité et finalement leur mort et leur dissolution. Quand un monde doit mourir, le principe de vie commence à se disperser dans l'espace. Il se met à la recherche de nouveaux centres dans lesquels il puisse se réincarner, et la désintégration commence pour le monde abandonné par la force vitale. Les atomes qui composent la masse compacte du monde extérieur, se démagnétisent, se détachent les uns des autres, et dérivent finalement dans l'espace pour être attirés par de nouveaux centres magnétiques plus forts, où ils se réincarnent.

La réincarnation est un fait dans la nature, qu'on la considère au point de vue occulte ou à celui d'Herbert Spencer avec sa théorie de l'indestructibilité de la matière et de la force, se réincarnant dans un but d'évolution. Cette loi de réincarnation se manifeste sur tous les plans, dans tous les mondes ou planètes; pour la bien comprendre, considérons son action dans plusieurs règnes de notre monde. Le règne minéral nous offre l'expression la plus inférieure de conscience incarnée sur cette planète; comme exemple, considérons l'action de cette loi sur le charbon. Prenez un peu de ce charbon et brûlez-le. Quel est le résultat? La dure masse noire se change en cendre et en gaz, les cendres retournent à la terre d'où elles viennent et forment à nouveau de la terre; le gaz libéré par la combustion entre en contact avec l'atmosphère; les quatre parties qui le composent se séparent en oxygène, hydrogène, nitrogène et carbone. L'oxygène et l'hydrogène s'unissent et redescendent en eau sur la terre; quant au nitrogène et au carbone, ils forment les tissus d'une plante, les éléments primitifs réunis s'incarnent donc avec conscience dans une forme nouvelle qui est ici celle d'une plante.

En passant au règne végétal, nous voyons s'accentuer les manifestations de la même loi; car plus la conscience s'individualise, plus les plans de Dieu se manifestent en elle. Quand vient l'hiver, la force vitale qui anime les végétaux descend dans les racines. Les feuilles tombent à terre et la conscience manifestée à travers la plante se retire de l'extérieur à l'intérieur; elle s'endort et se repose, en attendant l'impulsion qui l'éveille avec le printemps et la fait entrer de nouveau en action pour réjouir le cœur de l'homme par la beauté de son extériorisation. Avec la force vitale qui monte lentement de la racine aux branches des buissons et des arbres, nous voyons la loi au travail qui constitue de nouvelles formes de vie en feuilles et en boutons, nous savons que la réincarnation s'accomplit parmi les arbustes, les herbes et les arbres.

Dans la famille des bulbes, la même loi fonctionne. La force vitale du bulbe s'affaiblit au commencement de l'automne et s'endort dans le silence et l'obscurité au cœur de la petite sphère jusqu'à ce que la douce haleine du printemps la réchauffe, élève ses vibrations et réveille dans son centre le désir de s'exprimer encore, d'apparaître une fois de plus dans une forme de beauté nouvelle. Dès lors, elle commence à se revêtir, attirant à elle de la terre et de l'air, tels éléments chimiques dont elle a besoin pour donner une expression matérielle à son âme délicate. « Voyez le lis des champs, il ne s'inquiète point ni ne file, pourtant Salomon, dans toute sa gloire, n'était point paré comme l'un d'entre eux » dans sa réincarnation.

Dans le règne animal, considérons deux petites créatures qui sont de bons exemples de l'accomplissement de cette loi : le têtard et la chenille. Ce sont des consciences individuelles ; devant vos yeux le têtard change graduellement jusqu'à ce qu'il soit devenu absolument différent de son état primitif. Pourtant le nouveau corps de la grenouille qui saute, nage et coasse, est animé par la même conscience qui vitalisait la frétillante petite forme du têtard. La forme répugnante et limitée de la chenille cherche une meilleure expression d'elle-même ; elle s'endort dans la stupeur, lentement de nouveaux atomes prennent la place des anciens, construisent une forme supérieure, et la même conscience qui rampait et se traînait à terre se réincarne, revêtue d'ailes diaprées qui lui permettent de prendre son essor dans l'espace. La réincarnation de la chenille en papillon n'est pas seulement une illustration du travail de la loi de réincarnation, c'est encore l'exemple typique de l'évolution de l'âme ou de l'esprit humain qui s'élève de la plus vulgaire ignorance, appelée aussi péché, à la perfection et à la Divinité.

La même loi opère dans les plus hautes formes de vie animale ainsi que dans la vie humaine; une loi de la nature doit agir dans tout l'Univers; bien que son action ne soit pas toujours apparente, elle n'en existe pas moins. Et parce qu'elle se manifeste différemment en des domaines différents, est-ce une preuve de la limitation ou de l'inexistence de cette loi? Chaque loi se manifeste de même dans chaque espèce ou forme, mais sa manifestation diffère dans chaque classe de formes; la forme qui enclôt la conscience restreint sans l'empêcher la manifestation. La loi de pesanteur se manifestera de même pour tout ce qui est fer, et différemment pour toute autre substance.

La conscience individualisée non seulement se personnifie constamment durant la vie terrestre, mais se refait un corps en entier à mesure que l'autre se désagrège. En d'autres termes, elle se réincarne. Tous les sept ans, d'après quelques écoles médicales, le corps de l'homme subit un changement complet (1). N'est-ce donc pas une manière de se réincarner que ce renouvellement constant de ses atomes? D'accord avec l'intensité de ses vibrations et d'après l'élévation de ses pensées, le corps attire en lui des atomes correspondants. Ayant attiré déjà un corps physique, qu'y a-t-il d'étonnant à ce qu'il ait la puissance d'en attirer un autre? Le fait que beaucoup d'hommes ne se rappellent pas leur existence passée est-il une preuve contre notre théorie? S'il en est ainsi, les hommes en majorité n'ont pas vécu entre la première et la troisième année de leur vie présente ni avant leur naissance. Les occultistes disent que l'homme se rappelle ses vies passées quand son esprit subjectif contrôle son esprit objectif — et peut fonctionner à travers lui — car dans le subjectif est emmagasinée la mémoire des expériences passées. Ce que nous appelons « Conscience » n'est autre chose que cette mémoire nous avertissant de ne

---

(1) Ce changement ne serait pas régulier. Quelques savants pensent qu'il a lieu tous les ans pour certains individus.
(N. D. T.)

pas recommencer les fautes et les folies antérieures.

Pendant que nous parlons du changement de corps de l'homme ou réincarnation, il serait bon, avant d'entrer plus avant dans le sujet, de répondre à une question qui se pose maintenant dans l'esprit de nombre d'entre nous. Qu'advient-il de l'homme dans l'intervalle de ses changements de corps ou incarnations? Ainsi qu'il existe différents états de la matière dans notre monde objectif, tels que : gaz, liquides, solides, ainsi existe-t-il différents états de la matière dans le monde subjectif, états qui ne sont pas distincts ni séparés, mais qui, selon leur différence de densité, se pénètrent les uns les autres. Sur le plan physique, dans certaines conditions, les substances se mélangent, par exemple, dans un syphon d'eau gazeuse ou dans une éponge imbibée d'eau, chaque substance l'une dans l'autre occupe le même espace. La terre solide contient de l'eau à l'intérieur et à l'extérieur. Hors de la terre se trouvent de l'eau ou vapeur en nuages, ce qui n'empêche pas la terre et les nuages de contenir en même temps de l'air — des gaz — qui existent et se répandent au loin dans l'espace. Rien ne s'oppose donc à l'existence sur le côté subjectif de la vie, de formes, de matières plus délicates qui pénètrent notre terre, notre eau, nos gaz. La terre est ceinturée de ces zones subtiles, ressemblant beaucoup aux anneaux qui entourent Saturne, les plus denses interpénètrent notre terre, alors que les autres se distendent au loin dans l'espace suivant leur raréfaction et leur taille. Ces cercles matériels sont chacun d'une densité de matière différente, déterminée par l'intensité variée de leurs vibrations. Imaginons notre monde comme une balle de laine poreuse flottant dans un bassin d'eau. L'eau correspond au premier plan subjectif et n'entoure pas seulement la balle, mais la pénètre. Une ceinture d'atmosphère environne l'eau qui représente le second plan subjectif et par delà se trouve une ceinture d'éther formant le troisième plan subjectif. C'est dans ces cercles divers que demeure l'homme entre ses incarnations, et c'est dans le premier cercle, celui qui interpénètre la terre, que vont les âmes ou esprits des animaux. Selon l'intensité de ses vibrations, de sa pesanteur spécifique, l'homme est attiré dans l'un ou l'autre de ces cercles intérieurs ou sphères qui correspondent et s'harmonisent avec ses vibrations personnelles. Les cercles ou sphères subjectives ne servent pas, comme beaucoup le pensent, au développement de l'homme, mais sont des endroits de repos où il passe en revue ses expériences et assimile la science acquise sur la terre. Un homme ne peut aller au delà de la photosphère de cette terre s'incarner sur d'autres planètes comme certains métaphysiciens l'affirment — du moins jusqu'à ce que ses vibrations, qui contrôlent sa pesanteur spécifique, soient devenues si intenses, si divines, que l'opération de la loi de pesanteur ne puisse le confiner plus longtemps sur la terre ou dans les plans subjectifs qui l'entourent.

Les pensées d'un homme étant la cause de ses vibrations, un homme matériel, sensuel et voluptueux se trouve par harmonie de vibrations attiré sur le premier plan subjectif où il reste lié à la terre. Il ne peut s'élever plus haut qu'un animal quelconque, il reste ainsi dans le premier cercle qui entoure et interpénètre le monde matériel jusqu'à ce qu'il soit prêt à se réincarner. Mais au cours de l'évolution, à mesure que la mentalité de l'homme maîtrise ses émotions, et que son esprit subjectif apprend à contrôler son esprit objectif, il se spiritualise, l'intensité de ses vibrations augmente et quand vient le temps du repos entre les incarnations, il est attiré dans un cercle d'une force de vibrations plus élevées et s'éloigne davantage de cette terre. D'après les théologiens, il y aurait donc un ciel et, suivant les occultistes, il y en a plusieurs.

Et maintenant se présente un point très important de l'aspect mental et du côté pratique de cette loi de réincarnation. L'homme n'est pas seulement un centre de conscience, mais encore un centre de conscience individuelle. Il possède le libre arbitre dans certaines limites, et le fait qu'il a la liberté de choisir, entraîne pour lui une grande responsabilité. L'homme par son choix, par sa pensée, détermine non seulement son ciel mais aussi sa vie terrestre. Il décrète et le temps et l'endroit de sa réincarnation.

Moins développé est un ego, et plus long est le repos exigé entre ses vies terrestres. Vérité d'ordre général qui s'applique à toute chose vivante; vous n'attendrez pas d'un enfant le travail pénible et continu d'un homme; vous ne demanderez pas à un homme ignorant ce que vous demandez à un homme instruit. Pour ces mêmes raisons, la pensée et le développement d'un homme déterminent la durée du temps qui doit s'écouler pour lui entre chaque réincarnation. Les âmes faibles, fatiguées, découragées, celles qui sont ignorantes des lois de la vie exigent de longues périodes entre leurs réincarnations. Ceux qui savent, limitent en ce temps de notre évolution la période moyenne entre les incarnations, à cinq cents ans pour la grande masse des hommes non développés. Conformément à la force d'un ego, à son désir d'évoluer et par conséquent d'avoir un véhicule pour cette évolution, la période de temps entre les incarnations est diminuée ou augmentée ; pour les egos plus avancés, le temps qui s'écoule maintenant entre leurs incarnations serait en moyenne de cent années. Vous comprendrez sans peine que plus court est le temps entre les incarnations, plus l'expérience accumulée est considérable, et plus nous acquérons de connaissance d'une réincarnation à l'autre, plus rapide est le progrès de notre voyage évolutionnaire. Les occultistes croient qu'il est avantageux pour une âme de garder son corps le plus longtemps possible, autrement dit de prolonger chacune de ses incarnations aux plus extrêmes limites. C'est une grande erreur de dépouiller un corps avant qu'il soit assez vieux et assez fatigué pour ne plus pouvoir servir comme véhicule.

A chaque moment de notre vie, nous changeons

nos corps en mieux ou en plus mal selon nos pensées. Nous créons ainsi notre milieu, nous libérant ou nous asservissant suivant la qualité de nos pensées et de nos émotions. Nous créons des liens entre nous et d'autres âmes, liens de haine ou d'amour, car tout ce qui arrête notre esprit, nous l'attirons à nous. Si je pense à vous, il se produit immédiatement une vibration dans l'éther entre vous et moi. Si je continue à penser à vous, cette vibration s'intensifie jusqu'à ce qu'une corde magnétique bleue s'établisse entre nous — une sorte de fil télégraphique mental — par lequel mes pensées vont à vous et qui me transmet les vôtres. Cette relation est visible pour les clairvoyants, mais non pour l'œil physique, et peut seulement être détruite par le manque d'usage pendant un temps plus ou moins long suivant sa taille et sa force. L'araignée tisse sa toile d'un point à un autre; ainsi les hommes tissent constamment la toile de leurs pensées entre les êtres ou les choses pour le bien ou le mal. Les pensées haineuses que vous envoyez continuellement à quelqu'un que vous haïssez entretiennent une vibration constante de l'éther entre elle et vous. Au bout de quelque temps, cette vibration devient un véritable sentier pour le passage de vos pensées, elle vous lie à l'objet de votre haine par une attache invisible plus forte et plus dure à briser qu'un lien d'acier. Ceci explique pourquoi certains groupes d'egos reviennent ensemble sur terre et s'incarnent en famille et en communautés. Ceux qui s'aiment sont attirés à nouveau dans les plus proches parentés de la vie non pas « parce que le sang est plus épais que l'eau », mais à cause des liens formés dans les vies antérieures.

Puis la grande loi d'équilibre, la loi de justice, que nous mettons constamment en action par nos pensées, modifie notre évolution et limite le pouvoir de notre libre arbitre sous certaines conditions. Seules, les injustes pensées de l'homme l'induisent à nier l'existence d'une loi de justice absolue. Dieu est amour, et l'amour parfait est synonyme d'absolue justice; si cette loi ne maintenait l'équilibre sur tous les plans, le chaos régnerait en maître à chaque instant; pourrait-il en être autrement? Or, nous pouvons constater sur le plan physique, si nous en prenons la peine, la manifestation de cet équilibre. Jetez par exemple une pierre dans un étang, et regardez comment le mouvement de l'eau troublée parvient à s'équilibrer. Des cercles concentriques se forment à la surface de l'eau jusqu'à l'extrême bord de l'étang pour revenir à leur point de départ. Nous avons vu les petites vagues créées par le jet de la pierre dans l'eau, avons-nous compris que la grande loi d'équilibre travaillait à adapter l'eau de l'étang à la nouvelle condition que nous avions créée en elle? C'est par équilibre que la grande loi de justice apporte à l'homme précisément ce qu'il a demandé, et c'est pourquoi il a souvent le sentiment dans la vie de chaque jour qu'il doit se réadapter. « Ne vous y trompez pas, Dieu (la loi) ne saurait être raillé; ce que l'homme sème, il le récoltera. »

Dans la ville de Chicago existe une institution, je crois bien unique au monde, appelée « la Cour des enfants ». Tous les enfants qui s'y présentent sont acceptés, étudiés et mis à l'épreuve. On examine quelquefois cinquante cas en un jour et jamais moins d'une centaine par semaine; certains de ces enfants sont abandonnés par leurs parents, d'autres ont quitté volontairement leur famille. On s'assure du caractère et de la situation de tous les enfants amenés sous cette juridiction, et l'on essaye de les placer dans la voie particulière où, plus aptes à réussir, ils peuvent devenir de bons citoyens. Pour un observateur superficiel, il semble qu'une fois l'enfant abandonné par ses parents et placé par la Cour des enfants, tout en reste là ; mais il en va tout autrement. La loi divine d'équilibre, et non le hasard, a motivé l'incarnation de tel enfant par tels parents, résultat d'une association antérieure dans quelque vie passée. Ces parents devaient à l'enfant les soins et l'attention nécessaires jusqu'à ce qu'il ait atteint l'âge de se suffire à lui-même. La réalisation d'un parfait équilibre entre ces trois individus leur avait donné cet enfant, les parents l'abandonnent, pensant se délivrer ainsi de leur responsabilité, en quoi ils se trompent ; la justice doit prévaloir et prévaudra, si ce n'est dans cette vie, au moins dans une autre. Le lien invisible créé entre ces êtres dans une vie passée, n'a pas été brisé par cette tentative des parents pour échapper à leur responsabilité, il réunira encore ces trois âmes dans des rapports qui d'eux-mêmes rétabliront l'équilibre rompu et payeront la dette : « car, je vous le dis, en vérité, jusqu'à ce que passent le ciel et la terre, un seul point de la loi ne passera pas que tout ne soit accompli. »

La même loi ne se dément pas dans les questions de trahison, qu'il s'agisse d'affections ou d'actions fiduciaires. Lorsqu'une personne en trompe une autre, la pensée de sa victime la rejoint et lie ensemble leurs deux âmes ou esprits d'un lien qui ne peut être brisé jusqu'à ce que pleine justice ait été faite entre elles.

Le caractère général des pensées d'un homme détermine son entourage habituel, de même que la classe à laquelle il appartiendra ; et ses pensées spéciales lui assignent dans cette classe la famille de laquelle il naîtra. Voici, par exemple, un homme qui cultive seulement le côté malfaisant de la vie : cette voie est celle qu'il préfère. Il se réincarnera dans un milieu conforme à ce caractère, il naîtra dans quelque cercle criminel. Inutile de répandre des larmes sur lui et sa dépravation. Dieu *est* juste et cet univers *est* gouverné par la loi. Un homme qui revient dans une vie infâme s'est mis lui-même dans cette condition, ses propres pensées l'ont ramené à leur point de départ. Il est très fréquent qu'une âme ou esprit s'incarne pendant une vie dans un cercle respectable de la société et, par dissipation, négligence des occasions et excès du côté animal de sa nature, devienne un déchet social dans sa prochaine vie terrestre où elle pourra se livrer à ses mauvais instincts sans la contrainte d'amis et de parents respectables.

Un être, né et élevé dans de favorables circonstances, a été amené dans ce milieu par le caractère de ses pensées. Il était lié par la grande loi à des parents qui pouvaient et désiraient lui donner les avantages qu'il a reçus. Reconnaître le fait que rien *n'arrive* jamais en ce monde, mais que tout est régi par la loi, nous épargnerait beaucoup d'erreurs et de pitiés inutiles. Je ne dis pas de laisser les âmes malheureuses à leur infortune, mais je dis qu'il est superflu de quereller la loi qui leur donne exactement ce qu'elles ont désiré en un temps de leur carrière. Secourez une âme qui désire être aidée, mais ne vous lamentez pas sur ceux qui récoltent les fruits du labeur de leurs pensées; que votre mécontentement ne critique pas Dieu parce que quelques âmes se sont elles-mêmes placées dans les mauvais chemins de la vie ou se sont attiré l'état misérable dans lequel vous les voyez.

L'homme, non seulement détermine sa naissance et la qualité du corps qui lui sera donné à cette naissance, mais il modifie ce corps à chaque moment de sa vie. Le criminel sensuel, dissipé, voluptueux, qui pense seulement au côté extérieur de la vie, meurt et revient sur terre en temps voulu dans un milieu marqué, dès avant sa naissance, par la caractéristique de son esprit. Il prend la sorte de corps qui l'exprime le mieux. Une telle âme dans un tel milieu en sort très rarement pendant la même vie, son corps et son cerveau se trouvent trop fortement imprégnés par son entourage. Ou, se laissant aller à ses dispositions vicieuses jusqu'au fond de la dégradation, il finira par s'apercevoir que de tels plaisirs se payent trop cher et décidera de se réformer; ou, il luttera dès le commencement pour se dominer et changer graduellement son corps et son milieu en changeant ses pensées.

L'homme se fait lui-même en ce sens qu'il fait son caractère. Il a la liberté de penser, et chaque pensée est un pas dans telle ou telle direction. Une pensée n'édifie pas à elle seule un caractère, mais elle y contribue, l'impulsion initiale une fois donnée a tendance à se répéter, une habitude se forme; or, un caractère est fait d'un ensemble d'habitudes. En conséquence, chacune des pensées d'un homme a son effet sur sa destinée, non seulement en façonnant sa vie présente, mais aussi son incarnation future. Avez-vous jamais réfléchi à l'intensité que peut avoir la pensée d'un homme et combien immédiate l'action de cette pensée sur son corps physique?

L'effet d'une frayeur subite, par exemple, bouleverse instantanément le système nerveux tout entier.

Les hommes, en majorité, font inconsciemment leur corps physique et leur entourage; j'en ai cependant connu qui ont changé consciemment leur corps à tel point et si complètement que leurs amis ne les reconnaissaient plus. J'ai vu des femmes changer leur taille par le pouvoir de leurs pensées et les transformer exactement comme elles le désiraient. Des personnes marquées par l'âge, ont repris la fraîcheur de la jeunesse et j'en sais qui ont prolongé leur vie bien au delà de la moyenne des soixante-dix années soi-disant allouées aux individus de notre race.

SIXIÈME CONFÉRENCE

LES COULEURS DE LA VIBRATION DE LA PENSÉE

Dans le premier chapitre, nous avons vu que plusieurs temples de l'Inde sont ornés de figures et de symboles colorés qui jouent un rôle important dans l'histoire occulte de cette nation. Symboles mystérieux pour la généralité, ils révèlent les forces de l'homme et de la nature aux étudiants mystiques qui peuvent y lire des vérités occultes. L'homme représenté dans ces temples hindous irradie des couleurs variées, mais ce ne sont aux yeux du plus grand nombre, que jeux d'imagination dépourvus de signification précise.

Les anciens Européens connaissaient fort peu la couleur. L'histoire grecque ne nous en parle pas ; le développement grec s'est accompli surtout au point de vue sculpture et architecture et, dans l'usage plutôt que dans la science de la couleur, les Grecs n'avaient d'ailleurs aucune connaissance de la nature des vibrations. Les Romains manquaient aussi de données sur la couleur. Sénèque semble être le seul qui ait touché ce sujet, encore n'alla-t-il pas plus loin que la constatation du fait que les couleurs principales de l'arc-en-ciel étaient les mêmes que celles de la réfraction du soleil à travers un verre cassé, phénomène dont il était incapable d'expliquer l'identité. Au moyen âge, commencèrent les recherches sur la couleur au point de vue de la lumière. On acceptait alors une théorie d'après laquelle toute lumière est le résultat de certaines couleurs émises par les objets. Vers 1165, Robert Hook formulait pour la première fois une théorie sur les ondes lumineuses, reprise et développée par Christian Huyghens en 1690; elle devint la base de la théorie des ondes vibratoires de la lumière et des couleurs. Le grand Newton jeta le poids de son opinion sur la vieille théorie d'émission des ondes lumineuses qui devinrent hétérodoxes et impopulaires, il n'en fut plus question pendant près d'un siècle. Puis les scientistes recommencèrent à en parler, le principe d'émission disparut pour faire place à la théorie des ondes acceptées par tout le monde scientifique. Il ne semble pas que nos savants modernes aient pensé qu'il pouvait y avoir un élément de vérité dans les deux propositions et qu'en réunissant certaines idées principales, l'hypothèse formulée expliquerait tous les faits et phénomènes.

Nous constatons une diversité d'opinions sur la couleur suivant qu'on l'étudie au point de vue couleur ou au point de vue lumière. Le savant moderne base son hypothèse de la théorie des ondes sur la radiation solaire, et la lumière visible appelée aussi lumière blanche. Et encore dit-il qu'en fait, il n'y a pas de lumière blanche produite par la somme totale de toute la radiation solaire; que la grande émission de lumière ou vibration électrique vient du soleil, colorée en une sorte de bleu verdâtre, qu'elle est réfractée par notre atmosphère et se manifeste à nos yeux en couleurs prismatiques. Il dit aussi que lorsqu'un rayon de soleil traverse l'atmosphère terrestre, la plus grande partie des rayons bleus et verts sont blanchis par l'atmopshère qui absorbe particulièrement ces couleurs.

Partant de cette base qui, dans l'espèce, ne peut être qu'hypothétique, la science moderne émet une théorie des couleurs qui repose entièrement sur ce fait que certaines des radiations solaires atteignent la terre sans être absorbées par les conditions atmosphériques. Le scientiste moderne ne semble pas admettre qu'il y ait une force vibratoire dans la terre elle-même capable de modifier les radiations solaires.

L'occultiste admire l'infatigable énergie du savant et la peine qu'il prend à rassembler des faits : mais le physicien travaille seulement sur le plan des effets et les causes restent pour lui des conjectures, conjectures qui changent de décades en décades, à mesure que de nouveaux faits sont découverts. Aussi l'occultiste préfère-t-il n'adopter à aucun moment les théories orthodoxes relatives à quelque branche scientifique que ce soit, il s'en tient à ses sciences propres qui existent depuis les temps les plus reculés et ont été vérifiées par tous ceux qui en ont fait une étude spéciale. C'est pourquoi nous ne discuterons pas davantage cette question de savoir si les savants ont tort ou raison. L'occultiste déclare simplement qu'il n'accepte pas entièrement les vues du scientiste moderne sur les couleurs principales, basées sur la lumière visible du soleil.

LES COULEURS DE LA VIBRATION DE LA PENSÉE

Le prisme accepté se compose, vous le savez, des couleurs : rouge, orangé, jaune, vert, bleu, indigo et violet, considérées comme couleurs élémentaires.

L'occultiste prétend que la couleur appelée jaune n'est en fait que le plus fort rayon de l'orangé et que l'œil humain n'enregistre pas le vrai jaune primaire qui est en deçà de la vision ordinaire, même aidée par des moyens mécaniques. Le physicien vous dit que l'œil ne peut découvrir les rayons ultra-violets, et qu'à l'autre extrémité du spectre, il ne peut suivre les dernières vibrations du rouge. L'occultiste accepte cette assertion, et il ajoute qu'on ne distingue ni tous les rayons ni toutes les nuances intermédiaires des couleurs contenues dans le spectre. De plus, il diffère du physicien moderne sur la question de l'indigo et du violet. L'indigo et le violet, dit-il, ne sont pas des couleurs initiales, mais seulement quelques-uns des rayons plus ou moins forts du bleu qui, en s'enregistrant dans la vision humaine, apparaissent comme des couleurs différentes. L'occultiste n'est pas non plus de l'avis des peintres et des chimistes qui considèrent le bleu, le jaune et le rouge comme couleurs primaires et toutes les autres couleurs comme des modifications ou des mélanges de ces couleurs primitives. Il prétend que la couleur jaune n'est pas la base de la vibration jaune, mais simplement une modification de la vibration orangée et, d'ailleurs, en limitant les couleurs primaires au bleu, jaune et rouge, vous négligez entièrement l'orangé et le vert qui sont des couleurs premières. Tout ceci établit la divergence d'opinions relatives aux couleurs entre l'occultisme et la conception scientifique actuelle.

Par couleurs élémentaires, l'occultisme désigne ces vibrations fondamentales qui existent depuis l'origine des temps et se manifestent à travers tous les plans de la nature. Avant de les discuter, il serait bon de développer quelques-uns des points communs à la science moderne et à l'occultisme que nous avons effleurés dans le troisième chapitre. En premier lieu, rappelez-vous que tout ce qui existe doit avoir une forme et une couleur. Rien ne pourrait se manifester si l'une de ces deux qualités manquait, manifestation signifie force vibrante divisant ou séparant une portion d'atomes de la masse de la matière. La vibration est donc le principe de la forme et de la couleur et la manifestation exige l'existence de ces deux qualités. Voyez les fleurs, leurs formes si variées, leurs colorations infinies. N'est-ce pas la force de la vibration qui détermine leur taille, leur couleur et leur forme? On vous a enseigné dans votre jeunesse que la forme est le résultat de la vibration et l'exemple suivant venait souvent à l'appui de cette assertion : une quantité de petites graines duvetées étaient placées sur un tambour au-dessus duquel on prolongeait les notes d'un violon; la semence s'assemblait en formes variées suivant la vibration du son produit, résultat qui prouvait l'exactitude du fait enseigné. Vous vous rappelez le tisonnier chauffé qui change de couleur suivant ses changements de vibration. Ces exemples démontrent que les choses soi-disant inanimées vibrent, et que leurs vibrations peuvent être changées suivant les circonstances créées par la volonté ou le désir de l'homme. Nous apprendrons plus tard, comment les vibrations déterminent la forme et la couleur de l'homme lui-même.

L'homme étant une manifestation de la nature doit naturellement avoir sa forme et sa couleur. En disant l'homme, j'entends l'homme physique et l'homme mental. Le corps humain placé dans une position naturelle, les pieds joints et les bras allongés, cernez-en le contour d'une ligne touchant chaque point extrême de l'extérieur du corps, cette ligne aura la forme ovoïde. Vous vous rappelez qu'en discutant des esprits objectif et subjectif, nous avions conclu que les deux esprits mélangés animaient l'homme physique. Ces deux esprits unis ne remplissent pas seulement les interstices du corps physique en maintenant ensemble les molécules, mais s'étendent au delà et tout autour du corps à une distance de plusieurs pouces. Si vous pouviez dessiner une ligne autour de l'homme intérieur, de l'homme mental, vous constateriez que lui aussi est de forme ovoïde, caractéristique, semble-t-il, du plus haut degré d'individualisation — l'homme le monde, le soleil...

En chaque centre de conscience, afflue la force magnétique appelée principe vital, qui provoque l'expulsion constante des vieux atomes et leur renouvellement par de nouveaux éléments. Et ceci, soit du côté objectif, soit du côté subjectif de la nature. Ces allées et venues de force vitale atomique créent une sphère fluidique autour de chaque être et de chaque chose. En électricité, cette sphère fluidique s'appelle champ électrique, photosphère pour le soleil, et autour d'un aimant, champ magnétique ou champ d'attraction. Le baron Karl von Reichenbach, au moyen de sujets ultra-sensibles, a refait la découverte dans les temps modernes du champ magnétique autour des hommes, des animaux et des minéraux. La découverte de ce champ magnétique appelé « od » ou force odique, est confirmée par les clairvoyants, les mages et les sensitifs en état d'hypnose, trois classes d'investigateurs, qui ont vu autour de chaque personne, arbre et minéral, ce champ de lumière ou de couleur. C'est une des raisons qui fait dire à une loi physique que deux masses ne peuvent s'approcher l'une l'autre sans s'affecter mutuellement; attraction et répulsion dues à l'influx de force vitale et à l'échange d'atomes qui se fait constamment entre elles. La matière inerte n'a rien d'essentiellement attractif, mais le flux de force vitale et l'abandon des particules usées provoquent un échange d'atomes entre les masses proches l'une de l'autre, qui s'attirent ou se repoussent suivant la similitude ou la dissemblance de leurs vibrations.

C'est l'existence du champ magnétique d'un animal ou d'un homme qui permet au chien de suivre une piste. Le corps physique animal abandonne sans cesse des particules ou atomes. Ces particules possèdent une individualité due aux conditions de développement ou degré de vibration du corps qu'elles abandonnent; dès lors, on s'explique aisément qu'un chien puisse facilement garder la trace de la créature qu'il suit.

En ce qui concerne l'homme, centre supérieur de conscience, nous n'avons pas seulement comme élément constituant la force vitale. Nous avons aussi une force mentale qui se manifeste constamment et modifie cette dernière par son flux vibratoire. Chaque personne irradie non seulement les atomes physiques dont elle a usé et qui ont perdu sa vibration, mais aussi des formes plus ténues de matière qui s'extériorisent avec sa force mentale. En conséquence, il y a un courant perpétuel s'établissant entre chaque individu et d'autres centres, ces courants laissent leur empreinte sur tout ce qu'ils touchent. Un sensitif qui entre en contact avec les effluves d'un homme peut lire son caractère aussi aisément qu'un savant peut analyser le morceau de charbon qu'il a dans la main, définir sa constitution chimique, son âge probable et sa formation.

Anciennement, quand cette sphère encerclait tout le corps de l'homme, on l'appelait auréole, et nimbe alors que la tête seule et les épaules irradiaient. Plus récemment, ce champ magnétique sous tous ses aspects fut baptisé du nom d'aura par les occultistes occidentaux, et par ceux d'Orient : l'œuf aurique sacré. Les maîtres primitifs représentaient toujours leurs saints la tête entourée d'un nimbe, et peignaient habituellement les caractères plus divins environnés d'une auréole. Dans les peintures du Christ, le corps irradie tout entier, alors que dans celles de ses disciples on ne voit habituellement qu'un nimbe. Ces vieux peintres étaient des sensitifs ayant la science intuitive d'un fait occulte, ou des clairvoyants qui percevaient les effluves de l'ego d'accord avec son développement. L'occultiste prétend que, pour un homme ordinaire, cette radiation s'étend de deux à six pouces du corps; mais à mesure que l'homme se développe en pensée, pouvoir et capacité d'attirer à lui les forces cosmiques, ses radiations peuvent s'étendre de six pouces à plusieurs pieds.

L'aura est une des causes principales des inexplicables sympathies ou antipathies que nous éprouvons. Tant soit peu influençable, vous pouvez sentir très distinctement les auras qui entrent en contact avec la vôtre. Si nous rencontrons une personne dont les vibrations sont très supérieures aux nôtres, nous éprouverons soit une grande admiration pour elle, soit une profonde aversion motivée par sa supériorité. Nous serons tout à fait troublés sans comprendre que ses vibrations supérieures motivent ce trouble en extériorisant ce qu'il y a de bon en nous ou en attirant à la surface toute la lie de notre nature. Instruits de leur cause, ceux qui sont sujets à ces sentiments soudains, pourront s'en préserver en mettant une distance suffisante entre eux et ceux qui les troublent. Une distance de trois ou quatre pieds suffira pour les empêcher de sentir trop fortement les vibrations des autres.

Cette aura expliquera aussi la forte dépression qui résulte pour beaucoup de gens de leur contact avec d'autres personnes; il est certain qu'il existe des éponges humaines qui, souvent inconsciemment, entretiennent leur propre vie en s'appropriant toute la force vitale magnétique qu'elles peuvent tirer des autres, fait qualifié par les occultistes de vampirisation. Vous avez pu observer que les malades aiment avoir près d'eux des êtres jeunes et forts. Ils prendront souvent la main d'une personne bien portante et la tiendront aussi longtemps qu'ils pourront. Ce geste bienfaisant pour l'infirme, affaiblit le partenaire par le mélange des auras, qui fait ainsi affluer la force magnétique du plus fort au plus faible. Les gens âgés aiment beaucoup la présence des enfants et dorment volontiers avec eux; on fera bien de s'abstenir de cette habitude très dangereuse pour l'enfant à cause de la démagnétisation qui en résulte toujours.

Il existe plusieurs manières d'éviter d'être démagnétisé. La première est de passer seul la plus grande partie de son temps. Une autre est de se bien considérer comme positif, de fixer son esprit sur son propre magnétisme et de le retenir dans son corps. Vous pouvez encore vous préserver considérablement en laissant vos pieds se toucher légèrement et en joignant les mains quand vous êtes assis près d'autres personnes; c'est une manière de fermer le circuit et d'empêcher votre magnétisme de se diffuser. Cette dernière pratique n'est pas seulement l'acte physique de clore votre circuit, mais encore une attitude mentale qui vous protège contre la vampirisation.

L'étendue et la couleur de l'aura humaine changent selon l'intensité et la qualité de la pensée. Nous avons vu que toute vibration est le résultat direct ou indirect de la pensée, et cela depuis la première impulsion divine donnée à chaque pensée humaine. La télépathie acceptée, je crois, par les savants comme un fait, est la transmission de la pensée ou force vibratoire d'un esprit à un autre, sans faire usage de signes matériels, en se servant seulement comme médium pour communiquer, de l'éther ou conscience universelle. Si une vibration émise par vous chaque fois que vous pensez arrive au point où elle est envoyée, on peut supposer raisonnablement que de l'intensité de la pensée dépend l'intensité de l'émanation projetée. Tranquillement assis, rêvant ou pensant d'une manière vague et incohérente, l'émanation ne peut franchir une grande distance; si votre pensée est intense et bien définie, sa vibration doit se propager d'accord avec son intensité. Par pensée intense, je ne veux pas dire qu'il soit nécessaire de serrer le poing et de froncer les sourcils, mais que la pensée soit clairement définie dans votre esprit et distinctement projetée.

Un savant français, le docteur Baraduc, a inventé un cadran si délicatement sensible qu'il enregistre les vibrations humaines avec lesquelles il est mis en contact. Si un homme en colère met sa main près du disque, l'aiguille enregistre immédiatement la différence des vibrations entre les côtés positif et négatif du corps. Lorsqu'un penseur, précis et clair, essaie la machine, le cadran enregistre un nombre plus élevé qu'au contact d'une personne négative. Nous avons ainsi, au moyen de cette récente invention, la preuve des dires occultes en ce qui concerne les effluves vibratoires du corps humain.

L'intensité de la pensée détermine le volume de l'aura, et la qualité de la pensée détermine sa couleur. Deux pensées de nature différente peuvent avoir la même intensité et projeter votre effluve à la même distance quel qu'en soit l'objet. L'étendue dépendra de l'intensité, mais la couleur sera déterminée par la qualité, le degré de vibration, l'excellence morale et intellectuelle de chaque pensée.

D'accord avec le système occulte, en ce qui concerne l'esprit ou homme, le spectre appliqué à notre planète devrait comprendre à une extrémité l'absence de couleur, c'est-à-dire le noir, et à l'autre le blanc ou synthèse de la couleur.

Mais ni l'une ni l'autre de ces teintes n'ont d'application pratique au cours de ces conférences, pas plus qu'elles n'en possèdent dans nos vies au point où en est notre évolution, — nous n'en parlerons donc pas. — Elles indiquent des conditions anormales de l'esprit et il est inutile de nous attarder à étudier les cas anormaux. L'occultiste prétend que le rouge, l'orangé, le vert, le bleu et le jaune sont les couleurs fondamentales qui peuvent être vues et constatées sur chaque plan intérieur de l'être suivant le développement de l'investigateur. La personne d'un développement courant ne saurait voir le pur rayon jaune avec ses yeux physiques, pas plus qu'un amateur ordinaire ne peut voir la quantité de couleurs délicates d'un châle indien que peut distinguer la vision spéciale d'un expert.

L'homme intérieur, habituellement, appelé âme ou ego, l'homme réel a toujours une couleur aussi distinctement sienne que celle de l'homme extérieur. Chaque individu a sa couleur particulière, d'accord avec la qualité de sa pensée, de son caractère et de son développement. Pendant sa première incarnation sur la terre, la couleur normale de son esprit objectif était verte. C'est pourquoi, quand ces deux esprits se mélangèrent pour la première fois, s'unirent en un seul esprit et s'incarnèrent dans le corps humain, ses couleurs combinées devinrent un bleu vert. Mais ses vibrations s'abaissèrent rapidement, la sensation ayant immédiatement commencé à dominer la raison dans l'homme nouvellement incarné. Le vert produit du côté objectif de la vie, développé plus fortement prédomine sur le bleu produit par le côté subjectif. Puis ces vibrations colorées vert bleu se perdirent, elles aussi, sous l'influence du développement de la nature émotionnelle qui dominait de plus en plus la nature humaine; un grand désir des jouissances physiques de la vie réduisait alors l'homme normal a un état d'animalité absolue. Le corps nouveau qu'il possédait pendant ces premières incarnations n'avait que des moyens d'action et un pouvoir de pensée limités; rien n'existait pour lui en dehors de la simple jouissance physique de l'existence.

Avant de commencer l'étude des couleurs de la nature émotionnelle, il serait bon d'examiner cette force qui construit la forme physique de l'homme, qui constitue toutes les formes physiques, la force que nous appelons « vie ». Elle se manifeste par une vibration orangée. Puisque la vie est une force, existante et manifestée, elle doit avoir son degré de vibration qui la distingue de tout le reste de l'univers. Voyez le Gulf-Stream, c'est un de ces courants d'eau qui vibrent à un degré supérieur de celui de la masse d'eau qu'ils traversent. Nous l'appelons Gulf-Stream pour le distinguer du reste de l'Océan. Ainsi en est-il dans la grande mer de la conscience; certains courants de force, distincts et définis, jouent un rôle important dans l'évolution de l'homme : l'un d'eux est celui que nous appelons vie. La vision limitée de la plupart d'entre vous m'empêche de vous prouver ce que j'avance, mais vous pourrez le constater vous-même — ainsi que toutes les autres assertions faites au cours de ces conférences — en développant suffisamment vos sens intérieurs pour les exercer sur le plan d'existence où les forces sont visibles comme forces — comme causes, et non pas seulement en tant qu'effets ou phénomènes.

Sur ce plan physique, la vie est tangible comme forme; du côté subjectif ou mental, vous voyez la vie séparée et distincte qui construit la forme vue par vos yeux physiques. La vie considérée du côté subjectif est une couleur orangée, ou une force ayant les mêmes vibrations que cette couleur; elle circule partout et anime toutes les forces. Tous les corps manifestent cette force vitale suivant la capacité de chacun pour l'exprimer; la force orangée ne pénètre pas l'infirme dans la même proportion que l'athlète, l'infirme ne pouvant l'exprimer aussi bien. Et puisque cette forme qui façonne et préserve le corps physique ne vous est plus étrangère, occupons-nous de l'homme lui-même et étudions les autres forces qui s'expriment en lui. La force inférieure de l'homme psychique, celle qui se manifeste en propensions animales, est rouge dans ses manifestations ou vibrations. Vous vous rappelez les quatre émotions fondamentales sur lesquelles se greffent toutes les autres émotions humaines; les trois premières d'entre elles sont rouges; quand la nature animale asservit le côté intellectuel de l'homme, les vibrations rouges prédominent et pénètrent l'homme entier et son aura. Si vous frappez un diapason, sa vibration produit un son. Mettez un poids sur le diapason, le son cesse, le degré inférieur des vibrations que vous mettez en contact avec lui abaisse les siennes et finalement les fait cesser; les vibrations du poids l'emportent ainsi sur celles du diapason. Il en va de même pour la pensée, les vibrations intérieures de la nature animale intense pénètrent chaque partie de l'homme; sa nature intellectuelle cesse d'agir et prend la couleur de l'émotion dominante; mais au fur et à mesure de la lutte qu'il soutiendra pour contrôler ses émotions, un changement de couleur se produira dans son aura.

Dans le cours des temps, la nature intellectuelle inférieure de l'homme s'affirma et devint un facteur dans sa vie quand ses émotions furent un peu calmées. Peu à peu, la couleur originairement rouge de l'homme psychique et l'orangé de son corps, se teintèrent du vert de sa mentalité objective, il eut alors un mélange des trois couleurs qui lui donna une vibration brune. Cette couleur indique malheureusement l'état actuel de la masse des hommes, leur développement ne va pas au delà. Le côté intellectuel de l'homme est encore très faible; l'esprit objectif même n'est pas encore bien individualisé; quant à l'esprit subjectif, il n'est pas actif dans une personne sur mille.

La promulgation des lois, en interdisant de maltraiter, de tuer son prochain ou de le voler, sous peine de répression, contraignit les hommes à contrôler leurs émotions, de même que la vie sociale qui requiert une constante domination de soi-même. Les progrès de l'homme dans le contrôle de ses émotions firent prédominer les vibrations vertes, d'abord dans les nuances les plus foncées qui caractérisent l'égoïsme intense — par la suite dans ses nuances les plus claires, qui sont une indication d'individualisation.

Le vert est la couleur de l'esprit objectif de l'homme quand il commence à s'individualiser, comme centre permanent de conscience dans la Divinité. C'est la couleur de la manifestation de l'intellectualité inférieure, appelée quelquefois conscience cérébrale. La conscience de soi-même par l'homme fut un progrès dans l'évolution; il en fit un autre lorsqu'il commença à se servir de son intelligence, même sur un plan inférieur pour contrôler ses émotions, il fortifiait ainsi sa nature intellectuelle. Il est désirable de passer par les vibrations vertes, aucune âme ne peut avancer rapidement dans son évolution à moins d'être bien individualisée. Le temps viendra où notre esprit subjectif, partie la plus divine de notre nature, combattra pour obtenir l'ascendant, comme notre plus inférieure intellectualité lutte à présent avec la nature émotionnelle. Ces temps révolus, la couleur originale de l'esprit subjectif commencera à se manifester et les vibrations bleues coloreront l'homme intérieur; il ne se produira d'abord dans son aura que des éclairs occasionnellement bleus, puis sa vibration en arrivera peu à peu à être complètement saturée de bleu.

L'élévation des vibrations de l'homme qui se développe se produit lentement. Là où l'intelligence supérieure et l'intuition commencent à se manifester, là où la raison commence à asservir le désir, il y a lutte entre l'esprit objectif et l'esprit subjectif. C'est le point où en sont aujourd'hui la plus grande partie des êtres humains et, si vous étiez clairvoyants, vous pourriez voir les auras changeant du vert au bleu, avec de temps à autre un éclair rouge, pour revenir ensuite au vert, ou au pourpre, combinaison du bleu et du rouge. Je ne sais pas de meilleure comparaison pour qualifier l'apparence de l'homme intérieur en progression que celle d'une fontaine électrique. Pendant un moment, la fontaine est bleue, puis le vert se mélange au bleu, ensuite elle devient pourpre avec des éclats rouges et parfois le rouge fusionne tout. Ainsi, suivant la qualité de sa pensée, l'homme irradie toujours ces belles couleurs qui sont l'effusion de chaque âme ou esprit humain.

La nature spirituelle de l'homme éveillée, son

intuition devient active et la vibration jaune commence à se mélanger avec la bleue. L'homme bien développé possédera toutes les couleurs raisonnablement réglées et contrôlées. La vibration la plus basse, exprimée par le rouge, deviendra dès lors un beau rose et s'apercevra plus particulièrement sur la partie du corps où se trouvent les organes de la génération. La vibration orangée baignera tout le corps. Le vert sera la ligne d'individualisation cernant le corps, le bleu et le jaune se mélangeront et s'étendront au delà du vert, formant l'extrême bord de l'aura.

Ces couleurs se divisent en couleurs négatives et en couleurs positives. Il y a le jaune positif et le jaune négatif, le vert positif et le vert négatif. L'aura d'un homme composée par des couleurs négatives indique que le côté négatif de sa nature est dominant. Un homme peut sembler contrôler son esprit objectif et vous pouvez le croire très développé, alors qu'en réalité cet esprit objectif n'est qu'un pauvre véhicule pour son esprit subjectif. Certaines personnes ont des vibrations négatives bleues et jaunes; celles dont la nature intuitive n'est que partiellement éveillée, qui n'ont pas l'aspect force, chez lesquelles l'intelligence supérieure n'est pas encore active. Par exemple, une personne peut être négativement bonne, la vie ne lui ayant pas donné l'occasion d'être autre; son entourage a été une sauvegarde contre la tentation et sa nature négative ne lui a pas donné le désir de passer outre. Mais, quelque vie à venir lui réserve la tentation qui lui apprendra la bonté positive et fera d'elle un ego plus parfait.

Abordons maintenant le côté pratique de ce chapitre. Conformément à votre connaissance de ces forces ou vibrations, et d'accord avec l'intensité de votre pensée, avez-vous le pouvoir de vous servir des forces occultes de la nature? de devenir conscient sur d'autres plans que le plan matériel, et de vous mettre en contact avec certains courants cosmiques ou forces? Un homme de nature excitable est au théâtre, tout à coup un cri retentit « au feu », une vague de peur balaye la salle, chaque esprit se trouve saisi par le courant cosmique rouge de la peur, chacun des centres de conscience de l'assemblée a touché ce grand courant et se trouve envahi par l'épouvante. L'homme excitable perd la raison, il veut se sauver à tout prix; brutalement, il foule aux pieds les femmes et les enfants et se rue comme un animal sauvage, pour se libérer de la masse d'êtres humains qui se débattent autour de lui. Il y a ou il n'y a pas le feu, mais l'esprit objectif de cet homme est entré en connexion par la pensée avec le courant de la peur, il ne s'est pas rendu maître de l'émotion qui a fondu sur lui, et sa nature animale s'est déchaînée.

Ces courants cosmiques qui entourent notre terre correspondent en couleur et en degré de vibration à chacune des couleurs de l'aura humaine et animale : toutes les créatures vivantes usent de ces courants, soit consciemment, soit inconsciemment. Quand l'homme apprend à vibrer harmonieusement avec la couleur ou courant cosmique qu'il désire employer, son développement devient plus rapide qu'en se servant inconsciemment de ces courants comme le font les animaux. C'est d'après la couleur de ses vibrations qu'un homme se met en contact avec ces forces cosmiques, cause de désastres pour lui quand il se sert des forces inférieures. Prenez, par exemple, le courant de la peur. Un homme qui craint constamment quelque chose ou quelqu'un qui se met en contact avec ce courant qui ne cesse d'agir sur lui sera empêché de réussir dans tout ce qu'il entreprendra, à moins qu'il n'élève ses vibrations au-dessus de ce courant, et ne se détache ainsi de lui. Il est donc vraiment de la plus grande importance pour l'homme d'apprendre à contrôler ses pensées et ses vibrations.

Il existe aussi différents plans de conscience, et c'est d'après ses vibrations qu'un homme peut agir sur eux. Un homme peut ne voir d'autre couleur que le rouge si ses nerfs optiques en sont à un degré de vibration trop inférieur pour qu'il puisse enregistrer aucune couleur d'un degré plus élevé, de même quelques hommes ont plus que d'autres l'appréhension des lois de la vie, parce que leurs vibrations sont assez élevées pour les rendre sensibles à celles qui viennent d'autres plans supérieurs. Un génie est un homme dont la conscience assez développée dans son évolution peut entrer en contact avec des plans plus nombreux de la conscience cosmique que les autres hommes. Vous vous rappelez peut-être ces lignes de Wordsworth :

> Une primevère sur la rive d'un fleuve
> Ce n'était pour lui qu'une primevère jaune —
> Qu'était-ce donc de plus?

C'est ainsi qu'un homme ne voit dans une primevère qu'une plante quelconque; un autre pense que c'est une jolie fleur jaune; un troisième y découvrira tout le mystère de l'Univers, il verra l'effet vibrant de l'idée divine, « ce que Dieu a géométré » suivant l'expression des élèves de Pythagore.

Il y a 49 états de conscience, mais les esprits de la moyenne des hommes fonctionnent seulement sur dix ou douze. La science a une grande quantité de portes que nous pouvons tous ouvrir, mais si nous maintenons notre pensée dans les conditions de conscience les plus inférieures, sans jamais aspirer à nous élever au delà, ces portes nous resteront toujours closes. En vivant seulement dans la cave de notre maison, comment verrions-nous le soleil de Dieu ruisseler sur le monde? Sa lumière ne brillera pour nous que si nous voulons aller là où elle peut nous atteindre.

Tous les grands maîtres du monde ont en substance enseigné les mêmes règles de conduite et de moralité. L'Éthique n'est pas fondée sur le Code, ni sur les sentiments, mais établi sur les lois immuables de la nature. « Aimez vos ennemis », fut un des préceptes enseignés par Jésus, précepte troublant entre tous. Combien se demandent, sans le dire, quelle est la raison valable d'un tel enseignement? Ce précepte a pourtant une base purement scientifique. L'amour n'est pas un sentiment indéfini, c'est une réalité, la plus haute et la plus grande force dynamique de cette planète, elle se manifeste sur tous les plans. Nous pouvons la sentir sur le plan des effets et la voir sur le plan mental si nous sommes capables de fonctionner sur ce plan. L'amour pur produit par l'esprit subjectif se manifeste en force constructive ayant son degré supérieur spécial de vibration jaune. La colère, émotion qui procède de l'esprit objectif de l'homme, vibre à un degré inférieur, le rouge. Un être qui vous hait — un ennemi — envoie vers vous un courant de pensée rouge, si vous envoyez en retour des pensées d'amour, vous projetez une force de vibration jaune infiniment supérieure et plus puissante que le rouge, qui fait dévier la vibration inférieure et l'empêche de vous atteindre.

En vivant d'accord avec les principes éthiques, vous atteindrez une qualité supérieure de pensée ou vibration, et les forces supérieures de vibration vous protégeront contre le mal. Quand nous étudierons les forces spirituelles, nous verrons comment, par le contrôle de nos pensées, nous pouvons nous servir des forces cosmiques.

SEPTIÈME CONFÉRENCE

MÉDITATION - CRÉATION - CONCENTRATION

Toutes les religions possèdent des modes de rapprochement entre l'esprit de l'homme et la Divinité. Dans la philosophie orientale, ces moyens appelés « Yoga » sont destinés à mettre en contact l'esprit individuel avec la conscience universelle. Il y a deux sortes principales de Yoga, l'une mentale, l'autre physique. La première est un procédé de méditation par lequel l'esprit individuel est mis en relation plus proche avec la conscience universelle; la seconde ou Yoga physique, d'espèce variée, comprend des méthodes de respiration artificielle et une série de mouvements spéciaux, ayant pour but d'attirer dans le corps certaines forces qui développent les pouvoirs psychiques. Ceux qui les pratiquent croient ainsi se rapprocher de la Divinité, mais en fait, certains centres psychiques seulement sont éveillés dans le corps physique de ces individus auxquels ils permettent d'agir sur le premier plan au-dessus du plan matériel. Les conditions extatiques dans lesquelles sont souvent jetés les Yogis par les pratiques auxquelles ils s'adonnent ne sont pas des états spirituels de la conscience comme beaucoup pourraient le croire. Ils sont entièrement dus au paroxysme d'émotion auquel s'abandonne l'individu et constituent un état désastreux pour ceux qui s'y laissent aller.

Un autre moyen employé pour rattacher la conscience individuelle à la conscience universelle est le ritualisme. En Orient, les cérémonies brahmaniques et boudhiques contiennent le rituel le plus complet qui puisse exister. Le rituel boudhique passe par tous les degrés, depuis l'adoration de l'Être suprême par la méditation, jusqu'aux tentatives les plus variées pour atteindre et rendre favorables les forces intermédiaires dieux ou devas.

Le judaïsme nous offre aussi un vaste système ritualiste moins important toutefois que celui du boudhisme, le ritualisme judaïque fut établi pour un peuple matériel qui se servit de procédés matériels pour créer son rituel, et n'atteignit jamais les voies mentales. Par exemple, les juifs coupaient la gorge des animaux et le sang devait en jaillir pour attirer l'attention de la Divinité qui aimait l'effusion du sang. Ce rite la rendait favorable et la décidait à accorder à l'auteur du sacrifice les dons précieux qu'il demandait, rites accomplis non plus par amour de la spiritualité, mais seulement pour un gain matériel.

Vint ensuite le Christianisme représenté en Occident par deux grandes sectes, le catholicisme et le protestantisme. Celles-ci emploient aussi un procédé appelé prière pour unir la conscience individuelle à la conscience universelle. Le rituel catholique ressemble beaucoup dans ses lignes générales au rituel boudhiste dont viennent du reste un certain nombre de ses cérémonies. Il y a trois formes de prières dans le catholicisme : le culte de Latrie ou prière directe à la Divinité; le culte d'Hyperdulie ou prière à Dieu par l'intermédiaire des saints ou de la Vierge Marie, et le culte de Dulie ou prière à un saint patron spécial. Dans le protestantisme, la prière est faite directement à Jehovah. Soit que l'on considère les anciennes religions du monde ou les plus récentes, chacune a inventé un procédé pour mettre en rapport l'esprit avec la conscience universelle; et tous ces rites, pour atteindre un seul but — le gain personnel.

Quelques-uns d'entre vous seront peut-être choqués par cette déclaration, mais en l'étudiant de près, il est facile d'en reconnaître l'exactitude. Pour le boudhiste, l'objet du rapprochement de l'esprit individuel avec la conscience universelle, est l'espoir de se libérer de la réincarnation; c'est purement une question de bénéfice individuel. Le judaïsme faisait un marché entre Dieu et l'individu. En retour des prières, des louanges et des sacrifices, Dieu accordait aux hommes ce qu'ils désiraient. Dieu donne aux catholiques, en échange de chants et de prières, des grâces mentales ou spirituelles et le salut personnel; mais ils peuvent aussi obtenir par la prière des biens matériels, ils emploient notamment une méthode connue sous le nom de neuvaine, qui s'adresse plus généralement aux saints qu'à Dieu directement, et par laquelle si les conditions requises sont toutes remplies, la grâce demandée est obtenue. Le protestant peut prier dans n'importe quelle intention spirituelle ou

MÉDITATION

matérielle — tout revient en fait à un bénéfice personnel.

Les « Christian » et les « Mental Scientists » ont adopté de l'Orient le procédé de méditation qu'ils appellent « entrer dans le silence ». Attitude prise par l'esprit individuel, dans le but de s'harmoniser avec l'Universel pour en recevoir les inspirations et les bienfaits qu'il désire ; celle-ci est la véritable forme de prière rationnelle et scientifique. L'occultiste a lui aussi ses procédés pour obtenir cette union propre à lui attirer tel bien spirituel, mental ou matériel, dont il a le besoin ou le désir.

Mais, nous demandons-nous, comment cette union peut-elle s'accomplir ? Nous avons tous besoin de bienfaits, spirituels, mentals ou matériels, et notre secret désir à tous est de savoir comment nous servir de notre esprit pour obtenir les qualités et les biens désirés. Trois instruments de travail ou méthodes d'esprit sont employés par l'occultiste pour unir sa conscience avec l'Universel ; ces procédés sont : la méditation, la création et la concentration.

Nous avons maintes fois traité de l'esprit, parlons maintenant de la pensée. La pensée est le produit de l'esprit, c'est un degré de vibration émis par l'esprit, par conséquent une force. Cette force pensante est continuellement employée bien ou mal, car vivre c'est penser, que ce soit à tort ou à raison, avec l'esprit objectif et subjectif. La pensée, en elle-même, n'est ni bonne, ni mauvaise; comme toute autre force, l'usage qu'on en fait détermine son caractère. L'électricité est une force, elle peut être employée à la fois pour donner la mort; les criminels sont ainsi exécutés à Sing-Sing dans l'État de New-York, ou pour guérir certaines maladies et prolonger la vie.

La pensée a une caractéristique principale, je pourrais presque dire une seule caractéristique, c'est la vibration. Partant de là, nous pouvons diviser la pensée en deux classes générales, l'une positive, l'autre négative. La pensée positive est une force supérieure de vibration émise par l'esprit; la pensée négative un degré inférieur de vibration.

Vous vous rappelez que la volonté est le côté positif de l'esprit subjectif, et correspond au désir du côté positif de l'esprit objectif. La volonté joue un rôle très important dans les affaires humaines, qu'elle agisse comme puissance de volonté par l'esprit subjectif, ou qu'elle opère comme désir par l'esprit objectif. Par rapport à la pensée, la volonté a trois fonctions :

Premièrement : elle détermine la nature de la pensée émise par l'esprit, constructive ou destructive ;

Secondement : la volonté détermine l'intensité de la pensée, soit qu'elle vibre à une force supérieure et voyage avec une grande rapidité, soit qu'elle provienne d'une force inférieure et n'atteigne qu'une courte distance. En d'autres termes, la volonté détermine la pensée, positive ou négative ;

Troisièmement : la volonté détermine la direction de la pensée, c'est-à-dire la personne, l'endroit ou la chose vers laquelle elle sera envoyée, et le temps qu'elle y restera.

Sachant les fonctions de cette force considérable, latente sous ses aspects les plus élevés en beaucoup de personnes, vous comprendrez combien il est important de l'éveiller ; ainsi que les muscles du corps, elle se fortifiera par l'entraînement et par l'usage. Il est laissé au choix de chacun de rester d'intention débile et de volonté faible ou de développer cette force et de nous en servir pour notre avancement. Sans volonté active, nul ne peut espérer devenir un occultiste, sa force mentale étant pour lui ce que l'engin est à l'ingénieur.

Le premier mode de culture mentale, pour que l'esprit parvienne à attirer à lui ce qu'il désire, est la méditation philosophique. (J'emploie à dessein le mot philosophique pour qualifier cet état d'esprit, car il existe plusieurs autres modes de soi-disant méditation.)

La méditation philosophique est une condition réceptive de l'esprit adoptée dans le but de recevoir de Dieu la lumière sur un sujet déterminé.

Analysons les éléments qui composent cette sorte de méditation. La première condition d'esprit est d'être réceptive. En me servant du mot réceptive, je ne veux pas dire négative. Jamais, en aucune circonstance, ne vous permettez d'être dans un état négatif; dès l'instant où vous êtes dans cet état, vous devenez la proie de malfaisantes entités subjectives et d'influences qui peuvent vous obséder au point de dominer votre esprit pour toute la vie.

L'occultiste insiste très fortement sur ce fait que la méditation passive et négative enseignée par beaucoup d'écoles d'Orient et d'Occident est des plus préjudiciables à l'ego. Puisque l'immortalité est la préservation de la conscience individuelle, une individualisation parfaite peut seulement s'affirmer par un effort continu pour rester dans un état d'esprit positif. Il s'en suit donc que si vous restez négatif, c'est au détriment de votre évolution. L'état négatif a aussi son effet sur le corps physique, son action réflexe qui produit la maladie et souvent la mort.

S'il est utile d'insister plus spécialement sur une idée que sur toute autre, au cours de ce livre, c'est sur la nécessité absolue d'être mentalement positif. La stabilité dépend de l'état positif et l'assertion biblique : « instable comme l'eau, nul ne réussira, » est aussi vraie en occultisme qu'en tout autre cas.

Une condition d'esprit réceptive est le même état que celui dans lequel vous êtes en ce moment. Une attitude tranquille, attentive, expectative, sans intensité, mais donnant une attention positive à ce que je dis pendant que vos corps sont à l'aise dans une position naturelle. Nul ne pourrait contrôler aucun de vos esprits en ce moment, chacun est positif, dans un état actif et non passif.

Dans cet état réceptif, vous désirez recevoir la lumière. La connaissance est le second élément de notre définition, c'est tout ce que vous pouvez recevoir par la méditation; les biens et les qualités vous sont apportées par d'autres modes de l'esprit.

Dirigez alors votre demande ou prière vers la conscience universelle — et non à tel intermédiaire, car il ne doit pas y en avoir; — la prière doit être adressée à Dieu directement. Vous entrez en méditation dans le but de recevoir la lumière de la source suprême, et ceci est le troisième élément de notre définition.

S'adresser scientifiquement, suivant les règles, à la Divinité est difficilement réalisable, à moins que vous n'ayez entièrement dépassé l'idée d'un Dieu anthropomorphique; au premier abord, il paraît presque impossible de s'adresser à la conscience universelle. Il semble que votre demande ou prière est partie quelque part dans l'espace se perdre à travers la grande conscience. Considérez la conscience universelle comme un autre esprit individuel, près de vous, auquel vous pouvez parler comme vous pourriez le faire à une autre personne. Ou mieux encore, vous pouvez l'imaginer comme un soleil doré ou un centre de lumière vibrante à l'intérieur de votre propre cœur — le centre du cœur est un des principaux points de contact entre l'esprit individuel et l'esprit universel.

Gravez profondément dans votre esprit cette pensée de proximité avec la conscience universelle. Tant de gens, lorsqu'ils pensent par hasard à la Divinité, se sentent infiniment éloignés de Dieu qu'ils considèrent comme inaccessible. Seule la fausse conception de la distance qui nous sépare de Lui, rend Dieu difficile à atteindre. La grande conscience devrait être le principe de chacune de nos pensées et de chacun des actes de notre vie, parlez-lui tout bas dans le mystère de la nuit. Elle vous entendra et vous répondra. Contemplez dans une image mentale son rayonnement éblouissant et elle remplira votre corps de ses vibrations vivifiantes. Dépendez d'elle, non des êtres et des choses, pour vous donner ce dont vous avez besoin et votre demande ne manquera jamais de lui parvenir.

Il y a deux raisons pour adresser vos demandes à la conscience universelle. La première est que si vous n'adressez pas vos demandes au Plus-Haut, votre esprit objectif prendra les devants et la responsabilité de vous répondre. S'arrogeant la place de Dieu, il vous accordera soi-disant la lumière spéciale que vous avez demandée. En adressant votre demande directement à la Divinité, vous prévenez jusqu'à un certain point l'intervention inférieure de l'esprit objectif, mais seulement jusqu'à un certain point, car rien, si ce n'est le parfait contrôle de soi-même, ne prévient jamais pleinement les tentatives d'intervention de l'esprit objectif.

La seconde raison pour adresser votre demande à la suprême conscience comme si c'était un autre esprit, est que vous coupez ainsi la communication avec tout autre esprit individuel qui pense de la même façon générale que vous; autrement, en entrant dans un de ces courants de pensées, vous pouvez en recevoir des inspirations qui seront plus ou moins bonnes.

Beaucoup de personnes « pour entrer dans le silence » ou tâcher de méditer, s'asseyent et attendent la première pensée qui vient à elles. Elles accueillent ainsi toutes les impressions qui leur traversent l'esprit en les croyant d'inspiration divine. Rien de tout cela ne constitue la méditation philosophique et vous ne pouvez en retirer aucun bien. Pour méditer avec fruit, il faut vous fixer un sujet avant d'entrer en méditation, puis demander d'être éclairé sur ce sujet et attendre patiemment une impression. Il est absolument nécessaire d'avoir un sujet concret, l'état concret est le secret du succès mental et de tout autre succès. Peu importe le sujet choisi, vous pouvez demander la lumière sur quelque plan que ce soit, spirituel, mental ou physique, mais l'objet de votre demande doit être concret.

Les gens en majorité rêvent plutôt qu'ils ne pensent. Vous entendez souvent cette parole : « A quoi pensez-vous? » et la réponse habituelle : « Réellement, je ne pensais à rien. » La plupart de ceux qui croient penser, en réalité sautent d'un sujet à un autre comme un oiseau voltige de branche en branche. Leur pensée ne précise aucun objet, elle est à l'état de nébuleuse, sans suite logique, sans continuité. Beaucoup pensent aux mots et non aux concepts, à des choses mentales concrètes, et ceci peut s'appliquer souvent même aux gens qualifiés de scientifiques. Qu. concept ont la plupart des individus de l'Amour, de la Force, de l'Esprit, de la Pensée? Pourtant, ces mots définissent des choses réelles et précises. Les mots ne sont pas indispensables à la pensée; penser sans mots constitue l'image mentale ou pensée concrète, la vraie pensée créatrice; vos pensées nonchalantes ont des résultats nuls ou presque nuls, alors que vos pensées concrètes ont un résultat absolument mathématique.

Pour en revenir à la méditation, considérons d'abord le meilleur moment pour cette pratique; au commencement, il est préférable de se fixer un temps bien déterminé — plus tard vous deviendrez capable de méditer à toute heure et en tous lieux. Les premières heures du matin sont les meilleures pour la méditation : à ce moment, les grandes forces de la nature affluent en vous avec le lever du soleil. Toutes vos forces magnétiques ont été condensées pendant votre sommeil et ne sont pas encore dispersées dans la pensée du monde. Si vous pouvez consacrer quelque temps à la méditation avant de vous lever, vous en obtiendrez les meilleurs résultats; de plus, vous rapprochant consciemment de la Divinité, dès votre réveil vous serez ainsi dans un état d'équilibre harmonieux qui vous permettra de mieux remplir les devoirs de la journée.

Quand vous demandez la connaissance à l'universelle conscience, d'accord avec l'intensité de votre pensée, vous projetez dans l'éther plusieurs petites lignes magnétiques. Ces lignes ressemblent à des rayons de lumière bleue et vous mettent en communication avec la personne ou l'objet qui sera le meilleur instrument de réponse à votre demande. Quelquefois cet instrument est un autre ego qui, consciemment par télépathie, vous envoie la réponse attendue. Dieu peut encore se servir d'un intermédiaire inconscient, vous mettre en relation avec un ouvrage dont le sujet vous intéresse, ou vous pouvez être invité à une conférence qui vous donnera la lumière que vous avez demandée.

Vos demandes peuvent être exaucées de bien des manières et Dieu choisit la meilleure pour vous, selon votre développement et votre disposition du moment; il est vrai que la réponse ne vient pas toujours immédiatement après la demande et vous pouvez continuer à demander longtemps avant qu'elle ne vous vienne. La concrétion et l'intensité de votre pensée déterminent la promptitude de la réponse. S'il y a un délai, la faute n'en sera pas à l'universelle conscience, ni à la loi de demande et de réponse, pas plus qu'une erreur de calcul ne prouve fausse une règle de mathématique. La faute sera la vôtre, soit que vous ne pensiez pas assez clairement, soit que vous ne mainteniez pas un temps suffisant votre image mentale. En suivant avec persévérance les règles données dans ce chapitre, soyez assurés que les impressions demandées viendront à vous, toujours à temps pour vous en servir.

La plupart des commençants font leur demande à la Divinité, puis s'inquiètent de l'avis et des opinions d'autrui sur le point particulier qui les intéresse. La conséquence est que de toutes les réponses qu'ils reçoivent, aucune n'est peut-être la bonne, la connexion n'ayant pas été faite par Dieu. Le commençant impatient n'a pas attendu que Dieu ait établi ses rapports, il s'est précipité, les a faits lui-même, il a devancé la divine et véritable réponse qui ne viendra peut-être que longtemps après.

Voici quelques règles qui pourront vous aider dans votre travail.

Premièrement : défiez-vous de toute réponse immédiate, il y a de grandes chances pour qu'une réponse trop prompte soit le fait de votre esprit objectif. Au commencement de vos méditations philosophiques, vous n'avez pas une pratique suffisante pour vous permettre de toujours déterminer la différence entre les impressions de votre propre esprit objectif et celles de la Divinité; aussi est-il bon de répéter la question à chaque période de méditation pendant plusieurs jours de suite;

Secondement : examinez attentivement la réponse qui vient sous forme de mots, considérez-la bien car l'esprit objectif s'exprime invariablement par des mots, souvent même en de longues dissertations. La conscience universelle transmet généralement la réponse à votre esprit en une impression ou conviction ;

Troisièmement : contrôlez la réponse avec votre raison, jusqu'à ce que votre intuition pleinement éveillée puisse vous éclairer. Supposons qu'ayant demandé s'il est bon pour vous de faire telle chose, la réponse soit affirmative, choquant ainsi votre sens de la justice et de la vérité, l'opportunité ou la probabilité, jugez avec votre raison jusqu'à ce que votre intuition soit éveillée, n'agissez pas avec précipitation ;

Quatrièmement : vous constaterez que la Divinité répondra ordinairement à votre question à un moment inattendu, alors que votre esprit objectif ne sera pas sur ses gardes ; vous saurez ainsi qu'il n'est pour rien dans la réponse obtenue.

En vous rappelant ces quatre suggestions ou épreuves et en les appliquant à votre travail de méditation philosophique, vous recevrez la lumière désirée, votre foi implicite en Dieu rendra inoffensives les erreurs qui pourront être commises au commencement et les feront servir en définitive à votre bien.

Le second mode de l'esprit est la création. Une pensée créatrice est la représentation ou mise en forme concrète, d'un objet spécial. Par forme concrète, il faut entendre une peinture mentale du sujet sélectionné avec toutes les qualités de ce sujet dans son état naturel. La création mentale vous apportera toute espèce de qualités ou de biens, excepté la connaissance qui ne vient que par la méditation. L'imagination n'est pas une fantaisie, c'est une faculté créatrice d'images, employée pour faire la peinture concrète de ce que nous désirons. Désirez-vous l'amour ? Qu'est-ce que l'amour ? Pour créer, il faut faire une image concrète. L'amour est une force. Cette force doit avoir un degré de vibration et ce degré de vibration doit posséder une couleur. Dès lors, vous devez peindre l'amour d'accord avec la plus haute conception de force représentée sur cette planète par la couleur dorée.

Si vous aspirez à l'amour divin, représentez-vous submergé par un flot de vibrante force dorée, voyez ses rayons pénétrer les plus petites parties de votre être, tout votre corps et tout vous-même vibrer des mêmes vibrations et l'atmosphère palpiter autour de vous de son ardeur dorée. Aimez-vous un autre être? Imaginez l'amour universel affluant en vous et s'écoulant du centre de votre cœur comme un courant doré qui déborde au dehors vers le cœur qui vous est cher; et si vous voulez qu'on vous aime, voyez ce courant de force dorée affluer de ce cœur vers le vôtre.

Sur le plan mental, demandez-vous une mentalité plus développée? Imaginez la force cosmique bleue saturant tout votre être jusqu'à ce qu'il en soit tout vibrant. Qu'elle magnétise votre cerveau et vous traverse de part en part de sa force ascendante, vous vous sentirez capable, après une telle démonstration, d'accomplir n'importe quelle entreprise mentale. Toutefois, n'allez pas au-devant d'une déception en supposant qu'un traitement par la force cosmique bleue fera de vous un génie, il n'en sera rien. Mais de fréquents traitements de cette sorte accroîtront graduellement votre puissance mentale, que vous pourrez diriger dans n'importe quelle voie désirée, la peinture que vous faites crée le centre ou matrice dans lequel la conscience universelle réalisera votre demande.

Sur le plan matériel, la même faculté d'image

créatrice est employée. Désirez-vous constituer un bon cabinet d'affaires? Imaginez un grand nombre de clients venant à votre bureau demander vos services, et les payant largement — cette dernière partie de la peinture est essentielle au succès du tout. Voulez-vous développer un commerce? Voyez une foule de gens qui viennent à vous et attendent que vous les serviez. Mais les affaires viendront bonnes, mauvaises ou médiocres, à moins de bien spécifier en faisant votre création le genre d'affaires que vous voulez réaliser, elles viendront à vous telles que vous les aurez créées. En attendant que vos créations se matérialisent, que vos demandes soient reçues, vous devez accomplir de bon cœur et fidèlement les devoirs qui se présentent à vous, vous coopérez ainsi avec le Très-Haut, car vous ignorez jusqu'à ce qu'un devoir soit accompli, quel bien peut en résulter pour vous.

Avez-vous besoin d'argent? Faites alors une image concrète de la quantité que vous désirez — dites par exemple, en billets de mille francs, ou si vous ne voulez pas votre argent sous une seule forme, imaginez un nombre de billets suffisant pour faire la somme désirée. En tout cas, peignez-vous une somme définie, après quoi tenez-vous-y jusqu'à ce que l'image ressorte aussi distincte que si elle était matérialisée et que vous puissiez la voir devant vous. Dites alors à la conscience universelle : « Donnez-moi cette création, » répétez cette demande jour après jour et même plusieurs fois par jour. Il vous est facile de le faire dans le courant de la journée au lieu de rêver ou de lire les annonces des rues et des moyens de transport. L'état concret de votre peinture fait de cette création une réalité mentale et plus vous mettez de ténacité à maintenir une création mentale, plus tôt viendra la réalité matérielle. La pensée créatrice est toujours faite d'images, et ceci se vérifie au point de vue le plus élevé comme le plus inférieur. L'Univers est la matérialisation de l'idée divine ; le plan spirituel a reçu l'empreinte de l'esprit divin au commencement de la création, les esprits planétaires ont fait affluer en lui leur force vibratoire, et c'est ainsi que naquirent les mondes. Tout ce qui est a d'abord existé sur le plan mental, même les habits que vous portez et la chaise sur laquelle vous êtes assis.

Examinons plus avant le travail de la loi et prenons, par exemple, l'image concrète d'une liasse de billets de banque, soit mille francs.

Vous avez fait une peinture mentale, une image de cette création, vous dirigez maintenant votre force qui est simplement la vibration de la pensée, sur cette image, jusqu'à ce qu'elle devienne clairement définie dans l'éther qui entoure votre aura. La clarté de la pensée et l'intensité de la peinture produisent une photographie qui, par le même procédé que celui de l'esprit universel, constitue votre plan ou matrice. Si la matrice d'un de vos ongles était détruite, vous ne pourriez plus jamais avoir d'autre ongle, mais tant que la matrice est là, bien que votre ongle puisse accidentellement être détruit, un autre repoussera. Ainsi en est-il avec votre matrice mentale; tant qu'elle n'est pas détruite, elle vous apportera quelque jour l'objet matériel imaginé.

La vibration constante et fréquente causée par votre pensée fixe la conscience universelle dans votre peinture et la met en action, les petites cordes magnétiques qui se détachent alors de vous sont dirigées par la conscience universelle sur la somme que vous lui avez demandée. Cet argent se trouve quelque part sur le plan matériel, la conscience universelle dirige les menues cordes magnétiques attachées à votre demande vers la somme en question. Peu importe d'où viendront ces mille francs, la voie par laquelle ils vous parviendront est choisie par la conscience universelle, souverainement juste, et nul ne sera lésé par leur transfert en votre possession.

Que la matrice, l'image d'un objet mental soit une réalité, c'est là un fait certifié par tous les occultistes, mages et bons psychiques. Ce témoignage était corroboré dernièrement par une note de la presse annonçant que le Dr Baraduc, de Paris, venait de perfectionner une plaque assez sensible pour reproduire les images de la pensée. Le compte-rendu de cette invention racontait qu'un naturaliste français connu avait été prié de penser à quelque chose, de se peindre un objet choisi par lui pendant que la plaque était exposée. Quand le négatif fut développé, il donna la reproduction d'un spécimen d'aigle très rare, lequel d'après le naturaliste était bien l'image représentée dans son esprit. Il avait étudié cet oiseau exceptionnel quelque temps auparavant, ce qui facilitait une représentation mentale très claire. L'article disait aussi que beaucoup d'images imparfaites avaient été prises d'autres pensées. Dans la masse, le Dr Baraduc obtient les meilleurs résultats avec les femmes dont la sentimentalité se représente très vivement l'objet qui leur est cher. Il déclara qu'elles maintiennent dans leur esprit une peinture très claire de ceux qu'elles aiment. Je ne suis pas assez documenté pour me prononcer sur ces derniers faits; mais tôt ou tard, la science physique établira cette revendication occultiste.

C'est de Dieu et de nul autre que vous obtenez la réalisation de votre demande. Vous n'avez pas le droit d'user de force coercitive sur un autre esprit individuel; mais tout ce qui existe dépend de Dieu — votre demande comme le reste — et vous avez parfaitement le droit de la lui adresser. A notre degré d'évolution, nos images mentales reproduisent des choses qui existent déjà, et que nous attirons à nous par l'accomplissement de la loi que je viens d'expliquer. Mais le temps viendra où nous serons assez développés pour réunir les particules nécessaires à la composition, à la création de tout ce qu'il nous plaira d'imaginer. Ce pouvoir appelé précipitation constitue réellement la plus haute forme de création.

La concentration mentale est le troisième mode de l'esprit. Sa nature n'est pas créatrice, elle dirige la force qui hâte la matérialisation de la création. La concentration est l'acte de maintenir l'esprit fixé sur un sujet à l'exclusion de tous les autres. Ici encore, quel qu'il soit : objet, pensée ou qualité, vous devez vous concentrer sur un sujet bien spécifié. Ce mode d'esprit est peut-être le plus fort des trois modes mentionnés dans ce chapitre, c'est en tout cas une condition active et positive de l'esprit. L'habitude de la concentration ne s'acquiert pas sur-le-champ, c'est une question de temps et de pratique. Vous serez peut-être surpris de savoir qu'une personne ordinaire ne fixe pas son esprit pendant dix secondes de suite sur le même sujet. Prenez la création que nous avions choisie tout à l'heure, essayez de maintenir votre esprit pendant un moment sur ces billets de banque. Au bout de quelques secondes, vous commencez à vous demander si cette création vient réellement ou non, puis votre esprit revient à son sujet dont vous considérez l'image pendant une autre couple de secondes. Tout à coup, vous vous rappelez qu'un lien magnétique est attaché à chacune de vos demandes et vous vous inquiétez de savoir si cette corde magnétique fonctionne bien ; puis vous essayez de voir la corde et la chose certaine est qu'ayant perdu de vue l'argent, vous êtes en train de créer une corde magnétique. Subitement, devenu conscient de l'égarement de votre esprit, vous vous demandez si vous vous concentrez bien; vos pensées sautillent ainsi d'une chose à l'autre et l'expérience vous démontre que la concentration est seulement obtenue par une constante et patiente pratique.

Connaissant la loi de périodicité qui fait et défait les habitudes, vous pouvez vous en servir pour apprendre à vous concentrer. Quelques suggestions pourront, en vous aidant à acquérir cet art de la concentration, en faire une habitude de pensée. Choisissez une heure dans la matinée, ou prenez une partie de l'heure que vous donnez à la méditation; consacrez les dix ou vingt premières minutes à la méditation et le reste du temps à la concentration. En persistant dans cette pratique pendant plusieurs jours de suite, par l'opération de la loi de périodicité, l'impulsion sera donnée et la concentration plus facile deviendra bientôt une habitude de l'esprit.

Considérez votre création mentale tranquillement, mais avec intensité. Pensez à l'image — disons de l'argent — pendant vingt minutes environ. La concentration est l'action de regarder votre peinture. Ce n'est pas un travail très pénible de s'asseoir en regardant mille francs;

cela peut même devenir une chose très plaisante, si vous réalisez qu'ils vous appartiennent. La concentration devrait toujours être un exercice agréable de la volonté, une condition d'esprit tranquille, mais positive. Laissez l'esprit se reposer entièrement sur votre peinture mentale, et demandez-la, en disant ou en pensant : « Je l'ai créée, elle m'appartient. »

Beaucoup de gens font un dur travail de la concentration. C'est une perte de force physique mal entendue. Quand vous regardez une jolie fleur avec admiration, vous pensez à cette fleur, vous vous concentrez sur elle, pour le moment vous ne pensez qu'à elle, à l'exclusion de toute autre chose. Quand vous allez au théâtre, vous vous absorbez dans l'action, vous vous concentrez sur l'action. Un grand nombre de personnes ont tendance à s'imaginer qu'en essayant de se concentrer, ils se placent dans une condition d'esprit fausse et anormale; qu'ils accomplissent une action extraordinaire. Les mâchoires serrées d'une façon tragique : « Maintenant, je me concentre, » se disent-ils, et les poings fermés, les sourcils froncés, ils contractent leurs muscles, la respiration haletante et pénible. Bannissez cette idée erronée, ce faux état d'esprit; la concentration n'est pas une épreuve fougueuse, c'est une récréation plaisante et naturelle, ou du moins il devrait en être ainsi. Placez votre corps dans une position aisée, votre attention ne doit pas être détournée par une attitude défectueuse, sinon corrigez-la et n'y pensez plus, toute votre force doit être employée à regarder votre peinture. En vous concentrant, par exemple, sur cette liasse de billets, sans être fatigué de l'argent ou de la concentration, vous pouvez être lassé de cette forme particulière d'image. Après avoir regardé des billets, changez pour un moment votre peinture en or ou en argent. Peu importe la nature de l'argent pourvu qu'il représente la somme désirée. Ainsi votre matrice n'est pas détruite, mais la forme seulement de votre image est changée. Une autre manière, très bonne, de faciliter la concentration, est de prendre l'habitude de concentrer vos pensées sur tout ce que vous faites dans la vie de chaque jour. Si vous attachez vos chaussures, n'essayez pas de lire en même temps le journal. En vous habillant, fixez votre attention sur cette action, ne vous livrez pas en même temps à des vocalises. Cette pratique régulière de concentration augmentera votre pouvoir et vous permettra de faire complètement et rapidement tout ce que vous entreprendrez. Les hommes qui réussissent en ce monde sont ceux qui ont acquis et pratiqué l'art de se concentrer dans des voies déterminées.

Des centaines de « Mental Scientists » et de « Christian Scientists » de notre temps et les occultistes à travers les âges, ont fait la preuve des vérités énoncées dans ce chapitre. Vous pouvez admettre ces principes, mais l'expérience seule vous en donnera la certitude. En suivant exactement les règles données, vous pouvez attirer à vous tout ce dont vous voudrez prendre la peine de vous faire l'image. Que ce soit le succès, la position sociale, ou quelque avantage spirituel, mental ou physique, vous pouvez l'obtenir simplement en créant et en maintenant une peinture dans votre esprit. Que la chose créée soit bonne pour vous, ou que vous en fassiez un mauvais usage après l'avoir obtenue, le résultat sera le même, vous aurez ce que vous peignez clairement. Si vous désirez cinq mille francs dans le but d'aider une famille pauvre ou pour payer à un homme l'assassinat d'un autre, l'accomplissement de la loi n'est changé en rien. Votre demande sera exaucée d'après la peinture que vous en ferez. Mais si vous faites un mauvais usage de vos pouvoirs en employant vos forces au détriment d'un autre, il vous faut en accepter les conséquences et elles sont terribles; la loi de justice agit bien plus rapidement sur ceux qui emploient sciemment leurs forces mentales pour faire le mal, que sur ceux qui agissent à tort d'une manière inconsciente ou demi-consciente.

Il est toujours bon de méditer avant de faire une création. Tant de gens créent et demandent continuellement ce qu'ils ne désirent pas vraiment ! Demandez à la suprême conscience, Dieu, Père, que vous l'appeliez ainsi ou autrement, si pour quelque raison votre demande ne va pas contre votre intérêt, et quand vous aurez reçu l'impression que vous pouvez être exaucé, faites votre peinture, réclamez-la comme vôtre, et concentrez-vous jusqu'à sa réalisation. Supposez que vous désiriez faire un voyage en Europe; sans méditer ni demander s'il est bon pour vous d'y aller, vous faites votre peinture, vous vous voyez sur le paquebot avec un billet pour le continent, vous irez en Europe, mais votre voyage ne se fera peut-être pas dans les meilleures conditions, peut-être même sera-t-il tout à fait gâté par la maladie ou les accidents. Si vous aviez médité ce projet et demandé les conseils d'en haut, vous auriez reçu l'impression qu'il était préférable de remettre le voyage projeté. Ayant suivi cette impulsion vous ne seriez pas parti et toutes ces calamités vous eussent été épargnées.

HUITIÈME CONFÉRENCE

LES FORCES OCCULTES ET PSYCHIQUES INFÉRIEURES • LEURS DANGERS

Le mot occultisme est souvent considéré comme synonyme de psychisme, alors qu'il existe, en réalité, une grande différence entre ces deux termes. Vous avez vu jusqu'ici la signification du premier, il nous reste à examiner celle d'une de ses subdivisions ou psychisme. Il est essentiel de connaître le domaine psychique, ne serait-ce que pour l'éviter, encore que ce côté obscur de la nature puisse choquer et même effrayer quelques-uns d'entre vous. La nécessité de ce chapitre est due en premier lieu à ce fait que ceux qui s'occupent d'occultisme sont, par cette raison même, étroitement en contact avec le royaume psychique; en second lieu, l'humanité entière, dans sa carrière évolutive, se rapproche de plus en plus du plan psychique. Les membres de la race humaine plus avancés psychiquement que les autres sont déjà entrés en contact avec lui ; beaucoup à leur détriment. Ceux qui connaissent des faits de cette nature ont le devoir absolu de les révéler, dût cette révélation exciter l'incrédulité et le dédain de l'ignorant ou l'inimitié des investigateurs entrés en contact avec le côté psychique, et tombés sous sa décevante influence?

Ceux d'entre vous qui sont familiers avec les œuvres de Bulwer connaissent le caractère mystique qui les anime. *La Race à venir* dépeint la sixième race qui est en train de naître en Amérique. Ses autres romans mystiques tels que *l'Etrange Histoire, la Maison hantée,* et son grand roman occulte *Zanoni* sont pleins de révélations pour les curieux d'occultisme. *Zanoni*, ou l'histoire d'une demi-âme à la recherche de son complément, nous décrit les dangers de toutes sortes qui assaillent l'étudiant dans son voyage évolutionnaire. Zanoni rencontre une femme — moitié tant cherchée de son âme — mais elle est fiancée à un autre homme. Celui-ci est vivement intéressé par l'occultisme, Zanoni recourt à un vieil occultiste qui veut bien accepter le jeune homme comme élève et consent à le faire renoncer à son amour en faveur de son rival. Il poursuit ses études quelque temps et arrive en contact avec les « habitants du seuil », dépeints dans le roman comme des forces et des entités terribles, qui se déchaînent sur cet être sans défense. Nous voyons comment toute la lie de sa nature remonte à la surface, comment il succombe aux tentations et en arrive finalement à une complète destruction morale.

Ces « habitants du seuil », nous les rencontrons tous en entrant dans le royaume psychique, non seulement les élèves occultistes, mais l'humanité entière, à mesure qu'elle se développe, doit entrer en contact avec cette région. Qu'est-ce que ces habitants du seuil? Beaucoup d'entre eux sont des esprits objectifs détachés. Nous avons vu, dans un autre chapitre, comment les esprits objectifs et subjectifs s'unissaient et devenaient des hommes. Nous avons vu aussi qu'une bataille s'engageait entre ces deux esprits quand le subjectif s'éveillait et entreprenait de se contrôler. Au fur et à mesure de son avancement, la lutte entre ces deux esprits de l'homme devient terrible, parfois le subjectif conquiert son esprit inférieur et en fait un véhicule docile; parfois l'esprit objectif est plus fort que le subjectif. Il se produit alors une rupture : l'esprit objectif, fort de sa victoire, se détache de son subjectif, celui-ci refusant de rester sous l'empire de son esprit objectif l'abandonne à une destruction certaine et retourne dans l'infini jusqu'à ce qu'un autre jour cosmique lui permette de se réunir à un nouvel esprit objectif.

Cet esprit objectif rebelle est si fort qu'il peut occuper son corps physique plusieurs années encore après la séparation et traverse le reste de cette vie avec les apparences d'un être humain, dépourvu de caractère moral. Quand il s'excarne et que son corps est détruit, il peut être, ou ne pas être assez fort pour se réincarner. S'il se réincarne, il devient une nature animale intellectuelle, sans conception morale ni spirituelle. Dans l'hypothèse contraire, il devient un « habitant du seuil », une conscience individualisée sur le côté subjectif de la vie, invisible aux yeux physiques des hommes, mais actif dans ses projets et ses désirs malfaisants. Il s'ajoute à ces nombreuses forces, déplaisantes entités avec lesquelles nous entrons en contact quand nous atteignons le royaume psychique.

LES FORCES OCCULTES ET PSYCHIQUES INFÉRIEURES

En étudiant l'humanité, vous trouverez beaucoup de ces esprits objectifs sans leur subjectif ou principe supérieur, fait qui se vérifie spécialement dans les races les plus anciennes et leurs ramifications. On en trouve dans nos pays, mais non en si grande quantité qu'au Japon, en Chine et en Égypte. Ce sont les dégénérés et les pervertis, beaucoup de nos criminels les plus endurcis. De telles entités, malicieusement méchantes, s'acharnent à maltraiter et à détruire tous ceux qui sont en contact avec elles. Quand elles s'excarnent, elles vont sur le premier plan du monde subjectif et deviennent des habitants du seuil.

Bien d'autres habitent ce plan. Chaque âme qui s'excarne, si elle ne peut passer dans les plans supérieurs, en raison de son manque de développement et de l'excès de sa nature animale, doit rester là et devient aussi un habitant du seuil. Il existe une autre classe d'habitants appelés élémentals, centres de conscience et de force qui n'ont pas atteint le point de développement où l'incarnation leur est possible. Le génie populaire les a personnifiés sous le nom de lutins, ondines, farfadets, etc... Ces entités ne sont pas des créations fantastiques de l'imagination, elles existent sous formes élémentales; ce sont des réalités vues et décrites par des personnes dont les sens psychiques en avaient conscience. Il est impossible d'imaginer ce qui n'existe pas, nul ne peut dépeindre l'inexistant.

Les élémentals sont créés par les pensées des hommes. Parallèlement au développement de l'homme, sa pensée croît en puissance et crée de petits centres de conscience dans l'esprit divin. Ces centres de conscience assument des formes différentes suivant la qualité des pensées qui les ont créés. Le développement de l'élémental a beaucoup de rapport avec celui de l'embryon dans le sein de sa mère. Ces centres ainsi créés prennent de l'homme force et vitalité et restent dans la photosphère de leur créateur. Tout ce qui est créé sur le plan mental doit, avec le temps, s'objectiver, c'est-à-dire revêtir une forme physique, quelque jour ces élémentals auront un corps matériel quelconque. Il y a de bons et de mauvais élémentals. Quand ils prennent la forme d'un insecte ou de tout autre animal, cette forme correspond à la nature de la conscience qui cherche à s'incarner. Un élémental d'une nature malfaisante et destructive, est le résultat de pensées humaines malfaisantes et destructives, et prend une forme d'animal ou d'insecte ennuyeux et nuisible à l'homme : tout revient à sa source, d'après la loi, les créations mentales de l'homme suivent une trajectoire qui les ramène fatalement vers lui.

D'autres créations de la pensée humaine prennent corps presque aussitôt après leur naissance, telles sont les pensées obscènes et licencieuses des deux sexes, qui deviennent la vermine rampante et grouillante infestant les maisons malpropres, les hôtels de dernier ordre et les cabarets. Les pensées mordantes et blessantes deviennent des araignées ou des reptiles. Ces misérables créatures, nées de l'esprit le plus inférieur de l'homme n'ont pas l'usage des atomes d'un degré de vibration supérieur au leur, elles se servent des atomes qui vibrent en harmonie avec leur essence. Elles ramassent les atomes malades, contaminés, dont ne peuvent plus se servir les hommes, et au moyen des formes ainsi composées, elles s'expriment sur le plan matériel. C'est ainsi que l'homme crée lui-même les forces destructives de la terre qui se retournent contre lui pour lui faire la guerre, car « Dieu considérant tout ce qu'il avait fait, vit que tout était bien ».

Lorsqu'une entité atteint une densité suffisante dans le domaine subjectif pour s'incarner, arrivée au point où elle a une influence directe sur la vie humaine, elle réagit sur son créateur, selon la nature qu'il lui a donnée. Quand ces élémentals se séparent de la photosphère dans laquelle ils ont été créés, ils abandonnent leur créateur et vont heurter l'aura d'autres êtres. On les utilise quelquefois en magie, particulièrement dans le cérémonial magique; les étudiants occultes s'en servent dans le but d'obtenir des phénomènes psychiques. Le transport des substances matérielles d'une pièce dans une autre à travers des portes fermées et des murs pleins, ou la désagrégation et la reconstitution d'objets solides sont accomplis en utilisant ces forces élémentaires de la nature.

Une autre catégorie est formée par les esprits des animaux ou âmes animales, si vous préférez désigner ainsi ces centres de conscience, qui, après avoir pris forme, se sont excarnés et sont passés du côté subjectif de la nature pour attendre une occasion de se réincarner. Ces entités subjectives possèdent encore toutes leurs propensions animales, sans moyens physiques pour s'exprimer, et appartiennent à la vaste multitude des habitants du seuil.

Quel est ce seuil? Dans le catholicisme, c'est le purgatoire, les protestants l'appellent « l'enfer ». Vous vous rappelez les termes du Credo : « Il descendit aux enfers », l'enfer est un lieu où vont les esprits décédés. Royaume sidéral de la mystique médiévale, plan astral ou psychique de la mystique moderne et de la théosophie, c'est le premier plan pour les âmes liées à la terre, il interpénètre notre monde physique. Nous avons vu dans un autre chapitre que la terre est entourée par cinq cercles ou zones qui s'étendent dans l'espace suivant leur couleur et leurs vibrations. Ce seuil est le premier des plans subjectifs; il est appelé le « seuil », car il est le passage de la vie objective à la vie subjective, et la porte d'entrée par laquelle les egos reviennent à la vie terrestre. Toutes les âmes doivent passer par là, mais celles qui sont supérieurement développées n'y retournent pas ou n'y séjournent qu'un temps très court, dès qu'elles sont libérées de leur corps physique. C'est une des raisons pour lesquelles les occultistes préconisent la crémation du corps physique. Par ce procédé, l'homme, en quelques moments, est libre d'aller sur le plan auquel il appartient, au lieu de rester enchaîné à son corps, sur le seuil, pour des semaines, des mois ou des années, ainsi qu'il peut arriver. Les âmes liées magnétiquement à leur corps ne sont libérées qu'au moment où « la corde d'argent est brisée ». Les catholiques disent des messes pour les âmes de leurs morts afin de les libérer de ce seuil, ou purgatoire. Autrefois, alors que beaucoup de prêtres étaient occultistes, une messe était chantée dans le ton correspondant à la couleur du défunt. Le son de la messe chantée rompait « la corde d'argent », de même qu'un son prolongé sur le plan physique, disjoindrait une masse matérielle, si sa tonique résonnait un temps suffisamment long.

A mesure que les vibrations de l'homme s'élèvent, il entre nécessairement en contact avec la première région subjective et subit l'influence des quatre classes d'entités mentionnées plus haut et vulgairement connues comme forces psychiques de la nature. Le sensitif inconscient soumis à ces influences éprouve des dispositions d'esprit ignorées des autres. Souvent, victime d'une grande dépression, il redoute sans motif des calamités qui lui semblent imminentes et se laisse influencer de diverses manières par les habitants du plan prochain. Quand un esprit objectif excarné qui a perdu son esprit supérieur trouve une personne sensible dont il peut dominer l'esprit et le corps, il commence immédiatement son manège. Il jouit par procuration des liqueurs enivrantes qu'il oblige sa victime à absorber. Il satisfait son impudicité en maîtrisant sa victime et en l'obligeant à pécher. Il se venge à travers elle des personnes qu'il hait. Des crimes affreux sont souvent commis par des êtres plus ou moins conscients de leurs actes et qui ne s'éveillent à l'affreuse réalité que dans les murs de la prison. Dans certains cas de meurtre accomplis en état de folie émotionnelle, si le crime pouvait être examiné du côté psychique de la vie, on constaterait que l'assassin n'est souvent que la victime inconsciente d'un esprit malin désincarné, qui voulait commettre le crime et s'est servi de l'infortuné sensitif comme instrument.

Les habitants du plan le plus proche et spécialement les esprits excarnés de femmes et d'hommes dépravés, et les esprits objectifs détachés, se servent de l'humanité pour satisfaire leurs appétits par délégation. Un ivrogne ne perd pas son amour pour l'alcool parce qu'il quitte son corps physique. Rien dans la transformation appelée mort ne change le caractère. « A la place où l'arbre tombe, il restera. » Il est naturel qu'un alcoolique voulant jouir de ce qu'il considère comme le plaisir de boire, choisisse un sujet influençable, et le sensitif dont la volonté n'est pas assez forte pour résister à l'influence étrangère qui s'exerce sur lui, cède, vaincu, à la tentation. Il satisfait ce qu'il croit être son goût pour l'alcool; plus il boit, plus il désire boire, sous l'influence des fumées du vin, le malade est expulsé de son corps, l'entité qui le gouverne en prend possession pour jouir par procuration d'une ivresse aux dépens de sa faible victime. L'amour du jeu, le désir sexuel intense, les injustices civiques et toutes les sortes de crimes sont souvent, en remontant à leur cause, attribuables à l'un de ces « esprits contrôle ». En lisant quelque horrible crime dont l'auteur déclare parfois avoir été inspiré par Dieu, on peut être sûr que le criminel y fut poussé par un habitant du seuil. Certains sensitifs demi-conscients sont influencés par les êtres du plan le plus proche. Par sensitifs demi-conscients, je veux dire ceux qui ont atteint un point de développement où ils sont conscients de l'existence du plan psychique, mais en ignorent la nature et les forces. La plupart de ceux qui en sont à ce tournant, commencent immédiatement à étudier les phénomènes psychiques. Un étudiant en occultisme, sensitif conscient, se développera sur le plan mental avant de se permettre l'étude du domaine psychique. Il doit d'abord atteindre l'équilibre et le développement convenable en apprenant à penser clairement. On lui enseigne alors à user des forces cosmiques en s'entourant de courants protecteurs, avant d'apprendre à agir sur le plan psychique. Après s'être ainsi prémuni, il peut abaisser son regard sur la région psychique et y pénétrer sans crainte d'attirer quelque déplaisant compagnon ou de provoquer quelque événement fâcheux et compromettant.

Il est impossible à l'ignorant ou au demi-ignorant, de faire des recherches dans le domaine psychique sans être plus ou moins influencé; peut-être sera-t-il bon pour nous d'examiner les classes variées d'investigateurs et de considérer quelques-uns des dangers auxquels ils sont exposés. Je crois que nous pouvons grouper les investigateurs du spiritualisme ou des phénomènes spiritualistes dans la première classe; cette classe comprend aussi les membres de la société des recherches psychiques et autres groupes analogues, qui ne sont ni plus ni moins, sous les apparences de la science, que des investigateurs du spiritualisme.

Le spiritualisme qualifie maintenant la nécromancie rebaptisée, pratique qui a déchaîné depuis les commencements de l'humanité, les invectives de tous ceux qui en connaissaient les dangers. Les six manifestations principales sont : l'écriture automatique, l'écriture inspirée, la parole inspirée, l'état de transe médiumnique, l'écriture indépendante, et la matérialisation médiumnique. Dans toutes ces expériences, la passivité est le *sine qua non* du succès, car la médiumnité est le but visé et la passivité est le moyen par lequel on peut l'atteindre.

Une fois la médiumnité atteinte, quelle en est la signification? Rien autre, si ce n'est que la personne est devenue un instrument au moyen duquel les esprits objectifs excarnés, détachés, et autres habitants du plan psychique, peuvent parler, écrire et se donner en spectacle comme des clowns dans un cirque. Et qu'en résulte-t-il? Ces entités, pour la plupart détachées de leur propre principe supérieur, doivent vivre sur quelqu'un pour prolonger leur existence : sans son subjectif, l'esprit objectif se détériore lentement et s'évanouit au bout d'un certain temps. Ces esprits inférieurs, ignorants et malicieux, jouent le rôle de nos amis défunts, nous conseillent sur nos affaires domestiques, le placement de nos capitaux, nous font de grandes conférences sur la religion et nous donnent leur avis sur l'éducation de nos enfants. Imaginez un être comme Jacques l'Éventreur, par exemple, faisant une conférence morale ! Quelquefois, ces « anges gardiens » — ainsi qu'ils se font appeler — aspirent à la célébrité et se donnent comme Lincoln, Shakespeare ou Napoléon, oubliant que de par le monde, au même moment, sont évoqués dans une douzaine d'endroits différents, les mêmes illustrations. Ils nous pressent de devenir médiums et d'organiser des cercles de développement où ils pourront nous suggérer des réformes politiques et tout ce qui concerne le perfectionnement éternel de l'homme. Dans ces séances que nous donnons en leur honneur, pendant que nous travaillons sous leur direction, ils absorbent notre magnétisme et ruinent mentalement, moralement, physiquement, et souvent financièrement ceux qui deviennent leurs médiums. Car la médiumnité tourne bientôt à la possession ou à l'obsession, et ces états confinent à la folie. En discutant cette question par la suite, le terme « obsession » servira à désigner toutes les classes de cas où un corps humain est entièrement ou en partie contrôlé par une entité désincarnée.

La plupart des cas de folie actuels sont dus à l'obsession, et la folie croît à mesure que l'humanité devient plus sensible à l'influence de ces habitants du seuil. Dans certains cas d'hallucination, une personne insane croit qu'elle a changé de personnalité avec une autre, ou elle s'imagine être un personnage distingué et insiste pour être traitée avec les plus grands égards. L'épilepsie est presque toujours attribuable à l'obsession, et le meilleur traitement pour tous ces cas est le traitement mental. Il rendra le patient positif, lui restituera le contrôle de lui-même et la santé, alors que la médecine et l'internement échoueront complètement. Un investigateur de première classe du plan psychique doit devenir médium lui-même ou se servir d'un médium pour étudier ce plan. Dans l'un ou l'autre cas, il est exposé à une imposture, quant à la cause du phénomène obtenu. C'est un fait bien connu qu'un large pourcentage des communications reçues de soi-disant esprits est faux ou d'une nature qu'on ne saurait admettre des habitants de ce plan. La médiumnité conduit généralement à la folie ou à la mort prématurée du médium. Alors même qu'il semble en rapport avec une entité d'un ordre relativement plus élevé que celles qu'on trouve en général sur ce plan, il y a nécessairement une diminution constante des forces du médium. Le médium, affaibli par la diminution de ses forces vitales, devient irresponsable et recourt fréquemment à la fraude et à la feinte pour continuer ses exhibitions. Ceux qui ont étudié ce sujet ne peuvent nier que, s'il se produit de véritables phénomènes, ils sont bien plus souvent simulés. Mais le résultat le plus certain de ces pratiques frauduleuses est la dégénérescence du caractère moral du médium et de tous ceux qui s'associent à ses procédés malhonnêtes. Beaucoup de médiums contractent l'habitude de la boisson qu'ils prennent pour stimuler leur énergie défaillante, après avoir été vampirisés et affaiblis par les entités qui, en les dominant, absorbent leur magnétisme.

Il est admis par les investigateurs impartiaux de la psychique, que la majorité des « esprits contrôle » est d'ordre inférieur. Fait aisément explicable par l'assertion que « les semblables s'attirent », médiums et expérimentateurs attirent les « esprits » de nature assortie au leur. Il est aussi admis par tous les investigateurs qu'un caractère fort et positif est incapable de devenir médium et empêche fréquemment par sa présence les phénomènes de se produire. D'après ces deux constatations, il est logique de conclure qu'il n'y a pas d'esprits supérieurs s'essayant à contrôler les hommes, ainsi que les occultistes qui connaissent les plans subjectifs l'ont toujours affirmé.

Et en définitive, qu'a-t-on gagné à tous les phénomènes obtenus d'une des cinq sources mentionnées? En est-il résulté quelque nouvelle philosophie? Quelque grande découverte a-t-elle été faite par l'entremise de ces « esprits guides »? « Vous les connaîtrez à leurs fruits » et le résultat des investigations de la Société des recherches psychiques dans cette voie, a simplement vérifié le phénomène obtenu par les spiritualistes depuis 1849: pas un des investigateurs n'a encore découvert la vraie cause du phénomène ou formulé la loi qui le régit. Une des plus grandes preuves donnée par les médiums est celle-ci : certaines entités parlent ou écrivent par leur entremise sur des sujets connus seulement du mort et de l'investigateur. Mais cela ne prouve pas que l'entité en question est l'âme d'un cher disparu; n'importe quelle entité désincarnée peut lire dans l'esprit de l'investigateur et voir les images de sa pensée dans son aura. Le passé d'une personne quelconque peut être lu ainsi, car il est écrit autour d'elle dans sa photosphère et se transporte partout avec elle. Un pasteur prétendait être en communication avec son fils mort et avoir la certitude que c'était lui, par ce fait qu'il lui avait révélé l'endroit où se trouvaient certains papiers dont personnellement il ne connaissait pas même l'existence. Cette preuve ne suffisait pas à démontrer que l'information venait du fils de cet homme, car une entité quelconque pouvait agir ainsi; cette révélation provenait tout aussi bien de n'importe quel esprit objectif que de celui du fils du pasteur, sans qu'il soit possible d'en identifier l'auteur.

La seconde classe est celle des clairvoyants passifs, de ceux qui cultivent la médiumnité passive dans le but d'agir sur le plan subjectif. Ces clairvoyants permettent à une entité d'empreindre une image mentale dans leur esprit; ils décrivent alors ce qu'ils voient; mais ce n'est pas une vraie clairvoyance, car l'entité qui influence le médium est responsable de cette peinture qui peut n'être qu'une création fantastique. Le médium n'a pas vu une réalité, mais seulement la création mentale d'un autre; et quand nous considérons le caractère de la plupart des entités contrôlantes, nous pouvons avancer sans crainte que leurs images ne méritent pas grande créance.

La troisième classe d'investigateurs est celle des clairvoyants artificiels. Elle est composée presque entièrement des liseurs de cristal, de miroir magique, etc..., qui se mettent par ces pratiques en état de semi-hypnose, état dans lequel ils deviennent sensibles aux influences psychiques d'où résulte l'empreinte de peintures mentales. La vanité ou le désir du gain, est habituellement la cause de cette sorte de pratique et non le désir de s'accroître et de se développer. Les mêmes dangers d'influences psychiques sont autant à redouter ici que pour les expérimentateurs mentionnés plus haut.

Mais il y a une vraie clairvoyance ou état de prophétie qui dépend de deux causes : un esprit subjectif bien développé qui régit son esprit objectif, et un état physiologique spécial. Presque au centre du cerveau de chaque être humain se trouve un petit organe appelé glande pinéale; c'est le centre principal, à travers lequel l'esprit de l'homme doit fonctionner, de façon à ce que l'homme puisse posséder le rayon X visuel, qui lui permet de voir au-delà du plan matériel, sur les plans intérieurs ou subjectifs de la conscience. Cette glande peut s'accorder avec les plus subtiles vibrations enregistrées par chacun de nos autres sens, vibrations qui nous relient aux mondes ou plans intérieurs. L'étudiant occultiste, parvenu à un certain point de développement, apprend à diriger des courants de forces cosmiques spéciaux dans cette glande, pour l'agrandir et élever ses vibrations. Ceci accompli, il peut agir sur le plan subjectif par un effort de sa volonté, aussi bien et aussi facilement qu'il peut voir sur le plan objectif en ouvrant ses yeux physiques. Dans cette classe de clairvoyants, il n'y a pas de passivité ou de transe, mais le changement conscient d'un plan à un autre; et c'est d'accord avec son développement que l'homme peut fonctionner plus ou moins facilement sur les plans objectifs de l'être.

L'étudiant occultiste indépendant est celui qui n'a ni maître, ni professeur, qui connaît les forces et les pouvoirs occultes, qui désire vivement les posséder et affronter les dangers sans assistance. Un tel désir d'accroissement le conduit naturellement à un développement très rapide. La grande majorité de ceux qui entendent parler d'occultisme et de professeurs occultes réclament de suite et à grands cris « un maître ». Ces investigateurs superficiels se développent suffisamment pour entrer en contact avec certaines influences subjectives qui se font sentir par leurs vibrations particulières, d'où ils concluent qu'un maître est venu les enseigner et les aider. Mais ces entités subjectives qui ne tendent qu'à faire leur chose des étudiants présomptueux, les obsèdent avec la pensée qu'ils aiment à entretenir, et ceux-ci risquent de tomber bientôt sous l'influence et la domination absolue des habitants du seuil.

Maintenant, laissez-moi vous dire et rappelez-vous toujours qu'aucun professeur occultiste n'essaiera jamais de dominer votre corps ou votre esprit. Vous êtes divin en tant que partie de la Divinité, votre corps et votre vie vous appartiennent. Un maître n'a pas plus le droit de contrôler votre esprit que de contraindre votre corps, et aucun étudiant, professeur ou maître d'occultisme, ne l'essaiera jamais. Aussi la sensation d'influences spéciales autour de vous ou la perception de voix, affirmant que vous êtes aidé et que vous progressez rapidement ne sont que des manifestations des habitants du seuil. Tous les étudiants occultistes dépendants ou indépendants sont aidés par les aînés, mais seulement quand ils essaient sérieusement de s'aider eux-mêmes. Ils ne sont jamais touchés, ni contraints, ni travaillés subjectivement.

Essayez-vous de résoudre un problème? Vous pouvez recevoir soudain une idée qui vous apportera la solution cherchée. Etes-vous malade? il peut tout à coup vous être suggéré d'aller à tel endroit ou d'employer tel moyen qui vous fera recouvrer la santé. Etes-vous sans situation? Avez-vous besoin d'argent? une aide imprévue peut vous secourir. L'étudiant qui travaille dans ces voies profondes est toujours aidé et surveillé, quand il mérite de l'être. Ayant décidé d'accomplir son salut, de se développer et de se servir de sa science pour vivre d'accord avec son idéal, il devient aspirant, et s'il persiste dans cette voie pendant une période de sept années, il s'attirera un professeur sous une forme physique. Ce professeur peut être un maître, un adepte ou un étudiant avancé, mais ce sera le professeur le mieux adapté à son degré de développement du moment. Et pendant les sept années de probation, aide lui sera donnée de différentes manières.

Il ne s'en suit pas que le premier venu qui pense

être prêt pour l'enseignement occulte supérieur, est réellement apte à le recevoir. L'histoire suivante en est la preuve. Au siècle dernier, nombre de personnes ayant entendu parler de maîtres et d'adeptes, 72 individus, curieux de ces doctrines, décidèrent de les étudier. Un adepte, que je connais, promit de leur donner une année de probation et d'accepter comme étudiants tous ceux qui persévéreraient avec succès dans toutes les épreuves données pendant ce temps. Son premier soin, après les enseignements occultes, fut d'éclairer chaque aspirant sur la vie que ce dernier avait menée et menait actuellement. Il leur montra leurs fautes et la manière de les corriger. Il supprima le vin et toute espèce de liqueurs, les pipes et le tabac; il défendit le jeu et les relations immorales; il ordonna certaines heures consacrées à la méditation et à la concentration. En moins d'une semaine, la moitié des aspirants à la science occulte tournèrent le dos à l'occultisme avec indignation. Les autres luttèrent un certain temps, mais obsédés par leurs vieilles habitudes et par les entités subjectives soulevées contre leur changement de vie, l'un après l'autre désertèrent, si bien qu'à la fin de l'année, un seul sur les 72 avait réussi à vivre suivant ses promesses. Cet homme reçut la permission de s'éloigner du monde et d'entrer dans une loge où l'occultisme lui fut enseigné.

Que ceux qui désirent hâter leur évolution prennent la décision de laisser tout à fait de côté l'étude des forces psychiques, de ne pas chercher un maître dans ce domaine de l'être; mais de commencer le travail par l'édification d'un caractère, et par la pratique de ce qui a été enseigné; car, je vous le dis en toute vérité, le royaume psychique ne peut avoir actuellement aucune utilité pour vous. Élevez vos désirs vers une science supérieure et mieux appropriée à votre avancement vers l'occultisme véritable qui nous enseigne les lois de l'être.

NEUVIÈME CONFÉRENCE

L'HYPNOTISME
SES DANGERS • COMMENT S'EN PRÉSERVER

En 1734, un ancien disciple de l'occultisme se réincarnait. Sa vie n'offrait rien de particulier, si ce n'est qu'il eut l'avantage d'une éducation première très soignée, qui l'amena plus tard à étudier la médecine. Élève d'une école médicale de Vienne, il prit ses grades en 1766, et bientôt après, reprenait ses études occultes avec le même maître qui l'avait instruit dans la vie précédente. Il s'aperçut très vite au début de sa pratique médicale de l'insuffisance du système thérapeutique, tel qu'il était alors compris. En 1778, il vint à Paris, qui était déjà un centre scientifique réputé; et là il commença à pratiquer un système de traitement magnétique des maladies, qui effraya les savants et lui attira la condamnation de la plupart des médecins du temps. La guérison d'un grand nombre de cas, réputés incurables par les physiciens, lui attira naturellement la jalousie et la haine d'une quantité de professionnels. Je veux parler de Frédéric-Antoine Mesmer.

Cet homme obtint des guérisons si remarquables que de tous les points du monde on vint à Paris se faire traiter par ce nouveau système. Le résultat ne se fit pas attendre. Tout le corps médical entama la guerre contre lui, comme il la fit au siècle dernier aux « Christian » et « Mental Scientists » et aux ostéopathes. La nature humaine était alors ce qu'elle est encore aujourd'hui : le monstre aux yeux verts de la jalousie s'acharna sur Mesmer comme sur tous les innovateurs. Sa renommée devint insupportable à tous les savants qui constituèrent un comité pour examiner et juger les procédés de Mesmer; ce dernier fut condamné naturellement, et, bientôt après, sa clientèle le délaissait.

En 1783, il fonda l'ordre de l'Harmonie Universelle, société secrète organisée sur les données occultes, et dirigée par son maître qui était à Paris, où il donnait maintes preuves de ses pouvoirs occultes ; j'en réfère au comte de Saint-Germain. Dans cet ordre de l'Harmonie Universelle, pouvaient entrer tous ceux qui étaient prêts à entreprendre les études occultes. Mais, peu à peu, l'ordre diminua, beaucoup de ses membres le quittèrent ; aux fidèles qui étaient restés, Mesmer enseigna le système de thérapeutique occulte, l'occultisme et la manipulation de cette force à laquelle il avait donné son nom, le mesmérisme. Après la désertion du public et de la plupart de ses disciples, il partit pour l'Angleterre, où il n'eut pas grand succès ; et finalement revint à la mère patrie où il mourut en 1815.

Longtemps après la mort de Mesmer, on n'entendit plus parler de ses élèves ni de son système, mais en 1841, le Dr Braid, de Manchester, commençait des recherches sur les méthodes de Mesmer et inaugurait un système similaire en principe, qu'il appelait Braidisme, et qui par la suite, devint connu sous le nom d'hypnotisme. Plus tard, quelques savants poussèrent leurs investigations dans les mêmes voies que le Dr Braid, et un siècle après que Mesmer eût été traité d'imposteur, ses enseignements commençaient à être pris en considération, encore que beaucoup de gens acceptassent ses théories, tout en reniant l'auteur.

Il existait cependant une différence entre les systèmes de Braid et de Mesmer. Mesmer définissait le mesmérisme : l'émanation ou magnétisme animal des particules d'un être, affectant la volonté et le système nerveux d'un autre être. Braid enseignait qu'il n'y a pas d'émanation de l'opérateur, mais que, par sa volonté ou par l'emploi d'un procédé mécanique, une condition mentale artificielle est provoquée chez le sujet, état dans lequel la volition de ce dernier se trouve sous le contrôle de l'opérateur. En d'autres termes, l'influence d'un esprit sur un autre. Comment un esprit peut-il en affecter un autre sans qu'il y ait émanation ? Les hypnotiseurs s'expliquent à eux-mêmes ce résultat incompréhensible d'une manière qui leur paraît satisfaisante. Telles sont les différences supposées des deux systèmes, mais en réalité, Mesmer les enseigna tous deux en un seul : à savoir qu'il y a premièrement, un flux de force magnétique qu'il désigne comme magnétisme animal, force curative de sa nature ; secondement, qu'il peut y avoir coercition d'un esprit par un autre esprit. Il se servit du magnétisme curatif et détourna ses élèves de la domination mentale. Le monde confondant ses enseignements, ainsi qu'il arrive généralement pour tout ce qui est de nature occulte, retint du système précisément ce qu'il fallait en laisser.

Actuellement, le mesmérisme désigne le magnétisme animal, et l'hypnotisme, un sommeil artificiellement produit. Nous essaierons donc de le considérer au point de vue moderne, de préférence à celui de Mesmer, sans que cela nous empêche de nous rapporter à lui de temps à autre. D'après lui, la force qui porte son nom est une force cosmique faisant partie de la loi d'amour ou loi d'attraction; elle afflue à travers l'homme et peut être émise et dirigée vers un autre par sa volonté. Il démontrait, par exemple, que le fluide qui s'extériorisait de ses mains était une force qu'il pouvait tirer de lui-même pour la donner à d'autres, et qu'il obtenait presque le même effet à l'aide de grands aimants, preuve que la force dont il usait était une force générale et non personnelle.

La loi de gravitation fait partie de cette force magnétique, l'amour aussi à tous ses degrés et dans toutes ses manifestations. Nous appelons cette loi d'attraction manifestée par un corps animal, magnétisme animal. Force cosmique qui n'est ni plus ni moins que le principe de vie universel, la vibration orangée dont vous apprendrez à vous servir dans le prochain chapitre. A travers l'homme, ce magnétisme animal se manifeste par une vibration ou force d'accord avec le degré de son développement.

Un corps doit cependant se trouver dans une condition physiologique spéciale pour être magnétique, de même qu'il est certaines conditions physiques indispensables pour rendre magnétique une masse quelconque. Par exemple, le verre n'est pas magnétique, alors que le fer ou l'acier le sont au plus haut point. Le degré de vibration du verre, très différent de celui du magnétisme, est mauvais conducteur de cette force lorsqu'elle passe à travers lui. La condition nécessaire pour permettre au magnétisme humain ou animal de se manifester est l'excès, au-dessus de la normale, du nombre de corpuscules rouges dans le sang; en outre, ces corpuscules rouges doivent vibrer à un degré supérieur. Ces deux conditions sont la base physiologique qui permet à la force cosmique de se manifester : un être, consciemment ou inconsciemment dans cet état physiologique nécessaire, attire en lui la force cosmique, elle pénètre par le côté gauche de son corps d'où elle passe dans le côté droit; la gauche étant le côté négatif et la droite, le côté positif du corps.

L'homme peut utiliser le magnétisme animal par la fusion de son aura avec celle d'un autre, ou par transmission au moyen du contact physique, imposition des mains, etc... Les guérisseurs par la foi, les médecins magnétiseurs et autres, usent de cette force magnétique sans bien comprendre la loi qui la régit. Un occultiste qui veut transmettre cette force la fait affluer dans le malade en plaçant sur lui sa main droite. Ce fluide nerveux peut être employé avec succès dans les maladies nerveuses, c'est la force vitale qui guérit toute dépression, elle est aussi efficace en cas d'atrophie d'un organe quelconque; bien dirigée, elle reconstruira les cellules malades et restaurera les tissus épuisés. Beaucoup possèdent cette force magnétique à un degré supérieur, mais ne savent comment en faire usage, alors que d'autres accomplissent des guérisons, inconscients du pouvoir qu'ils possèdent et sans l'action de leur volonté.

Ceux qui emploient leur magnétisme animal, leur force vitale, pour le traitement des maladies, s'en trouvent parfois fortement déprimés, car l'influx de la force vitale n'est jamais égal à sa diffusion. S'il en était ainsi, nos corps dureraient toujours, il se produirait un échange égal d'atomes et aucune déperdition ne pourrait avoir lieu. L'émanation effective qui existe d'un être à un autre être, provoque un échange d'atomes physiques. Rappelez-vous, je vous prie, que je ne parle pas ici des forces cosmiques supérieures qui peuvent guérir sans déprimer le guérisseur et dont je vous entretiendrai dans un prochain chapitre; je parle seulement de la force vitale naturelle du corps, employée comme agent curatif, selon le système de Mesmer.

C'est parce que la dépense excède l'influx magnétique que beaucoup d'ostéopathes souffrent de dépression après leurs manipulations professionnelles; favorables au patient, elles sont très affaiblissantes pour eux. Quelquefois l'ostéopathe absorbe les atomes malades de celui qu'il soigne quand la manipulation est exécutée avec les deux mains en même temps, il forme ainsi un circuit complet de force magnétique qui transmet ses meilleurs atomes au malade et lui rapporte tous les déchets de ce dernier. Il est mauvais pour la santé de l'ostéopathe qu'il se serve de ses deux mains pour traiter un malade, à moins qu'un cas de mort imminente ne l'exige. Immédiatement après, les mains et les bras seront baignés dans l'eau chaude et frictionnés du coude à l'extrémité des doigts. L'ostéopathe se débarrassera ainsi de beaucoup des atomes de vibration inférieure indûment absorbés.

Lorsqu'un guérisseur mental commence à perdre sa force, son pouvoir de guérir, ce qui arrive fréquemment, beaucoup se demandent pourquoi, si le pouvoir de l'esprit est infini, la force du guérisseur n'est pas inépuisable. En voici la raison : la fatigue de son cerveau surmené par une concentration continuelle a fait baisser la vibration de ses atomes matériels, par suite d'une déperdition de force magnétique très supérieure à son influx. L'intensité de l'intérêt qu'il porte à ses patients, sa sympathie peut-être, se communiquait à eux, en même temps que sa force curative, et causaient une perte de force émotionnelle. Sans comprendre la raison de son affaiblissement, il essaye de continuer son travail de guérisseur au lieu de recouvrer par le repos la force vitale qu'il a perdue, et se voit bientôt obligé de renoncer à exercer, humilié et peiné par les critiques désobligeantes de ceux-là même auxquels il a donné sa force.

Il est une manière meilleure et plus efficace de traiter la maladie que par la force magnétique qui rendit fameux le nom de Mesmer; c'est de rester dans un état d'esprit positif, de dominer vos sympathies. En faisant alors une base de votre propre force magnétique, vous pouvez attirer les forces cosmiques supérieures et les passer à vos patients sans vous affaiblir. Si vous êtes capable de contrôler vos sympathies et de rester positifs, vous pouvez traiter autant de malades qu'il vous conviendra, sans ressentir aucune dépression. Mais, direz-vous, cela n'a aucun rapport avec les données de la science moderne. Il est vrai que cette méthode peut sembler nouvelle, cependant les physiciens commencent à se servir de l'électricité, et essaient d'obtenir avec leurs batteries exactement ce que Mesmer tentait d'accomplir avec des aimants; il n'est pas sûr qu'ils réussissent mieux, car Mesmer usait aussi de la grande force de l'esprit pour aider ses courants.

Nous arrivons à cet aspect particulier du sujet que la science moderne commence à étudier sous le nom d'hypnotisme. L'hypnotisme est un sommeil artificiel pouvant être produit sur soi-même ou sur d'autres, par le pouvoir de la volonté ou par l'union de celle-ci à des procédés mécaniques. Les moyens mécaniques employés pour produire l'hypnose sont les miroirs tournants, les lumières vives et toutes choses qui servent à exciter les nerfs optiques en accroissant leur degré de vibration, jusqu'au point qui fera passer le sujet à l'état d'hypnose ou sommeil. La stimulation anormale des nerfs de l'œil, des nerfs de la base du cerveau ou la mise au point du regard à un angle de 45°, graduellement élevé jusqu'à ce que les pupilles soient tournées vers les paupières supérieures, produira une excitation nerveuse anormale. Dans cet état, le sujet, prêt à accepter les suggestions mentales de sommeil, tombe dans l'hypnose. Il est forcé hors de son corps physique sous le contrôle de l'esprit de l'opérateur et exposé aux influences du plan subjectif qui l'envahit anormalement. Si l'état d'hypnose est complet, les deux esprits du sujet sont absolument sous le contrôle de l'opérateur; s'il n'est que partiel, seul l'objectif, esprit inférieur du sujet, est sous sa domination. Dans cet état passif de la volonté d'un autre, le sujet accepte comme vrai tout ce que lui suggère l'esprit qui le domine; et quel que soit l'ordre reçu pendant son sommeil, il l'exécutera à son réveil, sans raison apparente. Dès le moment où le sujet abandonne sa volonté à un autre, il devient sa chose, son esclave, s'il plaît à celui-ci, et la domination du sujet durera aussi longtemps que la vie de l'opérateur en ce monde.

Il est admis par les hypnotiseurs modernes que l'esprit du sujet n'est pas dominé jusqu'à la contrainte, au delà de sa faculté d'agir indépendamment. En d'autres termes, sa moralité subsiste, et on ne saurait l'obliger à faire le mal contre sa volonté. On cite des cas où les sujets refusèrent de frapper un homme avec un vrai poignard, alors qu'ils obéirent avec empressement au même ordre, quand ils eurent en main un couteau à papier. Leur acquiescement dans le second cas et leur refus d'obéir, dans le premier, donne à supposer qu'ils ne pouvaient être contraints de commettre un crime contre leur volonté. L'occultiste prétend que cette preuve n'en est pas une, mais signifie seulement que les deux esprits du sujet n'étaient pas sous le contrôle de l'opérateur; que s'ils y avaient été, les sujets auraient obéi dans le premier cas aussi promptement que dans le second. En Orient, où le pouvoir de l'esprit est étudié depuis des centaines d'années, il est enseigné que rien n'empêche un sujet hypnotisé d'obéir aux ordres de l'opérateur, ou esprit contrôlant, une fois le sujet pleinement sous son influence.

Quelques-uns d'entre vous ont peut-être lu, dans une de nos feuilles locales, l'histoire d'un homme hypnotisé qui fut contraint de transférer à un autre, par acte de donation, la totalité de ses biens. Quand la victime devint consciente de ce qu'elle avait fait, elle déposa une plainte en justice, mais au moment où elle parut pour témoigner, l'hypnotiseur lui défendit de parler et la gorge de cet homme se paralysa en présence de tout l'auditoire. L'hypnotiseur fut incarcéré jusqu'à ce que la paralysie de sa victime ait disparu ; quand son influence cessa enfin, celle-ci put révéler la vérité, et la cour décida que ses biens lui seraient restitués. A New-York, il y a seulement quelques mois, vous vous rappelez comment Patrick fut emprisonné et convaincu de l'assassinat du millionnaire Rice. Il fut prouvé que son vieux valet de chambre l'avait tué sous l'influence hypnotique de Patrick. Ces deux cas, parvenus à la connaissance du public, ne sont pas des faits isolés. La moralité n'a rien à voir avec la question de contrôle, elle dépend uniquement de ce fait que les deux esprits du sujet sont ou non dominés. Les occultistes affirment qu'il n'est pas de maladies, de troubles, ni quoi que ce soit au monde qui puisse inciter un individu à en hypnotiser un autre. Ceux qui consentent à se laisser hypnotiser en ignorent les conséquences, celui qui les connaît se doit à lui-même de ne pas profiter de cette ignorance.

Une autre méthode de contrôle sur l'esprit, plus subtile et plus dangereuse qu'un hypnotisme mécanique, peut être employée à l'insu du sujet, et sans la présence immédiate de l'opérateur. Cette branche de l'hypnotisme, appelée par les occultistes « domination mentale » commence à se répandre en Occident. L'hypnose par domination mentale est produite par la suggestion mentale seule, sans contact physique ni aide mécanique. Il importe peu que le sujet se trouve dans la pièce voisine ou dans un pays lointain; il peut être atteint dans n'importe quelles conditions. La méthode d'endormir un sujet et de lui suggérer ce qu'il doit accomplir à son réveil fut simplifiée par les hypnotiseurs américains. Ils découvrirent qu'on pouvait obtenir le même résultat sans endormir le sujet, par suggestion mentale répétée, qui fait agir le sujet alors qu'il croit suivre sa propre impulsion. On peut appeler hypnotisme, si l'on veut, ce procédé de contrôle mental, mais seulement faute d'un terme plus juste, car l'hypnose en réalité n'intervient plus.

A moins d'avoir étudié cette pratique de domination mentale, on ne saurait croire l'extension qu'a pris l'usage de ce pouvoir subtil aux États-Unis. On l'enseigne ouvertement, d'une manière flagrante, dans les « collèges » patronnés de divers États ; tous les journaux et un grand nombre de magazines contiennent d'attrayantes annonces offrant d'enseigner « Le Magnétisme personnel », « L'Hypnotisme », « Le Secret du pouvoir », etc... Sous des noms variés, tous ces maîtres, collèges, professeurs et docteurs offrent, moyennant finance, de vous apprendre à dominer vos concitoyens, à asservir un autre « Fils de Dieu », et comment « *rendre réellement capable toute personne intelligente d'exercer une influence merveilleuse sur tous ceux qu'elle désire dominer* ». Je cite ce passage tiré d'une des annonces principales de cette branche d'éducation. Voyageurs de commerce, médecins, avocats, financiers, hommes d'État, et en fait toute personne dans les affaires, étudient et pratiquent la contrainte mentale.

Je connais personnellement plus d'une douzaine de cas dans lesquels certains individus ont employé leur influence maligne pour soustraire à d'autres des biens ou de l'argent. Dans trois cas notamment, des courtiers avaient usé de coercition mentale pour obliger mes clients à leur confier de l'argent avec autorisation d'en user à leur convenance. Le courtier-hypnotiseur s'était approprié l'argent, et ma demande de restitution se heurta à l'assertion qu'il avait été perdu en spéculations, par mon client. Par deux fois, après l'arrestation des courtiers, les plaignants, retombés sous l'influence de ces hommes, arrêtèrent la procédure et refusèrent de continuer leurs poursuites.

Une des personnes qui assistait l'année dernière à mes conférences, déclara que rien de semblable ne pourrait jamais lui arriver; pourtant, à quelques mois de là, pendant une absence de son mari, un courtier se présenta et lui demanda une certaine quantité de bonnes valeurs avec l'autorisation d'en disposer comme il le jugerait préférable. Après l'avoir pressée vivement, il partit sur la promesse d'avoir les titres le lendemain. Quand elle fut seule, cette femme se rendant compte qu'elle avait été influencée contre sa volonté et son jugement, écrivit au courtier qu'elle ne le recevrait pas et ne lui livrerait pas de valeurs. Pendant trois jours, elle eut à combattre la suggestion mentale de revenir sur sa décision et d'accepter l'offre de cet homme, finalement elle réussit à s'en affranchir.

Une autre de mes auditrices, qui entendit la même conférence, pensait que sa vie tranquille et retirée la mettait à l'abri de telles influences. Elle s'aperçut de son erreur le jour où elle reçut la visite d'un courtier en publicité qui chercha à lui persuader de signer un contrat pour un livre qu'elle venait d'écrire. L'ayant obtenu, il revint quelques jours après pour la convaincre de lui abandonner ses droits d'auteur et de traduction ; sans le souvenir de ce qu'elle avait entendu sur l'hypnotisme et l'aide d'un membre de sa famille versé dans ces études, l'hypnotiseur aurait obtenu d'elle ce qu'il désirait, et ce n'est qu'après une lutte pénible qu'elle parvint à résister à l'hypnose complète.

Quand la comtesse Wachmeister vint en Amérique, il y a plusieurs années, elle raconta l'histoire suivante : trois habitants de cette ville qui avaient étudié l'hypnotisme décidèrent de combiner leurs efforts pour victimer un millionnaire. Chaque jour, l'un après l'autre travaillait mentalement sur lui et le suggestionnait sans arrêt jusqu'à ce qu'il fût enfin sous l'influence absolue du trio. En peu de temps, sa sensibilité devint telle que l'image de ses bourreaux se dessinait dans son esprit pendant leur travail de suggestion et qu'il pouvait les entendre se parler l'un à l'autre. Néanmoins, il leur résista jusqu'à l'épuisement complet de ses forces; succombant enfin de lassitude, il s'endormit. A son réveil, il fut poussé à remplir un chèque et à l'envoyer à l'adresse qui lui avait été suggérée. Cette sorte de vol continua quelque temps, finalement la victime vint trouver la comtesse qui mit un terme à cette odieuse persécution.

Le pouvoir de l'esprit et son champ d'opération par la suggestion est illimité. En commençant à étudier l'usage des forces occultes, la suggestion est un des instruments les plus puissants de l'esprit dont l'étudiant doit apprendre à se servir. Il ne faut pas le confondre avec l'hypnotisme, bien qu'elle puisse être employée à produire l'hypnose. Ainsi que toute autre force, elle peut servir soit au mal, soit au bien, la ligne de démarcation entre les deux alternatives, aussi mince que le tranchant d'une épée, est tout aussi coupante. Dans la pratique de la magie, ces deux chemins divergent sous les dénominations de magie blanche et de magie noire. La première est un étroit sentier qui mène au sommet de la montagne de puissance et de domination, l'atteindre est le salut. L'autre est la route large qui mène à l'abîme et à la destruction : combien d'âmes, hélas ! sont tentées de la prendre ! Le mauvais usage de ce pouvoir de suggestion nous a détruits comme Atlantéens, et d'après notre état actuel, il ne semble pas que cette triste expérience nous ait appris à ne pas asservir l'esprit des autres.

L'esprit ne peut manquer d'être atteint par une pensée, constamment répétée, rien ne saurait empêcher une suggestion de parvenir à destination : car la télépathie est basée sur une loi. Mais que la suggestion soit ou non acceptée et accomplie, c'est au suggéré à en décider; la liberté ou l'esclavage de l'esprit est déterminé par l'acceptation ou le refus de la suggestion. Parmi les différentes sortes de suggestions, il en existe deux principales, l'une silencieuse, l'autre vocale. Nous nous servons constamment de la suggestion par la parole, et nous devrions apprendre à l'employer avec prudence, car son effet peut être constructif ou destructif. En rencontrant un ami, par exemple, nous lui disons qu'il a l'air fatigué et malade, c'est une suggestion destructive, qui acceptée, peut rendre cet ami réellement malade même s'il ne l'était pas. Les parents et les maîtres usent sans cesse de la suggestion vocale sur les enfants et les impressionnent vivement. Un maître qui appelle sans cesse ses élèves lourdauds et ânes bâtés, en leur déclarant qu'ils sont stupides, peut être sûr de les rendre tels. Un père qui menace son enfant de le punir s'il ne sait pas sa leçon, suggère à l'enfant une possibilité de faute qui se réalisera probablement, la suggestion de punition amène avec elle un élément de peur qui impressionne fortement l'esprit de l'enfant, et détruit son habileté à apprendre. Si le père disait à son enfant : « Vous saurez vos leçons parce que vous êtes intelligent et studieux, » celui-ci répondrait à cette suggestion constructive par le désir d'apprendre ainsi éveillé en lui ; il faut considérer que l'esprit de l'enfant essentiellement malléable est facilement impressionné par la suggestion vocale.

L'esprit objectif, toujours prêt à voir le côté sombre de la vie, accepte avec empressement toute suggestion vocale de nature destructive; pusiqu'il est des suggestions constructives qui sont bienfaisantes, pourquoi sans cesse entraver nos amis, au lieu de les aider? Pourquoi ne pas éclaircir leur vie au lieu de l'assombrir?

Supposez qu'un de vos amis soit sur le point de faire des affaires avec un M. Jones, le connaissant à peine; vous dites presque sans y penser : « M. Jones n'est pas un honnête homme ». Cette suggestion, vraie ou fausse, aura une mauvaise influence sur M. Jones, si elle vient à sa connaissance, car la pensée de malhonnête s'imprimera dans son esprit, et il se dira, qu'il peut aussi bien être ce que les autres pensent de lui. De plus, l'ami auquel vous avez proposé cette suggestion, y pensera quand il verra M. Jones et ce malheureux sera la proie d'une suggestion à la fois vocale et silencieuse.

La suggestion silencieuse s'exerce de deux manières, sur autrui et sur soi-même. Plus puissante qu'une suggestion vocale, elle est d'une telle subtilité qu'on l'accueille sans méfiance, ignorant de sa provenance et la croyant issue de notre propre esprit. La suggestion silencieuse peut être employée pour le bien d'autrui en tant que suggestion, sans aller jusqu'à la contrainte. Un de vos amis est-il tenté d'accomplir une mauvaise action? Vous pouvez lui suggérer qu'étant bon et droit, le côté divin de sa nature peut résister à la tentation. Peut-être l'aiderez-vous ainsi à sortir victorieux de la lutte.

Vous pouvez toujours suggérer mentalement ce que vous avez le droit de dire vocalement — car il n'est pas toujours facile d'énoncer ce qu'on a le droit moral de dire. Par exemple, une personne vient vous voir et abuse de votre temps, vous avez le droit de lui dire mentalement : « Pourquoi ne partez-vous pas ? », vous protégeant ainsi contre une intrusion qui vous gêne et vous empêche de travailler. Ou quelqu'un vous a emprunté une somme d'argent que vous n'osez pas lui réclamer, bien que vous en ayez réellement besoin, il sera parfaitement légitime de lui dire mentalement : « Rendez-moi mon argent. » Si vous désirez une position qui suscite de nombreux compétiteurs, quand vous serez appelé à faire valoir vos droits, persuadez mentalement à la personne qui les examine qu'elle doit vous donner la préférence.

Vous avez le droit de vous aider dans la vie par la suggestion, quand ce n'est pas aux dépens d'autrui, vous ne sauriez imaginer le nombre d'obstacles que ce pouvoir silencieux peut écarter de votre chemin et quel bien vous pouvez accomplir par ce moyen. De même que toute autre force, celle-ci croît par l'usage et vous pouvez vous servir légitimement de la suggestion silencieuse comme stimulant moral. Supposez que vous vous aperceviez qu'une personne qui s'est engagée à vous donner telles choses pour telle somme d'argent, n'observe pas le contrat. Dites-lui mentalement qu'elle est honorable et doit faire honneur à sa parole. Vous créerez ainsi en elle un désir d'y être fidèle.

La suggestion silencieuse peut être employée comme défense. Lorsque vous avez conscience qu'une personne essaye de vous influencer, refusez d'accepter ses suggestions en vous affirmant qu'elle n'atteindra pas son but. Cette volonté retournera sa force contre elle-même et la mettra dans l'impossibilité de vous atteindre. Si vous savez qu'une personne avec laquelle vous faites des affaires essaye de vous tromper, commencez par agir sur sa nature morale pour faire entrer en activité tout ce qui est bon en elle, vous atteignez ainsi un double but, en travaillant pour vous-même, vous ne négligez pas le bien moral d'autrui. Il n'est jamais permis de contraindre personne, sous aucun prétexte, suggérez fortement mais non jusqu'à la contrainte, même dans un but purement moral. Vous pouvez suggérer à un alcoolique qu'il ne désire plus boire, qu'il n'éprouve plus aucun plaisir à s'enivrer, que cela lui répugne, et aider ainsi à la destruction de son vice, mais vous n'avez pas le droit de lui dire que sa main sera paralysée quand il essayera de porter un verre à ses lèvres, ou que sa gorge se contractera dès qu'il voudra avaler quelque liquide toxique, de telles assertions sont autant de contraintes. Réussiriez-vous ainsi à l'empêcher de boire, vous ne feriez que l'hypnotiser et ce serait votre volonté, non la sienne, qui contrôlerait son désir et son corps ; dès que celle-ci cesserait d'agir, son penchant reviendrait et s'affirmerait jusqu'à ce qu'il l'ait surmonté lui-même. Aidez-le à vaincre son entraînement, s'il en manifeste le désir, mais sans aller jusqu'à dominer sa volonté.

Vous pouvez suggérer à une personne qui vous doit de l'argent : « Rendez-moi l'argent que vous me devez, » mais non lui dire : « Si vous ne me rendez pas cet argent, vous ne dormirez plus jusqu'à ce que vous m'ayez payé. » Vous n'avez pas le droit de contraindre qui que ce soit, mentalement ou physiquement, et bien que la ligne de démarcation soit très légère, elle est absolument nette.

Il sera bon de vous rappeler les deux règles

suivantes qui pourront vous aider dans l'usage de la suggestion.

Premièrement, quand vous suggérez à un autre une action qui vous concerne, parlez de vous-même à la troisième personne. Supposez que M. Jones vous doive le payement d'une note que vous désirez toucher. Il peut devoir une douzaine d'autres notes différentes et si vous lui dites mentalement : « Vous désirez payer cette note », il ne saura pas de laquelle il s'agit. Mais en disant : « Payez à M. Blank la note due à telle date, » votre suggestion sera comprise et très probablement accomplie.

Jadis les médecins avaient coutume d'aborder leurs malades avec le sourcil froncé et des remarques décourageantes, le médecin moderne commence à comprendre la valeur de la suggestion, il aborde son malade avec un sourire et une considération optimiste. Il lui trouve bonne mine et le déclare beaucoup mieux. Suggestion vocale. Supposez qu'un ami vous dise : « Je ne me sens pas bien, » répondez-lui mentalement : « Il n'y a aucune raison pour que vous n'alliez pas très bien. » Si cette assertion était vocale après qu'il a déclaré le contraire, il pourrait s'en offenser, car certaines personnes chérissent leurs maux et aiment qu'on les plaigne. La remarque silencieuse et optimiste peut aider à devenir positifs ceux qui ont un mal favori, ils reprendront confiance et leur état s'améliorera.

Deuxièmement, toutes les fois que vous faites une suggestion mentale, faites-la en double, c'est-à-dire faites une suggestion pour l'esprit objectif et une autre pour l'esprit subjectif; votre suggestion s'accomplira ainsi beaucoup plus vite. En suggérant l'esprit subjectif, dites-lui la vérité; quand vous suggérez l'esprit objectif, faites-le dans le sens de l'intérêt personnel. Par exemple : un homme a loué un appartement et s'aperçoit que le propriétaire n'a pas l'intention de faire les réparations promises. Ayant un contrat, il a le droit moral d'insister sur son accomplissement. Il dira donc à l'esprit subjectif de son propriétaire : « Vous êtes un honnête homme et vous ne pouvez faire autrement que de tenir la promesse faite à M. Blanc, » puis à son esprit objectif : « Il est de votre intérêt d'accomplir votre promesse, vous risquez de perdre un bon locataire en la personne de M. Blanc. » La vérité a été dite à cet homme sous deux aspects, chacun d'eux relevant de l'esprit capable de le mieux apprécier.

L'auto-suggestion est la suggestion sur soi-même, on devrait toujours la laisser faire par son esprit supérieur sur son moi inférieur. Laissez l'esprit subjectif donner et l'esprit objectif recevoir la suggestion. La principale objection d'un occultiste contre l'hypnotisme est qu'il accentue l'esprit objectif en lui apprenant à dominer plus fortement son esprit subjectif. Supposons que vous désiriez vous défaire d'une habitude, dites à votre esprit objectif que dorénavant il ne doit plus recommencer. Souvent l'esprit objectif répondra : « Pourquoi n'agirais-je plus ainsi? » Dites-lui : « Parce qu'il est contre votre intérêt de le faire; vous ne le voulez pas, vous n'en avez plus aucun désir. » Et l'esprit objectif commencera à douter de la réalité de son désir; acceptez alors la suggestion faite et vous pourrez avec de la persistance supprimer ainsi toute mauvaise habitude.

Dieu ne contraint pas ses enfants, et aucun enfant de Dieu n'a le droit d'en contraindre un autre; agir ainsi est une erreur morale. Ce qui existe sur le plan mental doit tôt ou tard s'incarner sur le plan matériel, le corps d'un homme est l'expression limitée de son caractère mental, de même que les tendances et les habitudes de ce corps.

Supposez qu'une mère en larmes vienne vous supplier d'empêcher son fils de devenir un joueur, et que vous entrepreniez de guérir le jeune homme de la passion du jeu. Vous pourrez faire vos passes et votre suggestion mentale, vous pourrez lui dire : « Vous ne jouerez plus jamais, vous souffrirez une agonie de peur chaque fois que vous ferez un pari, ou que vous toucherez une carte. » Vous empêcherez le jeune homme de jouer, mais vous n'aurez pas détruit son amour pour le jeu; en réalité vous avez seulement retardé son évolution jusqu'à ce qu'il se trouve de nouveau en face des mêmes circonstances, sinon avec le même corps, lorsque votre volonté aura cessé de le dominer, du moins avec un autre dans une vie future.

L'hypnotisme ou la domination mentale ne guérissent jamais le mal, ils en préviennent simplement la manifestation temporaire. La limitation de ses soi-disant pouvoirs curatifs dépend de la volonté de l'hypnotiseur et du degré d'hypnose obtenu. Henry Wood, dans ses *Idées pratiques* de décembre 1900, note le fait qu'une certaine quantité de malades « Christian » et « Mental Scientists » voient revenir leurs maladies dans un temps donné, après leur guérison. Ceci parce que consciemment ou inconsciemment la domination mentale fut employée par le praticien pour éloigner la manifestation du mal, ces rechutes se produisent par périodes ou demi-périodes de sept années suivant la force de son pouvoir. Alors même qu'un malade est guéri, non par la domination, mais par l'introduction de nouveaux éléments dans son corps, à moins qu'il ne se mette dans un nouvel état d'esprit, et qu'il ne prenne de nouvelles habitudes, il retombera fatalement dans son ancien mal. Quand meurt un hypnotiseur, les maladies qu'il tenait en échec reviennent habituellement, parce que la corde magnétique qui le rattache à ses sujets, brisée par la mort, l'influence dominante se retire, et l'esprit le plus faible s'affirme à nouveau avec ses vieilles habitudes de pensée.

L'usage thérapeutique de l'hypnotisme est très limité puisque ses meilleurs effets sont produits sur les maladies nerveuses ou de nature analogue. Dans les cas chroniques, les vices du sang, les excroissances, tels que tumeurs et cancers, il n'a aucune influence. Dans les cas de folie, il réussit mieux, mais alors même son action n'est pas illimitée. Une influence hypnotique continuelle sur un malade ne détruit pas seulement son équilibre mental, elle en fait une créature impulsive, négative et vacillante, elle affaiblit aussi son fluide nerveux, et bien que cette faiblesse semble être neutralisée temporairement par l'opérateur, il survient avec le temps une forte réaction, l'état des nerfs affaiblis a sa répercussion sur la circulation sanguine qui devient irrégulière et imparfaite. Les extrémités ordinairement froides, avec de temps à autre un flux de sang intense à la tête sont les preuves physiologiques de cet état.

Il ne faut pas oublier que l'hypnotisme a un effet rétroactif sur l'opérateur. Supposons que quelqu'un essaie de vous soumettre à son influence hypnotique, mais que votre état positif ou que l'élévation de vos vibrations empêchent son influence de vous atteindre, l'opération naturelle de la loi veut que cette force émise n'ayant pas atteint sa destination retourne à son envoyeur. Malfaisante, elle agira sur son auteur comme elle l'eut fait sur sa victime. L'acte le plus criminel qui puisse être commis contre la grande loi est la contrainte au mal d'un centre individuel ou esprit. Nul n'a jamais contraint personne ou usé de suggestion au détriment d'un autre, nul n'a jamais attiré la maladie ou l'infortune sur un être sans avoir bu lui-même jusqu'à la lie la coupe qu'il présentait à autrui. Il peut échapper à la loi humaine, mais il ne saurait échapper à la loi divine. Pour envoyer de malfaisantes influences, il faut maintenir dans son esprit la peinture des désastres destinés à un autre. On ne peut arriver à aucun résultat sans créer une matrice dans sa propre aura; or, cette matrice attirera exactement les faits correspondants, la grande loi travaille automatiquement et impartialement en dépit du but poursuivi. Est-il une personne soupçonnée de sorcellerie ou de magie noire, qui soit belle, gracieuse, heureuse ou riche !

L'influence hypnotique dure jusqu'à ce que l'opérateur l'interrompe lui-même ou jusqu'à ce qu'elle soit annihilée à la requête du sujet par une volonté plus forte que celle de l'hypnotiseur. Celui qui ne subit qu'une fois l'hypnose complète verra cette influence se dissiper avec le temps; mais il en résultera une haine intense pour l'opérateur dans le cœur du sujet, haine indéracinable durant la vie de l'un et de l'autre. La loi agit de même en cas d'amour contraint. Un individu qui réussit à forcer l'amour d'un autre par l'influence hypnotique verra cet amour se changer en haine violente et la victime acharnée à se venger du préjudice causé. Il est permis en cas d'amour honnête de suggérer à une autre personne qu'elle vous aime; on peut se figurer cet amour affluant vers soi, mais on n'a pas le droit de contraindre un autre à vous aimer. L'influence hypnotique peut être brisée par celle d'une personne plus forte que l'hypnotiseur. A peut convaincre B, mais C peut briser l'influence de A, à la requête de B, même sans être plus fort qu'A, C travaillant pour le bon droit avec l'aide de la conscience universelle.

Certaines conditions d'esprit peuvent vous préserver des forces malfaisantes.

Premièrement : soyez mentalement positifs, vous cessez alors d'être ce que les hypnotiseurs appellent « suggestionnable ». Une personne suggestionnable est dans un état d'esprit passif qui reçoit aisément toute influence. Prenez l'habitude de concentrer vos pensées sur vos actes, votre esprit sera ainsi actif et positif, et les pensées étrangères ne pourront s'y introduire. Très peu d'opérateurs sont assez tenaces pour continuer leurs suggestions s'ils n'ont pas atteint un résultat sensible dans un temps donné;

Deuxièmement : c'est l'acceptation de la suggestion qui asservit. Vous ne sauriez empêcher la suggestion de vous parvenir si l'opérateur est persistant, mais rien ne vous oblige à l'accepter;

Troisièmement : défiez-vous de toutes les suggestions. Examinez critiquement toutes les pensées qui vous viennent, demandez-vous toujours : « Est-ce vrai ? » Il n'y en aura pas une en plusieurs années assez forte pour vous faire accomplir immédiatement la chose suggérée, l'effort doit être répété avant de réussir. Si, à l'examen, certaines de vos pensées vous semblent inacceptables, refusez de vous laisser influencer par elles. Supposez que vous soyiez tout-à-coup mécontent de votre installation actuelle. Vous en étiez satisfait jusque-là, subitement vous êtes pris du désir de changer. Examinez cette pensée et demandez-vous pourquoi ce changement d'idée sans cause apparente. A quelque temps de là, si un marchand de biens vous offre une propriété dans l'endroit où vous vouliez aller, vous pourrez vous demander si sa pensée n'avait pas contribué à influencer votre décision ou si celle-ci vous était bien personnelle;

Quatrièmement : n'accueillez les pensées qui vous viennent que lorsque vous vous êtes rendu compte de leur nature, pas plus que vous ne recevriez chez vous des inconnus dont vous ne savez rien ;

Cinquièmement : choisissez parmi vos pensées ; n'acceptez que celles qui vous plaisent et rejetez celles qui ne vous conviennent pas absolument. Peu de gens agissent ainsi, la majorité se laisse constamment diriger par des influences étrangères. Les manières des autres, leurs mots et leurs pensées modèlent nos vies à un point que nous ne saurions imaginer, nous ne pensons pas par nous-mêmes, nous ne sommes pas les générateurs de nos pensées, nous acceptons des uns et des autres tout ce qui s'en vient flottant vers nous. Une femme va faire des emplettes, l'esprit plein de pensées vagues, elle entre dans un magasin et s'adresse à une vendeuse dont l'intérêt est de se défaire du plus d'objets possible. D'une façon générale, l'acheteuse veut une robe, la vendeuse voit de suite l'occasion de se débarrasser d'un article difficile à vendre. Elle choisit pour sa cliente et lui suggère que c'est tout à fait ce qu'elle désire. L'acheteuse indécise est livrée sans défense à cette suggestion. Elle hésite, la vendeuse insiste et lui vend la robe ; rentrée chez elle, quand l'esprit positif de cette personne n'est plus là pour l'impressionner, elle se trouve mécontente et désappointée par un achat qu'elle n'aurait point fait dans un état d'esprit plus net et plus positif.

Un homme est servi au restaurant par un valet obséquieux qui lui suggère, par son attitude, son désir d'un généreux pourboire. Il ne sert pas mieux ce client que n'importe quel autre, mais il veut son pourboire, il ne cesse d'y penser et agit en conséquence jusqu'à ce que le consommateur ne puisse pas, n'ose pas le refuser. Il est pour le moment sous la domination de ce serviteur, et fut-il juge à la Cour suprême, il doit céder à la volonté de cet homme qui peut-être ne sait pas même écrire son nom.

Qu'aucun hypnotiseur ne puisse réussir indéfiniment dans la vie est un fait certain. Nul ne peut garder la possession d'un bien gagné par des moyens malhonnêtes. La grande loi, qui ajuste toute chose, privera tôt ou tard de ses gains illicites le voleur qui semble prospérer, car la justice divine règle l'Univers.

DIXIÈME CONFÉRENCE

LES FORCES OCCULTES OU FORCES SPIRITUELLES SUPÉRIEURES - LEUR EMPLOI

La sagesse des nations a dit : « Qui se ressemble s'assemble, » et encore : « Dis-moi qui tu hantes et je te dirai qui tu es, » cette même pensée exprimée sous deux formes différentes, revient à dire que les mentalités analogues s'attirent. Il y a des groupes de forces et de vérités, il y a aussi des groupes d'esprits. Les littérateurs sont attirés les uns par les autres, les musiciens choisissent plus naturellement pour amis des musiciens, parce que les individus qui composent ces groupes vibrent au même diapason. Ils sont animés des mêmes pensées, ils ont ce qu'on appelle des affinités sympathiques, leurs vibrations générales sont semblables.

En physique, nous constatons l'évidence des vibrations sympathiques. Frappez une note de piano, vous entendrez souvent un chandelier ou un verre vibrer en sympathie avec cette note spéciale, ce qui démontre que la tonique de ces objets est identique à celle de la note de piano. Pour la pensée, il y a aussi des vibrations sympathiques qui rendent parfois difficile l'attribution exacte d'une invention. Quel fut l'inventeur du téléphone? Est-ce Bell? Alors, pourquoi tant de polémiques entre ses partisans et ceux qui attribuaient l'invention à Gray? Pourquoi le procès intenté s'est-il terminé par un compromis? Bell, Gray et Edison furent attachés au même courant de pensée qui leur fit développer les mêmes idées simultanément.

Nous entendons souvent cette remarque : « Je pensais justement la même chose. » Ces paroles sans aucun sens particulier pour un indifférent, sont significatives pour l'étudiant en occultisme, il connaît les courants de pensée de la grande mer magnétique dans laquelle nous vivons, il sait que nous pouvons nous attacher et que nous nous attachons, consciemment ou non, à ces différents courants, qui amènent des résultats définis.

Imaginez pendant un moment cette conscience magnétique dont nous faisons partie. Animée de pulsations vitales, elle peut recevoir et transmettre la pensée. Cette immense mer magnétique contient des courants de pensées aussi nettement définis que les courants de l'atmosphère et de l'océan. Chacun sait qu'il existe dans l'océan divers courants, tels que le Maëlstrom, le Gulf Stream, etc... L'esprit universel possède des courants de pensées aussi distinctement isolés les uns des autres que peuvent l'être ces courants océaniques, et il est aussi nécessaire d'être renseigné sur les uns que sur les autres, car l'homme attire des courants de l'esprit universel, telles pensées ou idées avec lesquelles il vibre en affinité. Si nous avons, vous et moi, les mêmes pensées, nous sommes en communication avec le même courant de la conscience universelle, nous en recevons les mêmes idées générales. Le plagiat peut souvent s'expliquer ainsi. Olivier Wendel Holmes (1), écrivit le poème *Man wants but little Here Below* après la publication duquel un ami appela son attention sur le fait qu'Adams (2)

(1) Professeur d'anatomie à l'Université d'Harvard, poète critique, romancier américain, né à Cambridge Mass. U. S. A., 29 août 1809, mort le 7 octobre 1895.
(2) 6ᵉ Président des Etats-Unis, né à Baintree Mass. U. S. A., le 11 juillet 1767, professeur de rhétorique et Belles-Lettres à

avait longtemps avant, non seulement écrit sur le même sujet, mais encore l'avait traité d'une façon analogue et presque dans les mêmes termes; pourtant nul ne songerait à traiter le Dr Holmes de plagiaire. En prenant cette direction, son esprit s'attacha au même courant de pensée qui inspirait Adams, alors que celui-ci traitait le même sujet d'une manière similaire.

Les inventeurs se trouvent souvent dans un cas semblable; soudain, ils font ensemble la même invention, et en réclament chacun la priorité. Pendant les vingt dernières années, pas une grande découverte physique n'a pu être attribuée spécialement à une personnalité définie, car plusieurs esprits ont contribué à toutes les découvertes qui ont été faites. L'homme attire de l'Universel, ce qui s'accorde avec sa mentalité, et rien n'empêche plusieurs hommes de puiser simultanément les mêmes idées dans le même courant de pensée.

Ces courants de pensées sont employés par les hommes inconsciemment, semi-consciemment ou consciemment. Par exemple, un homme qui veut

---

l'Université d'Harvard U. S., occupa des postes diplomatiques en Hollande, Russie et Angleterre, mourut à Washington le 23 février 1848.

posséder de grands biens et ne sait rien de l'usage scientifique de l'esprit, fait agir certaines lois naturelles par sa volonté et sa décision de gagner de l'argent. Il deviendra riche s'il persiste dans son désir, car il a mis en action la loi appropriée qui doit lui apporter la fortune dans un délai plus ou moins long, suivant la manière plus ou moins exacte dont il applique inconsciemment la loi. Un autre homme, ayant étudié la science mentale et connaissant la puissance de l'esprit individuel, demande la richesse à l'esprit universel. Il maintient cette idée fréquemment et ardemment, et il la réalisera avec le temps. S'étant servi de la loi demi-consciemment, il obtiendra l'objet de sa demande plus rapidement que le premier individu. Quant à l'occultiste, il sait qu'une image mentale de richesse et la concentration de ses pensées sur cette image met une loi en action, que la corde magnétique qui le relie à sa création lui attirera la richesse créée. Il se sert de la loi consciemment et réalisera son désir plus rapidement que les deux autres. Vivre, c'est user de ces courants de force consciemment ou inconsciemment, mais les hommes attribuent toujours leur réussite à des causes extérieures tant qu'ils ne connaissent pas les lois qui gouvernent le succès. Actuellement, beaucoup se servent de ces courants de forces cosmiques dans un but thérapeutique et accomplissent des guérisons par procédé mental. Chacun revendique un système différent : « Christian Scientists », « Mental Scientists », « New Thought Scientists », « Faith Curers », « Divine Healers », « Hypnotist-Magnetic Healers », etc... Peu importent les dénominations variées de ces différentes écoles, le phénomène de guérison est basé sur la même loi. Jésus, qui connaissait ces forces cosmiques, en révéla l'usage à ses disciples qui s'en servirent pour accomplir les phénomènes appelés miracles. Apollonius de Tyane et ses disciples produisirent par le même moyen des miracles et des guérisons; avant eux, les esséniens, les pythagoriciens, les boudhistes et les brahmes se servirent aussi de ces courants de forces dans le même but. Pendant les premiers siècles du christianisme et au moyen âge, les néo-platoniciens, les mystiques et les rosicruciens en usèrent également pour le bien de l'humanité.

Ces courants sont des forces spirituelles et font partie de l'esprit ou âme universelle. La force spirituelle peut se définir : un mouvement né de l'esprit divin par opposition au mouvement engendré par l'esprit individuel ou par des procédés mécaniques. Vous vous rappelez ce fait d'importance primordiale, si souvent cité au cours de ces conférences, que l'esprit sensible éthérique de l'Univers nous entoure complètement comme l'air entoure l'homme ou comme l'océan entoure et sustente le poisson. L'esprit divin est toujours en mouvement, de même que l'océan est agité par les marées et par les vagues; l'esprit divin a son mouvement et ses courants, modifiés superficiellement par les pensées humaines. Un esprit individuel ne saurait aller indéfiniment contre un courant universel ni en mésuser, pas plus qu'il ne peut empêcher la marée de monter dans la baie de Fundy. Mais il lui est loisible de travailler dans la bonne direction, de se servir de ces grands courants pour son avantage personnel, d'accord avec la nature au lieu d'aller contre elle.

Bien que cette force soit une, elle se manifeste différemment sur notre planète; nous l'étudierons donc sous l'aspect de cinq forces ou cinq grands courants. Rappelez-vous que si la force est une, elle se manifeste à différents degrés de vibration d'après le médium à travers lequel elle agit. Nous nous occuperons pour plus de commodité de ces différentes espèces de vibration, comme de courants séparés. Chacun de ces cinq courants se subdivise en d'autres courants, et chacune de ces subdivisions se distingue des autres par son degré de vibration, exactement comme le Gulf-Stream se différencie de la masse d'eau à travers laquelle il coule.

Ces courants cosmiques vibrent rouge, orangé, vert, bleu et jaune; vous pouvez vous les représenter comme des courants de couleurs vibrantes. Pour plus de précision, comparons-les aux objets physiques qui nous sont familiers, imaginez un énorme arc-en-ciel entourant la terre, et supposez-le en mouvement, vous aurez une idée des courants qui encerclent notre planète, chaque force représentée par une des couleurs de l'arc-en-ciel qui au lieu de sept couleurs n'en comprendrait que cinq. Il est vrai que ces courants réels ont été perçus en partie par les hommes qui les ont appelés lumières zodiacales, et que les nombreuses colorations des pays du Nord laissent échapper aussi quelques lueurs de ces courants cosmiques, qui ne règnent pas seulement à la surface de la terre, mais la traversent de part en part. Ils passent aussi à travers l'homme, microcosme, pénétré par eux comme chaque partie du monde. Considérés du côté subjectif de la vie, ces courants ont l'air d'une grande quantité de rubans de cinq couleurs différentes flottant du haut en bas, tournoyant autour de la terre et enlaçant toutes choses et toutes créatures vivantes.

Ceux d'entre vous qui ont regardé les trottoirs surchauffés d'une ville en plein été, ont pu voir les vibrations de chaleur qui s'en élèvent et flottent au-dessus d'eux en buées indécises. Imaginez ces vibrations chaudes d'un blanc grisâtre comme si elles étaient de cinq couleurs différentes et vous aurez une idée très juste de l'apparence des forces cosmiques dont nous parlons. Supposez que j'agite rapidement devant vos yeux ma main pleine de banderolles de différentes nuances, certains d'entre vous dont la vision est limitée, ne verront que les rubans verts et rouges; d'autres percevront ces deux couleurs et le bleu, alors que certains auront la vision complète de toutes les couleurs. Chacun verra d'après sa capacité visuelle, il en est de même pour votre habileté à voir les forces cosmiques et à en user. Vous voyez et agissez dans la couleur avec laquelle vous êtes en rapport de vibrations correspondantes. Il y a une grande analogie entre la façon dont l'esprit humain est relié à ces courants et celle dont les fils électriques sont en contact avec un appareil télégraphique. Attaché à n'importe quel fil, il transmettra tous les messages qui passent par lui. Selon que l'esprit humain s'attachera au courant bleu, rouge, jaune ou vert, il en recevra, suivant les cas, la réalisation appropriée. C'est par son pouvoir d'action sur les courants différents, que l'esprit peut attirer à lui tout ce qu'il désire.

Mais demanderez-vous : « Comment peut-il y avoir un courant cosmique que nous ne pouvons ni voir ni sentir? » Est-ce une raison parce qu'on ne peut voir ou sentir une force pour qu'elle n'existe pas? On ne peut voir l'électricité libre, certaines conditions doivent exister pour qu'elle devienne visible ou sensible; pourtant, il serait absurde de nier cette force dont beaucoup d'entre vous se servent journellement. Vous ne sauriez sentir les courants cosmiques si vous n'êtes pas dans les conditions requises. Enfermé dans une chambre, alors que le vent fait rage au dehors, vous n'êtes pas dans les conditions nécessaires pour le sentir, et vous pourriez conclure, puisque vous ne la sentez pas, que cette force n'existe pas.

La première chose à faire pour devenir conscient de ces courants colorés est de se les figurer, de les voir en se rappelant que rien ne peut être imaginé par l'esprit de ce qui n'existe pas dans l'Univers. Si vous vibrez vert et que le bleu commence à teinter votre aura, ayez la vision du bleu, vous l'attirerez en vous puisque vous ne pouvez manquer d'attirer tout ce qui fait l'objet de votre concentration. Êtes-vous développé au point où la vibration bleue se teinte de jaune ? Concentrez-vous sur le courant cosmique jaune. En attirant à vous un courant de vibrations plus élevées que votre couleur prédominante, vous élevez vos propres vibrations, vous recevez de ce courant tout le bien que vous êtes capable d'assimiler. Ces peintures mentales et cette concentration sont deux des instruments que nous utilisons pour nous relier aux courants cosmiques qui flottent constamment autour de la terre.

Il vous semblera peut-être difficile d'imaginer, de vous figurer mentalement la couleur désirée ; dans ce cas, choisissez un morceau d'étoffe de la nuance voulue et regardez-le avec attention pour en fixer la couleur dans votre esprit. Ceci vous aidera à la perception des courants cosmiques ; pendant la concentration, rendez-vous compte que ce sont des courants « de force », bien que vous en parliez avec des termes de

« couleur ». Parler du courant bleu, veut dire que cette force vibre à un degré qui la fait paraître bleue. L'électricité qui fait partie de ce courant, condensée et dirigée par le mécanisme voulu, se manifeste bleue aux yeux physiques.

Nous commencerons par l'étude du courant rouge, le dernier placé dans l'échelle des vibrations. Toute vibration rouge signifie une émotion quelconque. Dans l'homme, elle indique que sa nature animale est prédominante; en ce qui concerne l'animal, c'est une vibration parfaitement naturelle, mais qui peut être portée par des suggestions extérieures à un degré de fureur ingouvernable; le taureau, par exemple, et le dindon entrent dans une rage frénétique à la vue d'un lambeau d'étoffe rouge. La couleur rouge se peint dans l'esprit de la créature ainsi mise en contact avec le courant rouge universel, et elle accroît sa propre fureur de toute celle qu'elle peut assimiler de ce degré de vibration. L'homme, comme l'animal, use quelquefois inconsciemment du courant rouge; chaque fois qu'il se fâche, il se met en contact avec lui, que ce soit consciemment ou non, et perd ainsi tout contrôle de lui-même. La colère fait vibrer son aura au rouge en sympathie avec le courant cosmique rouge et l'association se fait entre eux instantanément. Le courant rouge touché, l'aura de l'homme sert d'appareil conducteur à cette force et met immédiatement ses vibrations à l'unisson, il perd tout Self-Control et devient semblable à un animal enragé. Mis en rapport avec la fureur du monde à ce moment, il reçoit télépathiquement toutes les mauvaises pensées des autres êtres dans le même état et il agit d'après ces vibrations comme il ne l'eût jamais fait en pleine possession de lui-même. S'il va jusqu'au crime, il devrait être en bonne justice déclaré fou, irresponsable, et son châtiment devrait consister à être interné dans un asile. Le rouge est une vibration inférieure, destructive et dissociante. Quand elle s'exerce sur un individu, elle commence à agir sur son corps physique et toutes les bonnes créations qu'il avait faites sont instantanément repoussées de son aura. Non seulement tout bonheur s'éloigne de lui, mais encore il attire les mauvaises manifestations et, à moins de recouvrer son équilibre mental et de se soustraire à ce courant, il ne lui adviendra qu'infortune et misère.

La fureur démagnétise les atomes qui composent le corps physique. Chaque atome possède un côté positif et un côté négatif comme toute chose magnétique en ce monde. Quand nous parlons d'un corps possédant une polarité magnétique, nous entendons que le côté négatif d'un atome adhère au côté positif d'un autre atome. Cette adhérence se trouve détruite dans un corps démagnétisé.

Les forces supérieures de la nature affluent régulièrement à travers ces atomes magnétiquement polarisés, mais lorsque le courant rouge, répulsif, entre dans un corps, il en démagnétise les atomes et prépare un terrain fertile à la maladie. Parfois le corps, dissocié instantanément par cette force démagnétisante est frappé d'apoplexie. Très souvent, la paralysie est produite par un excès de la force rouge, les atomes qui composent les nerfs du corps se démagnétisent et ne reprennent jamais leur polarité.

Différentes nuances de rouge teintent les sub-courants du grand courant rouge. La nuance claire appelée écarlate exprime la colère, une nuance plus foncée, le cramoisi, indique le désir sexuel. La peur est traduite par un rouge brun qui tourne quelquefois au brun noir, et la sensation de jouissance est représentée par une nuance vineuse.

L'occultiste se sert de ce courant rouge uniquement pour restaurer les fonctions sexuelles chez l'individu déprimé qui désire les recouvrer, exclusivement dans un but de procréation. La magie noire utilise ce courant comme moyen de destruction; cette force peut détruire comme aussi précipiter sur le plan matériel tout ce qui flotte ou vit en lui. La magie noire s'en sert encore pour déchaîner la peste et autres fléaux. La magie blanche peut en user si la loi l'exige ou si l'humanité doit y trouver une aide, tels Moïse et les magiciens égyptiens pour punir l'Égypte de ses péchés.

Le courant de force orangé est employé par tout ce qui vit sur la terre. C'est le courant vital qui anime chaque plante et chaque corps animal existant. Toutes les créatures l'aspirent avec l'atmosphère, celles qui ne possèdent pas d'appareil pulmonaire l'absorbent par le corps comme une éponge absorbe l'eau ou l'humidité. Lorsqu'un animal se sent malade, son instinct le pousse vers la lumière du soleil, il aspire profondément cette force orangée curative, et se guérit ainsi, bien mieux que par l'usage de remèdes administrés par des vétérinaires plus ou moins ignorants.

L'occultiste emploie cette force vitale pour traiter les animaux, les jeunes enfants et les personnes peu développées qui n'ont pas atteint le point de leur évolution où elles vibrent d'accord avec la couleur verte. Il s'en sert aussi pour stimuler la croissance des plantes. Le Yogi indien après avoir mis une graine en terre, condense sur elle cette force orangée avec une telle intensité que sous vos yeux la plante sort du sol, pousse et porte des fruits. Cet acte stupéfiant est imité par d'habiles prestidigitateurs et par des hypnotiseurs sachant persuader aux spectateurs qu'ils ont réellement vu la chose alors qu'il s'agit seulement d'un tour de passe-passe. Mais certains hommes peuvent produire et produisent ce phénomène; ils y parviennent en se servant du courant orangé ainsi qu'il est dit plus haut.

Le vert est le courant de l'individualisation. Il représente aussi l'égoïsme sous toutes ses formes. Dans ce grand courant, se manifeste tout désir de possession, de distinction, et d'accroissement individuel. C'est le courant de l'intellectualité sans intuition. Une grande quantité de gens possèdent une science acquise par la lecture, leur esprit objectif est très exercé, ce sont des intellectuels dont la mémoire des faits et des allégations est étonnante, mais leur esprit subjectif peut, en même temps, ne pas être développé encore que ces gens passent pour très remarquables. Leurs vibrations sont vertes et ils n'ont en réalité que peu ou point de science réelle. Par exemple, un magistrat peut connaître à fond les lois de son pays et savoir exactement la décision prise dans n'importe quel cas similaire à tous ceux qu'on peut lui soumettre; mais, si du jour au lendemain la législature venait à changer du tout au tout, et n'avait plus aucun rapport avec les anciens statuts la science du magistrat se trouverait alors réduite à néant. L'intellectualité peut être d'un ordre très supérieur et pourtant ne pas s'élever au-dessus du courant vert.

L'égoïsme le plus inférieur est un sous-courant de couleur vert bouteille. Le désir de biens personnels, de distinctions, d'accroissements ressemble à la verdure en automne d'une nuance très prononcée, toutefois moins foncée que le vert bouteille. L'intellectualité sans intuition est d'une teinte plus claire, alors qu'une sage individualisation sans égoïsme se rapproche de la nuance appelée vert pastel.

L'individualisation se manifeste partout dans

'Univers par la vibration verte; quand vous contemplez le ciel par une belle nuit et que vous voyez une étoile irradiant une lumière verte, dites-vous qu'elle passe, ainsi que notre terre, par la période d'individualisation; comme notre monde, elle est la quatrième planète dans une chaîne de sept. La planète de l'individualisation est celle dans laquelle les hommes ou esprits deviennent conscients d'eux-mêmes, indépendants et confiants en eux. L'herbe et le feuillage sont verts, parce que la conscience universelle, dans le règne végétal, fait effort pour s'individualiser. Le diapason de notre monde est fa, qui correspond à la couleur verte et la produit par ses vibrations. Les âmes animales sont de cette couleur à leur naissance, mais se teintent bientôt du rouge le plus foncé quand leurs corps sont assez forts pour exprimer le désir de la procréation. A mesure que l'homme se développe et s'individualise, ses vibrations vertes s'accordent avec son développement.

L'occultiste emploie cette couleur pour se procurer à lui-même et aux autres la richesse, les honneurs, les positions et toute chose matérielle désirable. Supposez qu'il entreprenne une création matérielle, il se concentrera sur le courant vert jusqu'à ce que tout son être vibre au diapason des vibrations vertes ou jusqu'à ce qu'il se soit relié avec ce courant. Après s'être mis en contact, il sélectionnera le sub-courant qu'il désire et fera la peinture mentale de sa création. S'il désire une somme d'argent, il saura qu'il doit se servir du courant financier, qui fait partie du courant vert. Après s'y être rattaché et avoir fait la peinture de la somme désirée, sans penser davantage au courant coloré, il emploiera toute sa force à se concentrer sur sa création et la grande conscience la lui enverra par ce courant vert. L'occultiste obtient des résultats plus rapides que les manieurs inconscients de cette loi, car il ne dissipe pas sa force mais va directement et scientifiquement au but. Il sait ce qu'il désire et comment l'obtenir, il n'y a pas d'incertitude ou d'indécision dans ses efforts, par conséquent pas de délai.

En cas de nervosité, l'occultiste emploie le courant vert pour individualiser et renforcer les nerfs. En attirant cette vibration dans le corps d'un patient, il y amène de nouveaux matériaux et de nouveaux atomes qui renforcent sa vie. Pour l'affaiblissement de la vue et pour beaucoup de maladies des yeux, le vert est le courant spécial qu'il faut employer, il revivifie et individualise les nerfs optiques par ses vibrations fortifiantes. L'occultiste emploie aussi ce courant comme antidote à l'altruisme. Il est une période dans la vie de chaque homme où, nouvel Atlas, il va, portant le monde sur ses épaules. Il ne peut s'empêcher de partager toutes les douleurs et se fait un devoir de donner tout ce qu'il a au monde. Par une sorte d'aberration, il va jusqu'à copier la ressemblance extérieure de Jésus et des saints pour accentuer l'apparence de la vie de sacrifice qu'il essaie de mener. S'étant prodigué mentalement, physiquement et financièrement, tôt ou tard son corps s'anéantit dans une prostration nerveuse et il s'en va sur le plan prochain de la conscience. L'occultiste se sert du courant vert pour rétablir cette sorte d'êtres, dans un état normal d'individualisation.

L'occultiste apprend à ne rien donner que son surplus et à ne jamais se charger des fardeaux d'autrui, pour ne pas priver les autres de l'expérience qu'ils sont venus acquérir en ce monde. Nous voyons constamment dans la vie, des êtres qui ont assumé des charges étrangères, crier vers Dieu pour lui demander d'ôter un tel poids de leurs épaules. Dieu n'impose à aucun de ses enfants plus qu'il ne peut supporter. Quand nous trouvons notre somme de chagrins trop forte, examinons-la et voyons si nous ne nous sommes pas chargés de ce qui ne nous appartenait pas : un devoir mal entendu nous met souvent dans de plus grandes difficultés qu'un devoir réel.

La couleur bleue représente toutes les plus hautes qualités mentales. Dans les sub-courants, sont : la littérature, la musique, l'art, l'éducation supérieure, l'organisation, l'ordre, la forme, l'harmonie, etc... Cette force ne saurait être employée par les animaux, mais seulement par l'esprit subjectif de l'homme. Toute inspiration, dans quelque direction de pensée que ce soit, est due à l'afflux de ce courant bleu, bien que les hommes en soient la plupart du temps inconscients. Les artistes de tout genre dépassent dans leurs réalisations les conceptions ordinaires de leur esprit par un travail intérieur qu'on appelle inspiration, mais la source réelle de l'inspiration a-t-elle jamais été comprise et expliquée? L'un croit qu'il doit à l'âme de sa femme disparue les vers brûlants qui l'ont rendu fameux. Un autre pense qu'un vieux maître guidait sa main pendant qu'il peignait le chef-d'œuvre qui a fait sa gloire. L'âme du musicien tressaille d'une mélodie que lui seul peut entendre, il vous dit tout bas qu'il s'est essayé à reproduire par ses faibles moyens des symphonies célestes telles que nul n'en a jamais entendu de semblables sur terre. Aucun de ces êtres ne se doute qu'inconsciemment relié par la concentration au courant cosmique bleu, il en a reçu quelques-uns des joyaux qui y sont accumulés.

Supposons que vous vouliez étudier la musique, le sous-courant bleu indigo est celui auquel vous devez vous relier. Tous les grands compositeurs ont puisé là leur inspiration et suivant leur capacité d'assimilation, cette « musique des sphères » les a rendus plus ou moins célèbres. Le courant musical va du bleu indigo foncé au bleu de ciel, mais jusqu'ici nul n'a jamais été capable d'atteindre le sub-courant le plus élevé, nul n'a su réveiller les harmonies qui y sont endormies. Cette âme encore à venir sera donnée au monde par le XXe siècle. Toutefois, chacun peut attirer à soi ce qu'il est capable de comprendre pour interpréter, exécuter et composer la musique suivant son développement personnel.

Le sub-courant littéraire est bleu clair — du bleu d'un ciel d'automne. Tout le monde peut écrire en s'assimilant les règles de la grammaire et celles de la rhétorique, et en apprenant à se mettre en contact avec le courant universel qui possède tous les secrets de cet art. Dans chaque âme humaine réside la possibilité latente d'apprendre tout art et toute science connue et de s'assimiler toute connaissance avec l'aide de ces grands courants et sub-courants.

L'occultisme se sert aussi du courant bleu pour rétablir la santé des malades dont la couleur verte commence à se teinter de bleu, ceux qui vibrent entre le bleu et le vert en sont au degré de développement où l'esprit objectif n'a plus la domination entière de l'esprit subjectif, mais partage avec lui la direction du corps et de ses affaires temporelles.

Le jaune est la plus haute couleur de vibration de cette planète et par conséquent la plus grande force. C'est l'amour spirituel et créateur. C'est la sagesse, l'intuition, l'harmonie divine et l'aspect le plus élevé de la Divinité que nous soyons capables de concevoir. Elle embrasse les plus hautes qualités spirituelles. Il est du reste regrettable de constater combien on la trouve rarement dans l'humanité actuelle. Pour acquérir cette force, l'homme doit développer la domination absolue de l'esprit subjectif sur l'esprit objectif;

dès qu'il peut s'attacher au courant cosmique jaune, il devient capable d'accomplir tout ce qu'il entreprend. Un être insuffisamment développé ne saurait se servir de ce courant de force, d'une vibration trop supérieure à la sienne, aucun contact n'est possible entre eux. Seuls peuvent l'employer les êtres qui vibrent en sympathie avec lui.

Pour user des courants cosmiques comme moyen de guérison, l'occultiste prend la main gauche du patient dans sa main droite et après avoir attiré en lui-même le courant dont il désire se servir, il le fait passer par sa main droite dans le côté gauche du malade. Le patient reçoit aisément cette force, par le côté gauche qui est le côté réceptif, elle passe par le bas du côté gauche, de là en haut du côté droit, puis tout autour, à l'intérieur et à l'extérieur de son corps jusqu'à ce que tout son être se trouve calmé et reposé par ce fluide divin. Seul et sans aide, comment l'homme arriverait-il au but? La connaissance de ces forces et leur usage lui donnent un pouvoir presque illimité, cette coopération puissante lui assure l'Omnipotence, et lui donne le moyen de mener à bien tout ce qu'il entreprend.

ONZIÈME CONFÉRENCE

CAUSE DE LA MALADIE — SA GUÉRISON

Pathologiquement parlant, d'accord avec l'une des définitions du dictionnaire, la maladie est « la déviation d'un état de santé normal, d'une des fonctions, ou d'un des tissus du corps; » il est donc nécessaire de préciser ce que peut être l'état normal du corps pour le différencier d'un état anormal et maladif et, pour cela, il nous faut d'abord savoir comment le corps est construit.

Considéré sous son aspect inférieur, le corps physique est constitué par un grand nombre de petites vies individuelles que les savants modernes appellent des atomes. La réunion de ces atomes compose des molécules. Le groupement d'un ensemble de molécules forme une vie individuelle complexe appelée cellule; l'union d'un certain nombre de cellules constitue un organe, un tissu, un muscle, etc... et une combinaison de ces muscles, tissus, organes, os et fluides, forment une masse ou corps qui possède un degré commun de vibration et une forme.

Vous êtes-vous jamais demandé pourquoi votre corps physique maintenait sa forme? Pourquoi votre bras ne s'envolait pas dans une direction pendant que votre pied s'en allait dans une autre? S'il en est ainsi, c'est parce qu'une masse vibrante dominante maintient ensemble les différentes parties du corps qui y correspondent. La terre se maintient adhérente par la loi de gravitation, une masse vibratoire fait adhérer ses différentes parties, et aussi longtemps que notre planète sera maintenue par cette force vibrante, elle ne saurait se désagréger. Chaque individu possède sa loi personnelle de gravitation ou masse de vibration qui ajuste toutes les parties de son corps.

Cette force magnétique ou loi personnelle de gravitation du corps est la vibration de l'esprit objectif qui l'anime. Sa couleur normale devrait être verte, mais le développement de l'homme détermine la couleur de chaque étape de son évolution. Dans les stages primitifs de son développement, alors que ses désirs et ses passions dominent, ses vibrations descendent au-dessous du vert et deviennent d'un brun sale.

L'esprit objectif modèle la forme du corps physique, c'est grâce à la présence de l'esprit dans le corps que les particules venues de sources diverses se groupent pour constituer la forme de l'homme physique. En plaçant un aimant en forme de fer à cheval sur une certaine quantité de limaille de fer, vous la voyez se précipiter et se rassembler autour de l'aimant en prenant sa forme. Les atomes comme la limaille en question sont attirés par l'esprit qui joue le rôle d'aimant et, soit qu'ils viennent de la terre, de l'air, des aliments ou de l'eau, ils sont maintenus ensemble dans la position qu'ils occupent par la masse vibratoire de l'esprit objectif.

Chaque organe est une modification individuelle de la vibration totale; autrement, il ne pourrait être un organe distinct et séparé du reste du corps; chaque organe possède en même temps que le ton dominant un ton accessoire. Le foie, par exemple, a une force vitale orangée qui unit toutes les particules qui le composent. Le sang en passant par le foie, a une tendance à modifier les vibrations orangées avec ses vibrations rouges. La note dominante de l'esprit objectif qui est verte étant plus élevée et par conséquent plus forte, maintient ensemble ce mélange de vibrations rouges et orangées et vous avez les trois couleurs confondues en une masse de vibrations qui deviennent brunes. La couleur du foie vue subjectivement ressemble beaucoup à sa couleur objective.

Quand la vibration de l'esprit objectif est la vibration dominante de tous les organes du corps physique, il est alors dans un état sain et normal. La maladie est la descente au-dessous de la normale des vibrations de tout le corps ou d'une de ses parties — excepté en cas de rupture ou de déplacement des os ou autres parties du corps. Nous prendrons encore comme exemple le foie, qui en raison de sa construction, a son existence organique séparée, ses cellules sont maintenues ensemble par la vibration organique orangée, mais ces vibrations sont modifiées et contrôlées par la masse vibratoire supérieure de l'esprit objectif. Supposez maintenant le foie, au lieu de s'accorder à la masse vibratoire supérieure, perdant graduellement contact avec elle et tombant à un degré de vibration tout à fait inférieur, vous avez alors ce qu'on appelle un foie apathique.

Les maladies se manifestent d'une ou deux manières générales. D'abord, quand la vibration d'un organe s'abaisse et produit un désaccord en lui-même; ensuite quand la vibration descend suffisamment pour le démagnétiser et permettre aux atomes étrangers en y pénétrant, d'exercer une action indépendante. Le premier état, si l'on n'y remédie, causera la désagrégation ou la rupture de l'organe entier; les conséquences du second état sont un relâchement considérable des atomes dans les interstices desquels viennent se loger des éléments étrangers qui constituent une organisation séparée en désharmonie complète, tels que les cancers, les tumeurs ou la tuberculose.

L'occultisme enseigne que toute maladie a sa racine et son origine dans l'ignorance. Si nous ne vivons pas longtemps, c'est que nous ne savons pas vivre. Le professeur Loeb, le Dr Matthews et beaucoup d'autres pensent que la découverte des conditions électriques normales pourrait prolonger la vie humaine à plus de deux cents ans. Il est bien connu des physiciens que la plupart des animaux vivent près de cinq fois le temps de leur croissance. En appliquant cette règle à l'homme, il devrait vivre au moins cinq cents ans. S'il ne parvient pas jusqu'à cet âge, c'est qu'il ne comprend pas les lois de la vie et la nature réelle de la maladie. Il ne sait rien de la manière de contrôler les atomes qui composent son corps, ni comment il doit se servir des forces cosmiques dont il ne cesse jamais d'être entouré, dans le but de revivifier son corps physique. « La mort est la rançon du péché (de l'ignorance) » et la maladie est le résultat de l'état mental.

Prenez comme exemple un rhume ordinaire. Dans 99 cas sur 100, les rhumes sont contractés par des gens mentalement négatifs. L'esprit au lieu d'être positif, au lieu de dominer ses particules physiques et de les maintenir en forme, se relâche, devient négatif et perd sa force. Comme conséquence, le corps se met lui aussi d'accord avec cet état, les molécules se séparent d'une façon anormale et les éléments étrangers pénètrent avec une activité indépendante. La cause en est au relâchement mental ou état négatif.

Pourquoi un morceau de verre reçoit-il l'impression d'une pointe de diamant, alors que le verre n'agit pas sur le diamant? Le diamant est d'un degré de vibration rapide, positif et supérieur, alors que le verre négatif est d'une vibration bien inférieure. Le verre ne peut entrer dans les interstices du diamant à cause de l'intensité de sa vibration. Ainsi en est-il avec l'esprit fort et positif; il sait si bien dominer et contrôler son corps que les éléments destructeurs étrangers ne peuvent y pénétrer.

L'origine de quelques maladies peut s'expliquer aisément par l'état mental qui les a produites; d'autres ont une origine moins facile à élucider.

Un grand nombre de maladies de cœur sont directement attribuables à la peur. L'esprit agissant sur le corps cause une irrégularité dans la circulation du sang; la peur avec ses symptômes de troubles cardiaques provoque une vibration d'un degré anormal et bientôt cet état qui n'était d'abord qu'un trouble fonctionnel, devient une maladie organique. Beaucoup de fièvres sont dues à la peur. Supprimer la peur diminuera la température du malade de plusieurs degrés en peu de temps. La congestion de bien des organes peut être souvent attribuée à une violente colère. Le professeur Elmer Gates, de Washington D. C. a constaté qu'une grande quantité d'acides et de poisons contenus dans le sang sont créés par l'action directe de l'esprit.

Quelquefois, il est impossible de suivre la trace de la cause mentale, plusieurs conditions mentales différentes s'étant réunies pour produire le résultat matériel. Souvent aussi, une maladie est produite mentalement, mais, avant de se manifester physiquement, d'autres conditions mentales sont survenues qui empêchent de remonter à la cause originaire. L'occultisme va plus loin en disant que même les maladies dites héréditaires sont dues à l'état mental du malade, état mental ou disposition de l'esprit dans une incarnation précédente qui l'a amené dans cette famille spéciale où il devait naître avec un corps malade.

La maladie peut se diviser en deux classes, la maladie imaginaire et la maladie réelle. La maladie imaginaire est une image maintenue obstinément par l'esprit objectif et qui cause plus ou moins de correspondance physique. Cette sorte de maladie est souvent créée par un mépris total des lois qui gouvernent l'anatomie ou la physiologie; c'est la plus dure à guérir, les personnes qui en sont atteintes, s'y tiennent généralement avec tant de persistance qu'une entière modification de leur façon de penser doit être faite pour pouvoir les soulager. Il est très fréquent de voir des malades qui se plaignent de maux de rein, localiser le mal et les organes plusieurs pouces au-dessus de la ligne de la taille. D'autres souffrent de la rate soi-disant dans le côté droit du corps; chez d'autres, des fantômes de tumeurs apparaissent et disparaissent. Toutes ces peintures mentales maintenues pendant un temps assez long créent des matrices ou tourbillons où s'amasseront les éléments de la maladie d'abord purement imaginaire. Quelquefois, par exemple, l'estomac dilaté comprime la région du cœur et cause ainsi un trouble fonctionnel de cet organe, le malade se persuade aussitôt qu'il a une maladie de cœur organique; cette peinture est la matrice de la maladie, que sa crainte lui amènera avec le temps. Si l'esprit maintient assez longtemps une peinture quelconque, maladie ou santé, pauvreté ou prospérité, cette peinture doit se matérialiser et se matérialisera. Ceux d'entre vous qui ont suivi les expériences de Charcot n'ont pas besoin d'autres preuves de l'action de l'esprit sur le corps.

La seconde classe de maladies ou maladies réelles, produites originairement par des causes mentales augmentées de causes physiques immédiates, doit être guérie par le contrôle de la faculté de représentation. Et, à ce propos, qu'il soit bien entendu que les mots « cure » et « guérison » sont employés alternativement dans le sens courant sans la précision spéciale qu'y attachent certains physiciens modernes. Guérir la maladie réelle, c'est rétablir dans un état normal les fonctions ou tissus du corps; pour y arriver, les vibrations de la partie affectée doivent être ramenées à leur degré normal. En cas de déplacement, de dislocation ou d'os brisé, la plus prompte manière d'obtenir un soulagement est d'appeler un médecin compétent et de faire remettre en place le membre ou l'organe blessé. En cas de rupture de muscles ou de vaisseaux sanguins, l'aide du médecin doit être demandée immédiatement; non pas que l'esprit ne soit capable de guérir quelques-uns de ces cas et même tous, mais il est un fait certain c'est que même parmi les gens avertis, l'esprit se trouve neutralisé par son inaction habituelle ou le mauvais emploi qui en est fait. Le traitement mental devra succéder aux soins physiques pour éviter des souffrances inutilement prolongées.

Dans les cas où les vibrations d'une partie du

corps ont baissé, ou quand des principes étrangers s'y sont introduits, il y a plusieurs méthodes pour restaurer la santé et l'harmonie de la partie affectée. L'une d'elles est la stimulation par manipulation physique, suivant la méthode des ostéopathes; une autre est la stimulation par applications électriques. Cependant, aucune de ces méthodes n'atteint la cause mentale de la maladie, et si le trouble physique est guéri par l'un ou l'autre de ces procédés, sa réapparition peut n'être qu'une question de temps. Le courant électrique fait partie du courant cosmique bleu; son application intelligente peut élever les vibrations d'un organe malade et le remettre dans son état normal, mais sans l'aide de l'esprit, il éloignera seulement les effets, jamais les causes d'une maladie. Le temps est proche où les deux grands agents thérapeutiques de guérison seront l'électricité pour l'école matérialiste et l'esprit pour l'école métaphysique.

Un troisième moyen de guérir la maladie est la préparation de mélanges végétaux inoffensifs. L'occultiste ne croit pas à l'usage des drogues minérales, pas plus qu'il ne croit à l'action bienfaisante de certains poisons administrés au patient. La plupart des minéraux et des poisons sont d'un degré de vibration si faible qu'une fois introduits dans le corps physique ils ne servent qu'à abaisser davantage ses vibrations bien plus qu'à les élever. Bien qu'ils aient d'abord un effet stimulant, la réaction laisse en fin de compte le patient plus déprimé. Les poisons semblent quelquefois réussir parce qu'ils font disparaître momentanément l'état aigu, mais une étude approfondie des effets démontre que la maladie n'est pas guérie, elle ne fait que changer de forme, de place et de dénomination. Nier l'effet des remèdes sur le corps humain, comme le font actuellement quelques métaphysiciens trop absolus, c'est nier et vouloir ignorer ce que nous enseignent la vie de tous les jours et les lois de la physique, qui assurent que deux ou plusieurs corps se juxtaposant s'affectent mutuellement ; c'est aussi exclure la conscience d'une partie de l'Univers. Pourtant, ces mêmes métaphysiciens mangent pour sustenter leur corps physique tout en niant que la matière affecte la matière.

Le règne minéral soutient le règne végétal qui lui-même sert de support au règne animal. Dans l'ordre naturel des choses, il semble donc déraisonnable de passer outre, en négligeant comme impuissant le règne qui fournit notre nourriture et d'avoir recours aux minéraux pour y prendre nos remèdes. Les végétaux employés comme remèdes doivent être scientifiquement et convenablement préparés, pour en obtenir les meilleurs résultats, le même soin doit être employé à la préparation de notre nourriture. Dans la médecine matérielle, on ne s'occupe jamais de la différence de vibrations des personnes traitées. Un homme dont les vibrations sont de couleur verte recevra la même prescription d'un médecin que si ses vibrations étaient rouges ou brunes. C'est apparemment la raison pour laquelle la médecine moderne est appelée science expérimentale. Un remède végétal soigneusement composé pour un individu d'après ses vibrations le guérira sûrement, alors que le résultat sera tout autre avec la même médecine administrée à une autre personne souffrant du même mal, mais dont les vibrations seront d'un degré totalement différent. Si l'on veut obtenir de bons résultats, les vibrations des remèdes végétaux doivent suppléer aux vibrations trop faibles du malade.

Il est bien entendu cependant que l'esprit est la puissance suprême, et peut, convenablement développé et exercé, guérir toutes les maladies.

Un temps viendra où ce sera la seule force à laquelle recourra l'homme pour maintenir son corps dans un état de santé normal et harmonieux. En attendant ces temps Arcadiens, la grande conscience a prévu pour ses enfants non développés, des moyens matériels qui les aident à soulager leurs maux physiques.

En guérissant les maladies par le pouvoir de l'esprit, on emploie consciemment ou inconsciemment les forces cosmiques. Toutes les écoles métaphysiques modernes diffèrent entre elles sur le procédé par lequel les guérisons sont opérées, bien que toutes en aient accompli de remarquables. Certaines écoles emploient d'énergiques dénégations, consciemment ou inconsciemment, elles hypnotisent leurs patients; dans cet état, les pensées du malade changent et transforment la manifestation du mal dont il souffre. D'autres écoles obtiennent les mêmes résultats par des suggestions répétées qui font accepter au patient une nouvelle ligne de pensée, et transforment ainsi l'état de son corps. Dans l'ensemble de ces cas, c'est l'action directe de l'esprit sur l'esprit qui amène un changement dans l'état du malade.

D'autres écoles, par dénégations et affirmations, ou par affirmations ou demandes, requêtes ou prières et par la peinture du résultat désiré, mettent inconsciemment en mouvement les forces cosmiques. L'école occulte emploie consciemment les forces occultes dans un but de guérison. Ces deux dernières écoles ne font pas seulement agir l'esprit sur l'esprit, mais attirent de nouveaux éléments dans le corps physique du patient, qui expulsent les vieux atomes malades et les remplacent par de nouveaux atomes.

L'occultiste tente de faire trois choses en essayant la médication mentale.

Premièrement : il détruit la peinture mentale de la maladie dont son patient conserve la matrice ;

Secondement : il élève les vibrations de la partie du corps où elles se sont abaissées et l'amène à une vibration normale en chassant les éléments étrangers ;

Troisièmement : au moyen de la force cosmique qu'il fait affluer dans le corps, il remplace par de nouveaux éléments ceux qu'il a expulsés.

Voici quelques règles pour aider ceux qui voudraient essayer cette démonstration contre le mal :

Premièrement : il est bon, si possible, de ne pas regarder la manifestation du mal. On évitera ainsi la représentation constante de la maladie dans l'esprit et l'on pourra voir plus clairement la peinture de parfaite santé qu'il faut créer pour le patient. En ne voyant pas les symptômes objectifs d'une vilaine blessure, ou d'une excroissance artificielle, il sera plus facile de présenter à l'esprit du malade une image de santé parfaite. Dans le cas où il y a seulement des symptômes subjectifs, ne laissez jamais vos sympathies aller vers le malade, gardez-vous positif contre toute émotion. Du moment où votre émotion s'unit à la sienne, vous affaiblissez votre pouvoir curatif; vous acceptez ses créations et ne faites qu'en accentuer la peinture dans son esprit.

Secondement : quand le malade vous a appris quelles sont ses créations, détruisez-les par la négation de leur durée si elles existent temporairement, ou par celles de leur existence si elles ne sont qu'imaginaires. Faites suivre vos dénégations par l'affirmation d'un état physique parfait du malade et maintenez cette peinture mentale jusqu'à ce qu'il l'accepte. Un malade vient-il se plaindre à vous de troubles cardiaques? Et vous constatez que ce malaise physique ne dépend en réalité que de l'estomac; ne niez pas son mal à haute voix de peur qu'il ne s'en offense ; il n'est d'ailleurs pas nécessaire de donner à un malade le diagnostic de son état, ce qui augmente souvent l'intensité de ses craintes, mais niez la durée du mal et affirmez la santé.

En cas de léger malaise, un rhume par exemple, certifiez au patient que ce n'est rien, que cela ne peut durer ; puis quand ses vibrations sont élevées, dirigez la force cosmique à travers son corps. Son état de relâchement se trouve ainsi corrigé, les interstices entre les atomes diminuent, les éléments étrangers sont expulsés par le système, et chaque partie du corps répond par ce traitement à l'état positif de votre esprit. Les dénégations détruisent ; les affirmations créent. Les « Christian Scientists » et beaucoup de « Mental Scientists » se servent largement et quelquefois exclusivement de dénégations, alors que les « New Thought Scientists » emploient uniquement les affirmations. Cette dernière classe de guérisseurs prétend que la dénégation est contenue dans l'affirmation, mais affirmer mentalement un état sain, sans avoir nié et détruit la peinture de la maladie gardée par l'esprit du patient, c'est vouloir essayer de construire une maison neuve sur des démolitions sans avoir déblayé le terrain. Il est bien plus long de remplacer chaque pierre hors d'usage par une pierre neuve, que de de commencer par abattre complètement la vieille construction.

Troisièmement : pour le traitement ordinaire, prenez la main gauche du patient avec votre main droite de façon à ce que la force cosmique puisse entrer par votre côté gauche et de là passer par votre droite ou côté positif, dans la gauche ou côté réceptif du malade.

Pour ce genre de traitement, il faut rester dans un état d'esprit positif, sinon le patient absorbera votre magnétisme personnel, votre force vitale en même temps que la force cosmique.

Quatrièmement : en cas d'état mental déprimé, dans l'épilepsie, la folie, et dans les maladies de la moelle épinière, placez votre main droite sur le haut de la tête du patient pendant la durée du traitement. Cette position qui dirige le courant là où il est le plus nécessaire permettra d'obtenir un résultat plus rapide.

Cinquièmement : en cas de cancers, tumeurs, furoncles, grosseurs ou excroissances de toutes sortes, couvrez la partie atteinte avec un mouchoir de soie blanche et placez dessus votre main droite pendant le traitement.

Il y a double raison pour agir ainsi. D'abord en couvrant la partie malade avec le mouchoir, la vue du mal vous est épargnée et vous pouvez mieux imaginer à sa place un état de santé parfait ; ensuite en plaçant votre main sur la partie atteinte, vous attirez le courant directement sur le siège du mal, et vous concentrez mieux ainsi la force.

Sixièmement : tenez votre main gauche éloignée du patient pendant le traitement. Autrement il se formerait un circuit complet, et à mesure que les nouveaux éléments de vie pénétreraient en lui par sa main ou son côté gauche, ses vieux atomes usés et démagnétisés attirés en vous, abaisseraient votre propre degré de vibration, et causeraient pour vous-même un état physique similaire à celui que vous essayez de guérir.

Septièmement : en cas d'excroissance isolée, employez la nuance la plus élevée de la force cosmique dont vous avez décidé de vous servir pour votre malade.

Supposez qu'il soit nécessaire d'employer le vert, traitez alors avec le rayon ultra-vert, qui est le degré le plus élevé de vibration de cette couleur, et qui amènera les résultats les plus rapides. C'est en quoi réside la grande supériorité de l'occultiste sur la majorité des guérisseurs et sur ceux qui se servent de procédés mécaniques. Quand le rayon X maintenant connu pour être une des nuances supérieures du vert est dirigé sur une tumeur individualisée, il commence immédiatement son action dissociante et l'on obtient de bien meilleurs résultats qu'avec l'intervention du scalpel. Toutefois, son action est limitée comme celle de la chirurgie, en ce sens qu'il n'atteint pas les germes contenus dans le sang du patient et que la maladie revient. Mais si le médecin plaçant sa main sur la partie atteinte se sert de la nuance extrême de la couleur cosmique choisie, et dirige le courant à travers le système entier, les germes seront détruits et tout retour de la maladie rendu impossible.

Huitièmement : concentrez-vous sur l'aura du malade pour trouver sa couleur dominante et demandez à la conscience universelle de vous faire connaître cette couleur.

Ceci au cas où n'étant pas clairvoyant, vous ne puissiez voir les couleurs cosmiques à volonté. Par cette pratique, vous apprendrez à distinguer la couleur ou vibration d'une personne aussi facilement que vous vous rendez compte de son apparence physique.

Neuvièmement : demandez à Dieu d'être l'instrument par lequel il se manifeste.

Cette demande comme toute autre, doit être et sera accordée, tout ce qui est maintenu par l'esprit d'une manière constante doit tôt ou tard se manifester. Cette pensée de guérir les maladies et de soulager les souffrances fait de vous un centre approprié, si vous êtes sincère et plein de foi, toute la puissance curative de l'Univers affluera vers vous pour exaucer votre demande. L'état mental attire ou repousse la force cosmique et, mieux vous vivez, plus vos pensées sont pures et plus hautes vos aspirations, plus parfaitement pourrez-vous employer les forces cosmiques pour restaurer la santé d'autrui.

Dixièmement : soyez toujours positif avant de traiter un malade. Vous ne constituerez un centre, un canal par lequel afflueront les forces cosmiques qu'étant donnée la nature positive de votre caractère. Faites mentalement une déclaration dans le genre de celle-ci; plusieurs fois répétée : « La force divine est en moi. Je suis positif, positif, positif, j'ai le pouvoir de détruire le mal et l'ignorance. » Cette déclaration en élevant vos propres vibrations, fera de vous un meilleur instrument. Si vous ne prenez garde d'être positif avant de commencer le traitement d'un malade, non seulement votre magnétisme animal personnel passera en lui et vous laissera très déprimé, mais vous risquez encore de prendre sa maladie, ce qui arrive fréquemment au guérisseur mental.

Onzièmement : servez-vous toujours de la nuance ou de la couleur directement supérieure dans l'échelle des vibrations à la couleur prédominante du malade.

Supposons que votre patient vibre à la plus haute teinte verte. Employez alors la force cosmique bleue directement au-dessus, avec laquelle il peut aussi s'accorder et qui le replacera par réaction naturelle dans sa teinte normale. En usant d'une couleur supérieure à la sienne, vous élevez ses vibrations; quand vient la réaction, il ne descend pas au-dessous des plus hautes teintes de sa propre couleur, et le soulagement éprouvé demeure permanent.

Douzièmement : représentez-vous bien que ces forces cosmiques se manifestent en vibrations ou couleurs, mais ne pensez pas uniquement à leur couleur. Laissez leur aspect « force » prédominer dans votre esprit et quand vous les employez pour un traitement, voyez-les sous l'aspect de vibrations étincelantes qui affluent à travers vous, vers votre patient.

Treizièmement : employez la suggestion comme aide supplémentaire au traitement par la couleur.

Servez-vous-en pour détruire dans l'esprit du malade l'image de la maladie, et créer une nouvelle image de santé. Sachez d'abord le nom entier de votre patient, appelez-le mentalement par ce nom jusqu'au moment où vous sentirez que vous possédez son attention. Rappelez-vous que toute pensée envoyée à plusieurs reprises atteint toujours son but — qu'elle soit acceptée ou non c'est une autre question. Si le patient a un diminutif dont son entourage se sert plus habituellement, employez-le de préférence. Supposons qu'il s'appelle Jim Smith. Vous direz : « Jim Smith vous êtes esprit, vous ne pouvez pas être malade. » Sans préambules, vous avez fait une distinction dans l'esprit du patient entre son esprit et son corps ; maintenant, son esprit travaille avec le vôtre pour établir l'état physique désiré. Vous lui dites alors : « Votre corps change constamment ; puisque vous êtes esprit, vous pouvez contrôler votre corps; vous pouvez attirer en vous de nouveaux atomes, une nouvelle vie, et vous pouvez restaurer votre santé. » Suggérez le pouvoir d'attirer et de maintenir la santé. Pour chaque traitement, dites : « Vous ne craignez pas la maladie, vous savez que vous guérissez. » Il est préférable de répéter chacune de ces suggestions, lentement, plusieurs fois, de façon à ce que le patient puisse les saisir pleinement. Quand vous aurez chassé les vibrations inférieures et démagnétisantes de la peur, les vibrations supérieures de la santé afflueront dans le malade.

Quatorzièmement : détruisez la peur, tous les états fiévreux disparaîtront.

Supposez un patient tuberculeux. Il faut, avant tout, éloigner de son esprit la crainte d'avoir un mal incurable; imaginez ensuite pour lui la peinture de poumons en parfait état dans lesquels afflue la force cosmique, puis employez telles suggestions, dénégations et affirmations que vous dictera votre intuition.

Quinzièmement : servez-vous du moins de mots possible pour exprimer vos pensées.

Plus vos idées seront exprimées avec clarté et

concision, mieux elles marqueront dans l'esprit du malade.

Au lieu de dire : « Dieu est amour, vous êtes une de ses manifestations et vous ne pouvez, par conséquent, exprimer que l'amour, » au lieu d'une explication philosophique des liens qui unissent Dieu au malade, au lieu de lui montrer comment il exaucera ses demandes d'aide et de guérison, dites quelque chose de court et de décisif, tel que : « Vous n'avez pas peur de cette maladie. Il n'y a rien à craindre. Vous guérissez. Vous êtes esprit et vous avez le pouvoir de dominer votre corps. »

Ces quelques règles et suggestions pourront être employées avec succès dans les guérisons mentales. Il y en a d'autres, mais celles-ci suffisent à démontrer les lois du phénomène de la guérison. Une loi motive chaque forme, si vous comprenez et pratiquez ces suggestions, vous pouvez graduellement changer le degré des vibrations de votre corps et même sa forme jusqu'à en faire exactement ce que vous désirez. Cette pratique augmente votre force et votre pouvoir d'aider les autres, car chaque effort ajoute à vos possibilités.

On ne saurait devenir un grand musicien en

suivant douze conférences sur l'harmonie; elles ne vous enseigneront que la manière de vous y prendre. Le progrès en occultisme comme en toutes choses, ne peut être réalisé que par un exercice suivi. C'est la pratique mentale régulière, l'usage des forces cosmiques, la conception, le contrôle, la direction, la pensée qui augmenteront votre force. Mis en possession de ces règles, c'est à vous de savoir si vous ferez de cette science, une acquisition purement intellectuelle ou une application pratique.

DOUZIÈME CONFÉRENCE

LA LOI D'OPULENCE

Le moyen d'acquérir la perception spirituelle et les qualités mentales par les forces cosmiques vous a été enseigné dans les précédentes conférences. Vous savez aussi vous servir par l'entremise de l'esprit divin de vos forces mentales, non seulement dans votre intérêt, mais dans celui des autres. Les plans spirituel et mental de l'être ne nous étant plus inconnus, nous étudierons maintenant un troisième et dernier plan, celui où l'homme acquiert ou devrait acquérir en abondance, les biens de ce monde, celui où s'exerce la loi d'opulence qu'il doit connaître s'il veut réussir. Chaque détail de nos vies est régi par une loi, rien n'arrive par accident, et tant de personnes jugent la possession des richesses matérielles aussi essentielle au bonheur que la santé physique, qu'il semble primordial de comprendre parfaitement la loi qui gouverne l'opulence, afin de savoir diriger nos intérêts matériels au lieu d'être victime des circonstances.

Ceux qui ne possèdent rien n'ont pas su faire agir la loi d'opulence dans leur intérêt. C'est un fait connu en occultisme que chacun a exactement ce qu'il mérite, et cela est aussi vrai pour l'opulence que pour les qualités mentales et spirituelles. Avant de discuter cette loi en elle-même, envisageons certains autres aspects de la loi d'évolution qui s'y rapportent.

Si vous avez tant soit peu étudié les coutumes des animaux, vous savez qu'un oiseau nourrit ses petits jusqu'à un certain âge; quand le temps est venu pour chaque petit de se suffire, il les pousse hors du nid et les laisse à leur propre responsabilité. Les autres animaux procèdent de même, ils se dévouent un certain temps au soin de leurs petits, puis les abandonnent, leur cherchent au besoin querelle et les chassent pour leur apprendre l'indépendance et les obliger à agir par eux-mêmes. Un homme avisé donne à ses enfants une bonne éducation pendant les années où se forme leur caractère, mais quand ils atteignent leur majorité, il leur laisse assumer les responsabilités qui doivent les individualiser. La grande conscience universelle, père-mère, pendant la première moitié de la période évolutionnaire d'une planète, se tient derrière l'homme à l'état d'impulsion évolutive et le pousse dans sa carrière jusqu'à ce qu'il prenne confiance en lui-même. L'impulsion lui est alors retirée et l'homme, livré à ses propres forces, doit se développer en s'aidant de sa connaissance des lois de la nature.

D'après l'estimation des occultistes, la première moitié du cycle de cette planète fut atteinte en 1898. A ce moment, cessait l'enfance de la race. Avant cette époque, la loi d'évolution pourvoyait au soin de ses enfants; depuis, la conscience cosmique a graduellement relâché son effort, et désormais chaque individu doit apprendre à compter sur ses propres forces et sur sa science de la loi pour réussir dans la vie. Un peu cruel au premier abord, c'est en réalité bon et juste, chaque homme ayant ainsi l'occasion de développer ses meilleures qualités.

Il est de la plus grande importance pour nous qui représentons quelque peu les principes avancés de la race de bien réaliser que tout est gouverné par la loi, et qu'une de ces lois et non la moindre, est la loi de l'opulence. Dieu ne nous comble pas de ses dons à cause de nos mérites; la richesse ne nous est pas donnée en récompense d'un progrès spirituel. Si nous désirons des qualités d'ordre spirituel, usons des lois qui les régissent, et si nous voulons les biens matériels, servons-nous des lois qui président à la distribution de ces derniers.

Dans la première partie du cycle de notre planète, l'ancienne malédiction d'Adam pesait encore sur l'humanité : « Tu mangeras ton pain à la sueur de ton front. » A mesure que la race progressait dans son évolution, quelques hommes transformèrent cette malédiction en usant consciemment ou inconsciemment des lois de la nature pour leur avantage personnel. Ils découvrirent qu'au moyen de la pensée et de la prévision, ils n'étaient pas obligés de gagner leur pain par un dur labeur manuel, mais pouvaient assumer la responsabilité de faire exécuter ce travail par ceux qui n'ont pas la faculté de prévoir et de diriger. C'est ainsi que se créèrent parmi les hommes les situations respectives de maîtres et de subordonnés. Ne me faites pas dire, je vous en prie, que le maître, le penseur, cesse de travailler quand il dépose ses outils et devient le directeur de ses affaires, ce serait mal me comprendre. Cesser de travailler, c'est rétrograder, la rétrogression dégénère bientôt en stagnation, et qu'elle soit spirituelle, mentale ou matérielle, la stagnation est une cause de mort. La grande conscience elle-même travaille pendant chaque jour cosmique, et tous les enfants de Dieu qui veulent progresser doivent aussi travailler. Beaucoup font la grande erreur de limiter la signification du mot travail au labeur purement physique. Travailler ne signifie pas nécessairement faire un effort physique. L'homme est esprit, sa force mentale ne peut croître que par l'exercice de sa puissance mentale. Le malentendu sur la signification de ce texte de l'Écriture, sur les lois de la vie et sur la loi de l'opulence est dû à la fausse interprétation du mot « travail ».

L'année dernière, lorsque ces conférences furent données pour la première fois, plusieurs personnes trouvèrent subversif d'enseigner qu'on peut attirer à soi les choses matérielles par l'usage des forces mentales au lieu d'enseigner que le travail physique est indispensable pour obtenir ce résultat. Il est clair que le développement de ces âmes circonspectes ne va pas au delà du plan physique, et qu'elles sont incapables de se rendre compte que le travail mental est un travail aussi réel que le travail physique. D'autres personnes qui ne savent pas se servir des forces spirituelles pour attirer à elles les biens matériels, protestent contre l'enseignement de cette science. On peut raisonnablement supposer que ceux qui trouvent difficile ou impossible la manipulation des forces spirituelles, jugent mauvais que d'autres en fassent usage. A ceux-là, je n'ai rien de mieux à offrir que des vœux sincères pour leur progression dans la voie de développement qu'ils ont choisie.

L'évolution de l'homme a élargi la signification du mot « travail », et nous pouvons dire maintenant : « Tu gagneras ton pain à la sueur de ton front et par l'effort mental. » Directeurs, capitalistes et penseurs, fournissent journellement un dur travail mental, pourtant beaucoup d'entre eux ne font jamais le moindre effort physique, mais laissent cette partie de l'ouvrage à ceux qui ne peuvent autrement gagner leur pain qu'à la sueur de leur front.

Il existe trois classes de travailleurs : la première composée de ceux qui travaillent physiquement; la seconde de ceux qui travaillent physiquement et mentalement; la troisième de ceux qui ne travaillent que mentalement. Chacune de ces classes marque une période de l'évolution humaine. Par travailleurs purement physiques, je veux dire la majorité des travailleurs manuels — la masse de l'humanité. Le travailleur semi-physique, semi-mental reconnaît que les lois de l'esprit aident considérablement l'homme dans son développement, il se sert de son esprit pour préparer et développer son travail tout en usant concurremment de moyens physiques pour se procurer l'opulence. La troisième classe embrasse ceux dont le travail est purement mental, ceux qui se servent de leur esprit à toutes fins et usent des forces mentales si pleinement et si complètement, qu'ils atteignent leur but sans labeur manuel d'aucune sorte. Ceux-ci emploient consciemment la loi d'opulence ou loi qui procure l'opulence. Quelques étudiants l'appellent la loi de l'offre et de la demande. En réalité, peu importe sa qualification, elle opère aussi infailliblement sur le plan de l'esprit que dans le domaine économique.

Chacun se place de soi-même dans une de ces trois classes de travailleurs, d'accord avec le développement de son évolution. Dans la première classe mentionnée, la loi de l'opulence ne se manifeste jamais. Ceux qui ne travaillent que physiquement et individuellement, n'acquerront jamais l'opulence. Ils gagnent le nécessaire pour vivre, un peu de superflu — et là se borne le résultat. La loi d'opulence commence à se manifester dans la seconde classe, celle du travailleur mental et physique qui arrive par une lente gradation à la troisième classe où elle se manifeste dans toute sa plénitude. Chaque être, au cours de son évolution, doit passer par chacun de ces trois états; à notre point de développement, beaucoup font partie de la seconde classe, c'est-à-dire travaillent consciemment avec les lois de la nature, de concert avec un centre qui les aide à attirer l'opulence. Par « centre », je veux dire une certaine vocation définie ou occupation par laquelle vient l'argent. Supposons un petit négociant, un marchand de journaux, par exemple. Ayant appris qu'il existe une loi d'offre et de demande, il désire s'en servir pour son amélioration financière. Ce petit commerce est son centre, ce centre il veut l'agrandir. Il fait le tableau mental d'une affaire plus importante, il voit un bureau de tabac combiné avec la vente des journaux. Il continue cette peinture mentale, jour après jour, et demande qu'elle soit sienne. S'il ne détruit jamais son image mentale, sa demande sera accordée, et les voies et moyens lui seront donnés pour arriver au but qu'il désire. Mais il ne devra pas s'en tenir là, car il ne faut jamais se contenter de peu. Sa demande à peine exaucée, il créera aussitôt une autre peinture, il se verra fournissant d'autres magasins et devenant centralisateur et administrateur.

Etes-vous engagé dans quelque autre sorte d'affaires? Travaillez-vous pour un salaire? Peut-être désirez-vous une position plus élevée et mieux rétribuée? Il faut alors faire de vous-même une peinture mentale dans la position désirée aux appointements requis, en vous servant de cette position comme centre, vous progresserez et quelle que soit la hauteur que vous désirez, vous l'atteindrez.

Prenons l'exemple d'une femme actuellement professeur connu de métaphysique. Je veux parler de Mrs Mary Baker G. Eddy. Elle commença par la médecine. Après avoir travaillé avec le Dr Quimby, elle s'aperçut de la possibilité de faire une application pratique de la philosophie de Berkeley pour la guérison des maladies. Partie d'une clientèle médicale très insignifiante, qui s'accrut par la suite dans d'énormes proportions, en raison des remarquables cures qu'elle opérait par l'esprit, et s'aidant de ce que lui avait enseigné le Dr Quimby, elle agrandit son centre progressivement; tant et si bien que des malades vinrent à elle de tous côtés pour être guéris et enseignés, elle acquit ainsi des sommes considérables qui se montent, dit-on, à plus d'un million de dollars !

Si nous n'aimons pas le travail qui nous occupe, il n'y a aucune raison pour l'adopter définitivement, mais gardons-le jusqu'à ce que nous parvenions à en attirer un qui nous convienne davantage. Notre foi dans la loi et le pouvoir de l'esprit s'affirmera dans les situations financières difficiles, en les modifiant à notre satisfaction.

J'ai connu un des maîtres dans cet art; il fut d'abord crieur de journaux. Né de parents pauvres, dans un des plus misérables quartiers de Paris, il végétait en proie au plus grand dénûment. Son père et sa mère, chiffonniers de leur état, vivaient dans une cave, lorsqu'à 18 ou 20 ans, l'influence qui devait changer sa destinée traversa sa vie. Un homme bienfaisant, après lui avoir fait exécuter quelques travaux, s'intéressa à son avenir et commença à lui parler du pouvoir de l'esprit. Il lui fit don d'un livre en lui recommandant de l'étudier et de pratiquer les enseignements qu'il y trouverait.

Le jeune homme muni du livre précieux rentra chez lui et dépensa, pour le lire, son dernier sou, à l'achat d'une chandelle. En lisant ce qui avait trait à la loi de l'offre et de la demande, il résolut de faire agir cette loi pour sortir de sa condition misérable. Considérant le réduit qui lui tenait lieu de chambre, avec ses murs nus et son sol carrelé, il se dit qu'il lui serait agréable d'avoir un tapis de trois pieds de long, sur lequel il puisse se tenir pour s'habiller par les froides matinées d'hiver. Il fit la peinture mentale du tapis et maintint sa création avec constance. A quelque temps de là, un morceau de tapis neuf lui était donné par une personne qui le faisait travailler. Du moment où il obtint cette première preuve, sa foi dans la loi devint inébranlable. Il devint un maître en fait de démonstrations, et quand je le rencontrai pour la première fois, il possédait une grosse fortune.

La foi en l'inconnu est dure à acquérir et dépasse rarement quelque chose de plus qu'un espoir, mais la foi basée sur une loi immuable grandit jusqu'à la science. Les petites démonstrations faites au début de notre travail, sont souvent les plus importantes en ce qu'elles nous prouvent l'existence de la loi et notre pouvoir à la faire agir.

Dans la classe physico-mentale, nous voyons des travailleurs qui accroissent leur centre et essayent des démonstrations en dehors de ce centre. Ceux-ci ont fait un progrès marqué dans leur évolution. Prenons l'exemple d'un homme d'affaires qui sait se servir de la loi de demande. Il déclare : « Je désire une bonne clientèle » et imagine les clients affluant à son étude. Quelque temps après, les clients viennent suivant la peinture qu'il a faite ; il commence alors à faire entre eux une distinction et dit : « Je désire seulement ceux dont je puis gagner les affaires. » Il travaille ainsi à son bénéfice et au leur. Puis il commence des créations distinctes de sa clientèle de loi. Peut-être désire-t-il aller au congrès? Il se voit représentant son district au Capitole. S'il maintient sa peinture et la demande ardemment, une occasion lui sera donnée, elle se matérialisera, la loi ayant été mise en action par le pouvoir de son esprit.

La troisième classe comprend les individus capables d'attirer à eux ce qu'ils désirent indépendamment de tout centre. Une pratique constante a fait de ces gens d'habiles opérateurs de la loi, et chez eux la foi est devenue une certitude absolue. Quand un être atteint ce point de développement, il peut se passer des affaires, aller partout où il veut, et attirer à lui tout ce qu'il désire, où qu'il se trouve. Beaucoup d'étudiants s'attardent à travers le second stage de travail physico-mental. Quelques-uns y passent rapidement, ayant plus de foi que les autres, car c'est pour la plus grande part une question de foi : « un homme n'est en réalité que ce qu'il est dans la sincérité de son cœur. »

Mrs Helen Wilmans-Post, le chef des « Mental Scientists », débuta dans la vie absolument sans aucune ressource. Arrivée à San Francisco avec quelques dollars en poche, elle demande et obtient sa première place dans un journal, qui lui procure assez d'argent pour vivre. Un peu plus tard, elle désire et obtient une position supérieure. Elle emploie d'abord inconsciemment la loi de demande — d'après sa seule intuition, puis un travail conscient avec la loi commence sa brillante carrière. De journaliste, elle devient auteur, écrit plusieurs livres et finalement ajoute la guérison et l'enseignement à toutes ses autres œuvres. Elle a fait bâtir une ville en Floride et se trouve maintenant en possession d'une fortune considérable. Son exemple démontre qu'elle appartient à la seconde classe de travailleurs et son livre *La Conquête de la Pauvreté* soutient la thèse que nul ne peut parvenir à la fortune sans efforts physiques.

Le Dr Émile Cady, membre de la troisième classe, a non seulement accompli des guérisons remarquables, mais encore ses écrits ont aidé ses contemporains autant que le plus subtil traité de métaphysique. Le Dr Cady s'est servi de la loi pour guérir et sa foi fut assez grande pour accomplir d'autres démonstrations de nature plus matérielle. Elle passa dans la troisième classe en prouvant implicitement sa foi dans la loi quand elle demanda et reçut une somme d'argent importante, juste dédommagement du temps et de l'argent qu'elle avait consacrés au bien de l'humanité. Ayant fait la peinture de la somme désirée, un étranger la lui apportait, très peu de temps après cette création. Il lui fut donné conformément à son image mentale et à sa foi.

Pour faire agir cette loi de l'opulence, il est nécessaire de se rendre compte de trois choses.

Premièrement : Tout ce que vous pouvez désirer existe dans l'Esprit Divin. Désirez-vous des bijoux, de l'or ou de l'argent ? En manque-t-il sur le marché ? sans compter les mines non encore découvertes qui contiennent toutes ces choses en grande abondance. Tous ces biens existent et vous pouvez mettre en mouvement la loi qui vous les apportera. L'histoire du monde démontre que chaque demande mentale de l'homme a été suivie de réalisation. L'homme fatigué de marcher et de porter des fardeaux, obtient le primitif char à bœufs. Mal satisfait de ce grossier véhicule, il demande mieux. Alors vient le cheval et une voiture plus légère, puis les machines à vapeur, les bicyclettes et les automobiles ; ensuite, il désire voler et les machines volantes ne sont-elles pas en cours d'évolution ? Par degrés, du bateau fait d'un vieux tronc évidé, le yacht à vapeur s'est dégagé ; du lent et fatigant procédé d'envoyer des messages verbaux de place en place, on a évolué à la télégraphie sans fil. Le monde contient en abondance de quoi satisfaire tous les désirs, et il ne devrait y avoir ni envie ni jalousie entre les hommes, car le trésor divin est assez vaste pour combler chaque être vivant.

Deuxièmement : dites-vous que tout vient de Dieu et que nous n'avons de tous les biens qu'un usage temporaire. Serions-nous si vains si nous songions que nous sommes redevables de la moindre chose? Venus au monde dénués de tout, nous le quittons ne possédant rien que notre caractère, et encore combien s'en vont même sans cela ! Mais pendant notre séjour ici-bas, il nous est loisible d'emprunter à Dieu plus ou moins selon notre manière de penser.

Troisièmement : nous devrions considérer que tout est distribué par la conscience universelle conformément à la loi. Un homme n'est pas pauvre et un autre millionnaire, par chance, fatalisme ou caprice; tout est distribué selon la loi de demande mentale, la loi de demande et d'accord. Ceux d'entre vous qui sont chrétiens, savent ce que Jésus de Nazareth a dit sur ce sujet. Quiconque réfléchit un moment se rend compte que l'homme d'affaires auquel tout réussit a toujours été et sera toujours l'homme qui sait demander — c'est-à-dire faire une peinture positive de ce qu'il veut. Créez mentalement tout ce que vous désirez, demandez, selon votre foi, que cela soit avec vous.

Certaines règles peuvent vous aider à hâter vos créations, que vous travailliez avec ou sans un centre; l'utilité de ces règles vous sera démontrée par vos expériences.

Première règle : méditez et demandez à Dieu si pour une raison quelconque votre demande ne doit pas être exaucée.

Toute incertitude est ainsi éloignée de votre esprit sur l'opportunité de la création. L'incertitude produit un état négatif qui trouble votre aura et ajourne la matérialisation de vos créations. Quand la conscience universelle vous fait sentir que rien ne s'oppose à votre désir, vous êtes alors dans un état d'esprit positif et vous pouvez mettre la loi en action.

Deuxième règle : votre création décidée, faites-en une peinture mentale, et demandez-la avec assurance jusqu'à sa réalisation.

Souvent, après avoir reçu une inspiration favorable de la Divinité, on commence ses créations, puis on les abandonne sur la suggestion de l'esprit objectif qu'on s'est peut-être trompé sur la réponse de Dieu et qu'il est inutile de continuer sa demande. N'écoutez pas les suggestions de votre esprit objectif, mais votre création une fois décidée, persistez jusqu'à la fin.

Troisième règle : une demande positive donne de meilleurs résultats qu'une requête ou une supplique.

L'attitude mentale pendant la demande, tout en étant très respectueuse, devrait toujours être positive. Le *Pater* est le meilleur exemple de l'attitude que doit avoir l'esprit qui demande. Analysons cette prière. Jésus a dit : « Après moi, priez ainsi. »

« Notre Père qui êtes aux cieux, que votre nom soit sanctifié, que votre règne arrive, que votre volonté soit faite sur la terre comme au ciel. » L'attitude de Jésus de Nazareth pendant la première partie de cette prière, est respectueuse, et ses mots expriment son désir de parfaite harmonie entre Lui et son Père. Ayant uni son esprit individuel à l'esprit universel, il fait ses demandes de la manière suivante :

« *Donnez*-nous aujourd'hui notre pain de chaque jour, *pardonnez*-nous nos offenses comme nous pardonnons à ceux qui nous ont offensés. Et ne nous *laissez* pas succomber à la tentation, mais *délivrez*-nous du mal. »

Après moi, priez ainsi. On ne trouve pas une

pensée négative dans cette prière. Il y a pour chaque chose une demande positive, plutôt qu'une supplique, nous pouvons presque dire une commande respectueuse des choses désirées. Vous constaterez que ceux d'entre vous qui demandent à l'universel de cette manière, avec cette attitude mentale, recevront toujours l'objet de leur prière.

Maintenant quel contraste entre l'attitude mentale de Jésus de Nazareth, quand Il priait, avec l'attitude de ses soi-disant disciples des temps actuels? Il a dit : « Quand vous priez, ne faites pas comme les hypocrites qui aiment à prier debout (ou à genoux) dans les synagogues (temples ou cathédrales); quand vous priez, ne multipliez pas vainement les paroles comme font les païens qui s'imaginent être exaucés à force de mots (chants, messes et litanies). » Pour juger du contraste entre la prière du Maître et la forme moderne d'adoration, entrez dans une des Églises de la cinquième avenue, et écoutez les expressions des prières modernes. Le dimanche, pendant les confessions publiques, vous entendrez des phrases dans le genre de celle-ci :

« Nous n'avons pas fait ce que nous devions faire et nous avons fait ce que nous ne devions pas faire. Et il n'y a pas de santé en nous. » Or, « santé » est ainsi défini dans le dictionnaire : « vigueur naturelle des facultés, état sain, moral ou intellectuel. »

Si nous disions de ces mêmes bons citoyens ce qu'ils disent publiquement d'eux-mêmes : qu'ils sont dépravés moralement et physiquement, et font secrètement ce qu'ils ne devraient pas faire, nous serions sans nul doute poursuivis pour diffamation. Mais nous ne voulons pas les croire coupables de ce que leurs lèvres prononcent aussi inconsidérément. L'exemple donné est un type de prière moderne choisi entre mille, car elles sont toutes plus ou moins des modes de dépréciation et de condamnation. Les pensées qu'elles expriment sont négatives, et de telles prières sont plutôt une question de forme que l'expression de la foi. Beaucoup de ces excellentes personnes sont exaucées, non à cause des formules conventionnelles tirées de leur livre d'oraisons, mais grâce à celles qui viennent de leur cœur, exprimées dans une forme positive, à celles qui sont murmurées dans le silence de la nuit, alors que nul autre que Dieu n'est là pour les entendre. Une prière efficace doit être un acte mental et non émotionnel.

Quatrième règle : spécifiez bien ce que vous désirez en faisant votre demande.

Chacun des mots de cette règle est important. D'abord vous devez faire une demande. Ensuite cette demande doit être spécifique. Faites votre peinture mentale très nette, plus elle sera claire, plus tôt elle se matérialisera. Spécifiez bien ce que vous désirez, non ce qu'un autre désire — non ce que vous pensez avoir le droit de posséder, non ce que vous croyez devoir désirer — mais ce que vous-même vous voulez réellement avoir.

La réciproque de cette règle est également importante. Ne demandez jamais ce que vous ne désirez pas. Si vous voulez de l'argent, ne demandez pas du travail. Presque chacun commet cette erreur en commençant à faire des demandes, car il est difficile de rompre avec les habitudes ancestrales. Un milieu déplaisant est le résultat de demandes faites dans le passé pour des choses que nous ne désirons plus maintenant. Les corps malades et les états d'esprit malheureux ne sont que les réalisations de demandes faites par ignorance.

Cette règle restera probablement obscure pour la généralité de ceux qui m'écoutent. Un professeur de philosophie qui l'entendit donner l'année dernière la jugea fausse. Si un marchand, déclara-t-il, désire de l'argent, il peut demander des clients, il est sûr que ceux-ci lui apporteront de l'argent. Logique étrange pour un occultiste. Le marchand pourrait avoir des centaines de clients et vendre son stock entier, si tous ses clients achètent ses produits à crédit et négligent ensuite de le payer, son désir d'argent ne sera pas satisfait, bien que sa demande de clients ait été pleinement accordée. Il faut préciser exactement l'objet de votre désir, vous ne risquez pas ainsi de commettre d'erreur.

Une des élèves de l'année passée, qui pensait avoir compris cette règle, me dit, quelque temps après la fin des conférences, qu'elle avait créé un voyage en Europe. Quand je lui demandais de me décrire sa peinture mentale, elle me répondit qu'elle avait créé tout simplement un billet de mille dollars qu'elle emploierait à son voyage. Elle n'avait pas créé un voyage en Europe, mais la somme pour le payer. Ce n'était pas la certitude de faire son voyage, car une fois l'argent obtenu, nombre d'obstacles pouvaient surgir et empêcher son départ. Elle aurait dû créer son image à bord d'un paquebot et se voir aborder saine et sauve de l'autre côté de l'Océan.

Cinquième règle : ne demandez une chose que si vous la désirez fortement.

Avoir besoin de quelque chose intensifie singulièrement le désir. Beaucoup d'étudiants commencent à faire leurs demandes avec enthousiasme, puis subitement se refroidissent. Une bonne manière de fortifier vos désirs est de penser au plaisir que la possession vous procurera, faites alors votre demande quand vous sentez votre désir devenir impérieux.

Ne demandez pas parce que l'heure fixée est venue et qu'il vous semble accomplir un devoir. Les demandes faites dans de telles conditions sont équivalentes à rien, et le temps employé à ce genre de travail est du temps perdu;

Sixième règle : l'esprit travaille mieux quand le corps est tranquille.

Si vous tapotez avec vos doigts, si vous agitez vos pieds pendant vos demandes, une partie de votre force mentale est absorbée par les mouvements que vous faites, et la division de vos forces prive le travail mental d'une partie de sa puissance; il ne faut pas disperser votre force. Par intervalles, durant la journée, vous pouvez penser à vos demandes et les maintenir la plupart du temps subconsciemment dans l'esprit; cette sorte de peinture, moins efficace que celle qui est faite le corps au repos, a pourtant un certain effet.

Septième règle : ne demandez jamais rien sous le coup de l'excitation.

Il faut avoir un fort désir, mais se souvenir qu'une demande faite en état de surexcitation intense est toujours accordée violemment. L'observation de cette règle importante peut vous épargner beaucoup d'ennuis. Pris d'impatience, nous sommes souvent tentés de faire des demandes tranchantes et violentes, c'est là un procédé dangereux, comme vous le prouvera l'exemple suivant.

Une série de malheurs avait éprouvé un étudiant occultiste de cette ville. Les désastres s'étaient succédé et lui avaient fait perdre tout ce qu'il possédait sur le plan matériel. Très énergique, il commença sans tarder à faire de nouvelles créations. Il demanda 10,000 dollars, ce qui pour lui représentait l'opulence. Mais le temps passait, sa demande n'était pas accordée et le jeune homme d'abord impatient devint furieux. Un matin, sans argent pour déjeuner, il se dirigea vers le parc, se jeta à terre et resta là étendu pendant plusieurs heures, les dents serrées, les mains crispées, le corps baigné de sueur par l'intensité de sa surexcitation, pendant qu'il maintenait l'image mentale de sa demande d'argent. Le jour suivant, il s'embarquait sur un navire marchand. Après maints retards et péripéties, inhérents à ce moyen de transport, l'étudiant occultiste finit par débarquer dans une ville de l'Ouest. Il n'y était pas plutôt arrivé, qu'un cyclone fondait sur la ville et la détruisait de fond en comble. Notre jeune occultiste revint à lui, étendu par terre à quelque distance de l'endroit où il se trouvait quand il perdit connaissance au moment du cataclysme, il était couvert de contusions et une de ses jambes était brisée; des corps d'hommes et d'animaux sans vie jonchaient le sol autour de lui, avec des quantités de débris projetés dans toutes les directions. Juste à portée de son bras, il aperçut gisant, un portefeuille de cuir. Le jeune homme eut tôt fait de s'en emparer et d'en examiner le contenu. Il y trouva 10,000 dollars en billets de banque, sans une carte, ni la plus légère indication sur leur propriétaire. Plaçant sa trouvaille dans la poche de son habit en lambeaux, il rampa sur les mains et les genoux et fut enfin recueilli par des gens charitables. Soigné et finalement guéri, malgré toutes ses recherches, le propriétaire du portefeuille demeura introuvable, et le jeune homme garda l'argent comme une réponse à sa demande, dont la violence fut si près de lui coûter la vie.

Ne me faites pas dire, je vous prie, que la violente demande du jeune occultiste fut la cause du cataclysme, ce dernier n'avait rien à faire avec sa création. Mais l'étudiant fut attiré dans le cyclone et il en souffrit toutes les horreurs à cause du tempétueux état mental dans lequel il fit sa demande, elle devait être accordée comme elle était faite.

Huitième règle : soyez toujours tranquilles et réfléchis, mais positifs quand vous demandez.

Ne demandez jamais à la hâte. La perturbation mentale engendrée par la précipitation ajourne la matérialisation de votre création.

Neuvième règle : évitez de chercher à deviner le moment et la manière dont votre démonstration sera faite.

Quand vous commencez à chercher les moyens par lesquels vos démonstrations s'accompliront, votre force se divise immédiatement, ce qui éloigne d'autant la réalisation. Car il est une attente qui attire et une attente qui repousse,

L'attente tranquille telle qu'elle existe dans la méditation attire vers vous ce que vous avez demandé. Mais l'espoir impatient de l'esprit objectif est répulsif, il trouble votre aura et rien ne peut vous atteindre.

Par exemple, ayant fait une création, vous commencez à vous demander par quelle entremise cette demande vous sera accordée. Votre esprit objectif suggère M. Blanc comme la personne la plus probable; si vous acceptez cette suggestion, quand vous rencontrez M. Blanc, l'impatience de l'attente vous trouble mentalement. Votre interlocuteur qui a la sensation de votre état mental pourra, s'il avait l'intention de faire des affaires avec vous, rester hésitant et incertain, à cause du trouble qui vous agite. Ainsi les voies et moyens par lesquels vous attendiez votre démonstration, resteront inemployés par suite de la nervosité de votre attente. La personne qui viole cette neuvième règle fera plus que probablement de très mauvaises affaires.

Dixième règle : la colère, le mécontentement, l'envie et le manque de self-control reculent et ajournent une démonstration.

Si vous maintenez une peinture mentale un temps suffisant, elle se matérialisera; mais en vous laissant aller à l'une de ces attitudes mentales, chacune d'elles trouble votre aura et retarde toute matérialisation. L'esprit divin peut être comparé à l'océan sur lequel vogue un navire chargé de vos créations vers la rive où vous les attendez. L'état de trouble de votre esprit agit sur l'esprit divin comme le vent de la côte agit sur les flots. Il repousse toujours et empêche d'aborder l'embarcation qui vous apporte l'objet de vos désirs.

Cette règle est une des plus dures à observer, mais comme toute autre elle peut être suivie. C'est parce que les investigateurs et les commençants en dédaignent la pratique, qu'ils sont induits à méconnaître la loi du pouvoir de l'esprit, et c'est la cause pour laquelle tant d'étudiants abandonnent finalement leurs efforts pour se servir des forces de la nature. Mais si nous n'asservissons pas ces forces, nous serons asservis par elles.

Onzième règle : l'ardeur et la fréquence d'une demande, la persistance avec laquelle l'image mentale est consciemment maintenue dans l'esprit, hâtent la démonstration.

Dans un chapitre précédent, on vous a dit comment votre peinture mentale devient une matrice, et comment cette matrice émet une force vibratoire semblable à un fil magnétique bleu, qui la relie à l'objet désiré. Celui-ci est alors attiré par ce lien magnétique, de plus en plus près, chaque fois que vos pensées se concentrent sur votre création, jusqu'à ce que l'objet finalement vous atteigne. L'ardeur, la fréquence, la persistance de vos demandes et la concentration, les attirent toujours plus fortement. Un occultiste ne détruit jamais aucune de ses peintures mentales.

Douzième règle : la certitude que vous employez une loi immuable, accélère vos démonstrations.

Renoncez à cette vieille croyance théologique d'après laquelle Dieu vous comble de bienfaits en récompense de vos mérites. Renoncez à l'idée que vous êtes un enfant choisi de Dieu et qu'il vous considère avec une faveur spéciale. Pénétrez-vous de l'idée que vous êtes un étudiant occultiste et qu'en travaillant avec la loi mentale, vous devenez capable de faire des démonstrations rapides et de transformer votre milieu. Sachez que vous usez d'une loi immuable, dont rien ne peut empêcher l'accomplissement — que Dieu lui-même ne peut y mettre obstacle sans violer sa propre nature — action inconcevable.

Treizième règle : après avoir fait votre création

et l'avoir demandée, l'assertion « Dieu reçoit ma demande » en hâtera la manifestation matérielle.

Supposez qu'ayant fait une peinture et l'ayant maintenue, vous ayez demandé qu'elle se matérialise, en suivant fidèlement toutes les règles données. Quelque temps après, votre esprit objectif vous suggère que la démonstration ne viendra jamais. Changez alors votre formule, dites-vous : « Dieu a reçu ma demande, elle est mienne. » Revendiquez-la. Votre demande a été reçue sur le plan mental et puisque vous faites agir une loi, elle est vôtre, aussi bien avant qu'après sa matérialisation. Par cette déclaration, vous réalisez d'une façon positive la possession qui, en éloignant de votre esprit toute anxiété et toute perturbation, a tendance à vous apporter plus rapidement vos créations.

Si cette conférence sur l'opulence a été suffisamment claire, vous comprendrez que je n'enseigne pas un moyen mental de faire rapidement fortune, ni l'obtention de quelque chose pour rien ; mais la nécessité de travailler mentalement pour accomplir tout ce que vous désirez. L'avantage particulier de ce système de travail mental sur le travail physique consiste à pouvoir choisir son moment pour le faire ainsi que sa propre rétribution. Les résultats sont *absolument certains* si on se conforme à la loi. Lorsqu'une personne affirme avoir suivi les règles données ici sans obtenir de résultats, c'est qu'elle a fait une faute quelconque et ne s'y est pas conformée réellement.

Vos expériences avec les hommes heureux en affaires et toutes les personnes qui, en général, ont réussi, vous prouvent qu'elles travaillent inconsciemment avec ces moyens. Je dis inconsciemment, car la majorité d'entre elles font agir la loi sans s'en rendre compte. En observant les métaphysiciens actuels qui se servent demi-consciemment de la loi — et ils sont légion — vous vous apercevrez que même avec une science incomplète, ils obtiennent quantité de démonstrations remarquables. Un grand nombre de mes auditeurs de l'année dernière ont eux-mêmes recouvré la santé, et plusieurs l'ont rendue à d'autres; quelques-uns ont atteint le bonheur, d'autres ont augmenté leurs affaires et beaucoup se sont attiré des biens matériels. Tous ont accru leur somme de connaissances, perfectionné leur caractère, et gagné des qualités spirituelles. Dans cette réunion d'étudiants, la loi a donc travaillé sur les trois plans de l'être, et puisque quelques-uns ont réussi, tous peuvent y parvenir.

Si vous persistez dans votre foi, il n'y a pas de limites à vos possibilités. Ayant obtenu un morceau de tapis, vous pouvez obtenir un million de dollars. Si vous avez guéri un mal de tête, quelle raison y a-t-il pour ne pas guérir n'importe quelle maladie? Si vous avez une place dans un tramway, pourquoi n'auriez-vous pas avec le temps un siège au Congrès? Si vous êtes heureux une semaine, ne pouvez-vous l'être toute une vie? Pourquoi serait-il impossible d'amplifier avec de la persistance nos petites actions journalières? La même loi qui permet d'accomplir de petites choses aide à en réaliser de grandes.

C'est maintenant à vous de décider la manière dont vous appliquerez cette loi. Quelques-uns d'entre vous s'en serviront avec succès, un certain nombre réussit toujours pour un certain nombre qui échoue. Chacun peut user de sa science selon sa volonté. La vérité est que si vous persistez pendant deux ans dans l'usage conscient de ces lois pour vos affaires de chaque jour, votre milieu changera suffisamment et vous aurez fait assez de démonstrations concluantes pour vous prouver que vous agissez avec la *loi*.

TABLE DES MATIÈRES

Préface 11

I. — L'occultisme. — Son passé. — Son présent. — Son avenir............................ 15
II. — L'esprit divin. — Sa nature. — Ses manifestations................................. 39
III. — Dualité de l'esprit et son origine............ 65
IV. — L'art du self-control....................... 97
V. — La loi de réincarnation..................... 125
VI. — Les couleurs de la vibration de la pensée... 151
VII. — Méditation. — Création. — Concentration... 179
VIII. — Les forces occultes et psychiques inférieures. — Leurs dangers........................ 211
IX. — L'hypnotisme. — Ses dangers. — Comment s'en préserver........................ 237
X. — Les forces occultes ou forces spirituelles supérieures. — Leur emploi................. 273
XI. — Cause de la maladie. — Sa guérison 297
XII. — La loi d'opulence.......................... 323

Paris. — Imp. Paul Dupont (Cl.), Thouzellier, D'.

ERRATA

12	24	*Lire :* L'Histoire et le Pouvoir de l'Esprit, *au lieu de :* L'Histoire et le Pouvoir de la Pensée.
12	25	— ...car l'histoire de l'Esprit, *au lieu de :* l'histoire de la Pensée.
13	10	— ... qu'affecter l'auteur, *au lieu de :* qu'en affecter...
84	10	— l'homme et cette planète, *au lieu de :* l'homme et sa planète.
115	26	— ... les émotions de votre esprit objectif.
160	24	— ... et sa formation, faculté qu'on appelle maintenant Psychométrie.
163	25	— ... selon l'intensité et la qualité, *au lieu de :* ... la quantité.
166	23	— ... normale de son esprit subjectif était bleue, alors que la couleur naturelle de son esprit objectif était verte.

ERRATA

215	24	*Lire :*	... les a personnifiés sous le nom de fées, lutins...
216	6	—	Les élémentaux..., *au lieu de :* Les élémentals.
216	19	—	... ces élémentaux..., *au lieu de :* ... ces élémentals.
217	12	—	Les pensées mordantes et blessantes s'incarnent comme mouches, guêpes, abeilles et moustiques, et les pensées venimeuses deviennent des araignées ou des reptiles.
246	15	—	... cependant les médecins..., *au lieu de :* les physiciens.
258	4	—	« *le droit* ».
289	10	—	... la législature venait à changer.
294	*en tête*	—	Cause de la Maladie, *au lieu de :* Les Forces Occultes.
309	7	—	En matière médicale, *au lieu de :* Dans la médecine matérielle.
336	10	—	Le Dr Emily Cady..., *au lieu de :* Le Dr Emile Cady.
337	9	—	... en grande abondance, tous ces biens, *au lieu de :* ... en grande abondance. Tous ces biens...

INDEX

Abus de la Force amène la Destruction.... 31, 207, 208
Acides (Esprit en Action crée des) 304
Accidents n'existent Nulle Part au Monde......... 323
Accroissement. Individuel...................... 288
Adam (Malédiction d')......................... 326
Adeptes.............................. 25, 30, 32
— aident les Hommes................ 34, 79
— comme Maîtres................ 25, 30, 233
— Gardiens des Sciences Occultes.......... 26
Affaires (Cabinet d'). Comment le constituer....... 108
Affinité chimique, une Forme de Conscience. 43, 44, 112
— chimique, manifestation du Désir Sexuel dans les minéraux..................... 112
Affirmations et Maladie........... 310, 312, 313, 320
Ages de la Terre.......................... 27 à 33
— Cinquième, Période actuelle............. 27
— Cycles solaires déterminent............. 130
— Deuxième............................. 27

INDEX

— Premier.....................................		27
— Quatrième...................... 29 à		32
— Troisième....................... 27,		28
AIDE Doit être donnée		147
ALTRUISME (Cause de l').........................		292
— contre Égoïsme........................		57
— (Force dissipée par)....................		293
— (Force verte Antidote de l').............		292
AME (*Voir* Esprit)		
— (Habileté latente à toute Science, possédée par l')................... 135,		295
— (Amour lie les).................. 142,		143
— (Conception primitive de l')........ 66 à		72
— (Couleur de l') déterminée par le Caractère............................ 166,		167
— courageuse commet des Erreurs..........		24
— des Animaux..................... 86,		218
— des Bulbes..................... 133,		134
— (Divinité possible pour l').............		135
— (Évolution de l')............. 35, 135,		136
— (Haine lie les).................. 142,		143
— liée au Corps........................		220
AMÉRIQUE. Ancienne Civilisation.................		31
AMOUR (Ames liées par l').................. 142,		143
— contraint, se transforme en Haine .. 267,		268
— (Couleur de l'). Jaune d'Or.... 178, 196,		295
— (Création de l') humain................		197
— dévie les Vibrations Inférieures..........		178
— (Dieu est)...........................		143
— Divin................... 196, 197,		295

INDEX

— force constructive............ 177, 178, 196
— (Justice et) sont synonymes............ 143
— La plus grande Force sur cette Planète... 178
— pour ses Ennemis, vraie Raison..... 177, 178
— provoqué par l'Hypnotisme devient de la Haine............................ 267
— spirituel et créateur. Jaune............ 295

ANESTHÉSIQUES. L'Esprit n'est pas produit par le Cerveau. (Prouvé par les)............ 73
— L'Homme est Esprit. (Prouvé par les).... 73

ANIMAUX (Force Bleue ne peut être utilisée par les). 293
— (Force Orange employée pour guérir les). 287

ANTHROPOMORPHISME............................ 42

APOLLONIUS DE TYANE (Forces cosmiques employées par)................................... 278

ARGENT (*Voir* Opulence).
— (Comment matérialiser l').... 291, 323 à 354
— (Corde d') lie l'Ame au Corps............ 220
— (Création d')...... 198 à 201, 203, 206, 277

ART (Force Bleue génératrice de l')............... 293

ASCÉTISME. Réaction morale de la Sensualité........ 110
— (Spiritualité ne s'acquiert pas par l').. 110, 111

ASSYRIE.. 33
ASTROLOGIE....................................... 23
ATLANTIS (Histoire d').................. 29, 30, 31
— (Mauvais Usage de la Suggestion a détruit). 255
— (Occultisme enseigné ouvertement à).. 29, 30

ATLAS (Désir altruiste d'Imiter).................. 292
ATOMES (Colère démagnétise les)............ 285, 286
— (Côté conscient des)................... 82

INDEX

— (Double Nature des)		51
Atrophie du Corps n'est pas enseignée		112
Aura (Couleur et Dimension de l') .. 160 à 163, 165,		172
— (Création d'une Matrice dans l') 200,		267
— (Développement détermine l') ..... 160 à		165
— Définition 160,		161
— (Incertitude trouble l')		339
— (Magnétisme animal utilisé par le Mélange des)		243
— Transmet les Forces cosmiques 284,		285
— Troublée par le Manque d'Empire sur Soi-Même		100
Auréole. Définition 160,		161
Babylone		33
Baraduc (Inventions du Dr) 164, 165,		201
Berkeley (Mrs Eddy se sert de la Philosophie de) ...		331
Blanc (État anormal indiqué par le) 165,		166
Bleu couleur de l'Aura 172,		173
— couleur normale de l'Esprit subjectif .. 77, 166, 171 à		173
— une des Couleurs Primaires 155,		156
Bleue (Force cosmique). Les Animaux ne peuvent pas l'employer		293
— (Force cosmique). Aspect de l'Esprit divin 278,		279
— (Force cosmique). Bleue claire et l'Inspiration littéraire		294
— (Force cosmique). Fait partie du courant électrique		307
— (Force cosmique). Force mentale		197

— (Force cosmique). (Harmonie inspirée par la).............................. 293
— (Force cosmique). Indigo et l'Inspiration musicale........................... 294
— (Force cosmique). (Inspiration artistique vient de la)................... 293, 294
— (Force cosmique). (Inspiration littéraire vient de la)................ 293 à 295
— (Force cosmique). (Inspiration mentale vient de la)................... 293, 294
— (Force cosmique). (Inspiration musicale vient de la)................... 293, 294
— (Force cosmique). (Ordre inspiré par la).. 293
— (Force cosmique). (Organisation inspirée par la)............................. 293
— (Force cosmique). (Seul l'Esprit subjectif peut se servir de la)................. 293
— (Force cosmique). (Traitement par la). 307, 318
BOUDDHISTES se servent des Forces cosmiques....... 278
BRAHMA (Jours et Nuits de).................. 126, 127
BRAHMES se servent des Forces cosmiques.......... 278
BRAID (Dr) et Braidisme....................... 239
BRUN (Couleur de l'Aura)...................... 170
BULWER (Mysticisme des Œuvres de)............. 212
CADY (Dr Emily). Travail mental................. 336
CANCER causé par la Peur...................... 91
— (Traitement du).................. 314, 315
CARACTÈRE (Effet des Pensées sur le).............. 148
— (Homme fait son)..................... 148
— révélé par la couleur.................. 77

INDEX

| —   Seule chose que nous emportons de ce Monde.................... | 338 |
| —   (Vibrations indiquent le) de l'Homme..... | 77 |

CAUSES (L'occultisme enseigne les)............. 21, 22
CENTRE MAGNÉTIQUE (Dépression d'un)............ 56
   — (Devoir de devenir un) positif.......... 58
   — (Préservation d'un)................. 57, 58
CHRÉTIENS (Dissolution du Corps redoutée des)...... 68
CHRISTIANISME (Corporations occultes dans le)...... 35
   — (Ésotérisme dans le)................... 19
   — (Prière dans le)....................... 181
CHRISTIAN SCIENCE (Guérisons par la) basées sur la Loi................................ 278
   — Malades éprouvent quelquefois un retour de leurs maladies..................... 264
   — Malades éprouvent souvent des rechutes (cause de)........................... 265
   — (Malicieux Magnétisme animal de la) est l'Esprit Objectif...................... 94
   — (Négations surtout employées par la)..... 313
   — se trompe en méconnaissant l'Affirmation. 313
   — se trompe en méconnaissant le Côté physique de l'atome..................... 51
   — se trompe en méconnaissant la Matière... 51
   — se trompe en méconnaissant les Remèdes.. 308
CIEL (Homme détermine son).................... 140
   — (Plusieurs).......................... 140
CLAIRAUDIENCE (Contrôle de Soi-Même, nécessaire pour la)................................ 99
CLAIRVOYANCE........................75, 142, 229

INDEX

- — artificielle.......................... 229, 230
- — (Connection magnétique visible par la)... 142
- — (Contrôle de Soi-Même nécessaire à la).. 99, 100
- — enseignée aux Élèves.................... 230
- — magnétique impossible à contrôler....... 229
- — passive............................. 229, 230
- — passive impossible à contrôler........... 229
- — (Plan subjectif vu par).................. 76
- — véritable 230, 231
- — véritable (Glande pinéale sert à la)...... 230

CLEF de l'Occultisme. Dualité de l'Atome........... 52
CŒUR. Relie Dieu à l'Individu................ 188, 189
- — (Troubles du) causés par la Peur... 303 à 305

COERCITION (Dieu n'use jamais de)................. 263
- — (Exemples de) mentale........... 252 à 254
- — (Étudiants ne sont jamais aidés par). 232, 233
- — (Hypnotisme et)................ 248 à 250
- — pour obliger au Mal est le plus grand des Crimes............................... 266
- — (Suggestion et).................. 258 à 260
- — (User de) est un Crime. 202, 259, 264, 266, 267

COLÈRE cause la Congestion....................... 303
- — causée par la Peur..................... 106
- — (Contrôle sur les Autres nécessite l'Élimination de la).................... 98, 99
- — (Couleur de la).................... 178, 284
- — (Couleur rouge de la).......... 178, 284, 286
- — Démagnétise les atomes du Corps... 285, 286
- — Effet sur le Self Control................ 98
- — Retarde les démonstrations........ 349, 350

INDEX

Concentration .... 183, 202 à 209
— (Aides pour la) .... 204 à 208
— (Calme favorable à la) 204
— Définition 202, 205
— (Difficulté de la) 203
— Instrument de l'Occultiste 183
— (Loi de Périodicité appliquée à la) 204
— (Matérialisation hâtée par la) 202
— n'est pas une Épreuve pénible 206
— (Opulence créée par) 291
— (Pouvoir de la) 206, 207, 277
— (Pratique de la) .... 204 à 209
— le plus Puissant Mode de l'Esprit... 183, 203
— (Règles pour la) .... 204 à 207
— (Le Sang dirigé à volonté par la) 66
— (Self Control nécessaire à la) 100
— (Une pratique suivie est indispensable à la) 16, 206

Congestion (Colère provoque la) 303
Connaissance assimilée sur les Plans subjectifs. 138, 139
— Comment l'acquérir 24
— Reçue par demandes 192
— Reçue par la méditation .... 187 à 195
— supérieure enseignée par l'Occultisme 235

Conscience (Courants de) 59
— (Créations résultent de la) dominante 92
— dans l'Affinité chimique 43
— dans les gaz 43, 44
— dans le Règne animal. 44, 45, 86, 87, 134, 135
— dans le Règne minéral... 43, 44, 85, 86, 132

— 366 —

INDEX

—	dans le Règne végétal...... 44, 86, 133,	134
—	divine (*Voir* Divinité).	
—	divine (Action automatique de la).......	63
—	divine (L'Évolution s'accomplit par des centres de).................. 55, 56,	79
—	divine (Centres de) doivent être préservés 56, 57,	187
—	divine (Centres de) (Hommes sont des). 109,	140
—	divine. Définition............... 43, 44,	45
—	divine doit se reposer.............. 125,	126
—	divine (Éveil de la)............... 127,	128
—	divine (Forces sont Aspects de la). 48 à 52, 278 à	280
—	divine (Homme assisté par la)... 84, 324,	325
—	divine (Manifestation de la)........ 42 à	52
—	divine (Monde dirigé par la)............	114
—	divine (Pensées impressionnent la)... 62,	63
—	Entourage (Preuve de la) qui domine.....	92
—	(Immortalité signifie : Préservation de la)........................ 186,	187
—	(Manifestation de la) Objective... 43, 65,	66
—	(Manifestation de la) Subjective.........44,	45
—	Mémoire des Événements Passés.........	136
—	(Plans de)...................... 176,	177
—	de Soi-Même manifestée dans l'Homme. 39,	40
—	Synonyme d'Esprit....................	43
Controle	du Désir Sexuel......... 111, 112, 115 à	124
—	de la Peur...... 106 à 110, 115 à 124,	175
—	de la Sensualité......... 110, 111, 115 à	124
—	de la Vanité.................. 112 à	124

INDEX

Corps physique	(Ame enchaînée au)...............	220
—	(Atrophie du) n'est pas enseignée........	112
—	(Changement conscient du). 141, 142, 149,	321
—	Change constamment........ 135, 136,	147
—	(Chrétiens craignent la dissolution du)....	68
—	(Composition du)................ 297 à	298
—	(Crémation du).......................	219
—	déterminé par l'Ame..................	147
—	(Dissolution du).....................	68
—	doit être conservé le plus longtemps possible...............................	141
—	(Drogues affectent le).............. 307,	308
—	(Esprit objectif maintient l'Unité du). 298,	299
—	n'est pas l'Homme................ 72,	73
—	(Ensevelissement du). Mort............	68
—	(Homme modifie son)............. 147,	148
—	(Influence du) sur l'Esprit............	345
—	(Pensée affecte le)...................	148
—	(Pourquoi le) garde sa Forme..... 297 à	299
Cosmique (Force) (*Voir* Courants).		
Couleur de l'Esprit Objectif........ 77, 166, 171,		298
—	de l'Esprit Subjectif.......... 77, 166,	171
—	(Idées de l'Europe Antique sur la)... 151,	152
—	Indispensable à toute Manifestation.. 156,	157
—	Négative 173,	174
—	Positive....................... 173,	174
—	Primaire.................. 155, 156,	166
—	(Qualité de la Pensée détermine la).. 165,	166
—	(Théories sur la)................ 152,	153
—	(Vibration et)................ 152 à	157

INDEX

COURANTS COSMIQUES. Blanc, anormal......... 165, 166
— Bleu (*Voir* Force cosmique Bleue).
— (Comment se mettre en rapport avec les)................. 282, 283, 317
— Définition.................. 273 à 282
— (État mental attire ou repousse les)...... 317
— (Guérison par les) (*Voir* Guérison).
— Jaune (*Voir* Force cosmique jaune).
— (Jésus employait les)................. 278
— (Mental Scientists se servent des)... 277, 278
— Noir, anormal................... 165, 166
— nous entourent constamment........... 302
— Orange (*Voir* Force cosmique orange).
— passent de Gauche à Droite............ 314
— Rouge (*Voir* Force cosmique rouge).
— (Usage des)...... 276 à 278, 296, 311 à 322
— (Usage conscient des)........ 276, 277, 310
— (Usage inconscient des)........ 276, 277, 310
— (Usage semi-conscient des).......... 276, 277
— Vert (*Voir* Force cosmique verte).
— de Pensée..................... 274 à 278
— de Pensée (Comment se servir des).. 276, 277
— de Pensée employés contre les maladies... 278
— de Pensée (Plagiat et)............. 275, 276

CRÉATION (Comment hâter la).............. 340 à 353
— (Conscience dominante contrôle toujours la) 92
— (Contrôle de Soi-Même nécessaire pour la)...................... 99, 100
— (Demandez jusqu'à Réalisation de la). 339, 340
— (Description de la) naissante....... 126 à 128

INDEX

- — (Destruction des mauvaises)........ 122, 123
- — d'Argent............... 198 à 201, 203, 206
- — de la Conscience ou Éther.......... 59, 60
- — des Formes de l'Esprit............. 80, 81
- — d'Opulence...................... 323, 354
- — de l'Univers.................... 126 à 132
- — (Esprit objectif et)................ 339, 340
- — (Ignorance dans la)................ 92, 343
- — (Mal résulte de mauvaises).............. 118
- — (Malchance résulte de mauvaises)........ 117
- — (Méditation doit précéder la)........ 208, 339
- — mentale (Agrégation de Particules par)... 202
- — mentale (Cabinets d'affaires édifiés par)... 198
- — mentale. Définition.................... 196
- — mentale (Matrice formée par)... 200, 201, 350
- — mentale (Nécessité de l'État concret pour la)............................. 199, 200
- — mentale (Opération de la).......... 199, 200
- — mentale (Photographies de)......... 201, 202
- — mentale procure tout excepté la connaissance...................... 196, 197
- — mentale (Univers résultat de la) divine... 199
- — (Le Motif n'empêche pas la Réalisation d'une)................................ 207
- — (Pensées se manifestent sans arrêt par des)...................... 141, 142, 196
- — (Précipitation est la plus Haute Forme de). 202
- — sur le Plan Matériel.............. 197 à 199
- — toujours en Images..................... 199
- CRÉMATION (Ames libérées du Corps par la)......... 219

INDEX

— (Occultistes préconisent la)..............		219
CRIME (Contrainte au Mal est le plus grand) connu...		266
— souvent attribuable aux Entités désincarnées................................		222
— et Hypnotisme................ 248 à		250
DÉCLARATIONS contre la Peur................ 109,		110
— salutaires....................... 122,		123
DEMANDE. Ardeur indispensable..................		350
— (Comment est accordée une). 63, 64, 193,		194
— de la Connaissance................. 192,		193
— Désir nécessaire.......................		345
— doit être réfléchie et tranquille...........		348
— doit être positive................ 340,		348
— doit être spécifique....................		343
— (Effet de l'Excitation sur une)..... 346 à		348
— Esprit objectif répond quelquefois.... 189,		
	190,	195
— (La hâte retarde la réalisation d'une).....		348
— (Loi d'Offre et de) est la Loi de l'Opulence..................................		329
— pour hâter la Richesse............ 276,		277
— à la Puissance suprême........ 123, 124,		
	186 à 190, 193,	202
— Quand et comment vient la réponse. 193 à		195
— repoussée par l'Espoir impatient, la Colère, etc..................... 348 à		350
— (Succès obtenu par)............... 338,		339
DÉMAGNÉTISATION (*Voir* Vampirisation).		
DÉSESPOIR causé par la Peur.....................		106
DÉSIR. Côté positif de l'Esprit objectif......... 104,		184

— 371 —

INDEX

—	(Couleur du) sexuel.............. 286,	287
—	Pouvoir d'accomplir tout ce qu'on désire.	296
—	(Rôle du) dans la Demande.............	345
—	(Volonté supérieure au)................	104
—	sexuel (Affinité chimique des minéraux est).	112
—	sexuel analysé.......................	112
—	sexuel (Contrôle du) doit être acquis.....	112
—	sexuel (Corps créés par le) non altéré par la Passion...........................	112
—	sexuel (Couleur cramoisie du)...........	286
—	sexuel (Élimination du)................	112
	(*Voir* Émotions, Conquête des).	
—	sexuel. Émotion cardinale.......... 106,	112
—	sexuel (Force mentale faite de)..........	112
—	sexuel. Force de Vie et d'Amour.........	112
—	sexuel (Réglementation du). Parti le plus sage...........................	112
—	sexuel restauré par la Force Rouge........	287

DESTINÉE de l'Homme, affectée par chacune de ses Pensées............................ 148

DÉVELOPPEMENT aidé par les Adeptes.............. 79
— détermine le Repos entre deux Vies....... 140

DEVOIR (Fausse compréhension du) n'amène que Difficultés...................... 292, 293

DEWEY (Georges). Son Empire sur Lui-Même....... 99

DIEU (*Voir* Divinité).

DIVIN (Esprit) (*Voir* Conscience Divine, Divinité).
— Guérisseurs spirituels se servent de la Loi.. 278

DIVINITÉ (*Voir* aussi Conscience divine).
— (Changement de l'Idée de)....... 39, 40, 188

—	(Conceptions de la).......... 39 à 41,	188
—	Décide ce qui s'accomplira pendant un Jour Cosmique............................	21
—	(Demandez à la)... 123, 124, 188 à 190, 193, 194,	202
—	(Dépendez de la) non des Individus et des Choses....................................	189
—	(Développement de la).............. 20,	21
—	est Juste	146
—	(Éveil de la)................ 127, 128,	129
—	(La Force est le Désir de la).............	49
—	(Force Jaune manifeste pour nous l'aspect le plus élevé de la)...................	295
—	(Hommes sans conception de la).........	39
—	(Idée anthropomorphique de la)...... 42,	188
—	(Instrument de la) pour guérir...... 317,	318
—	(Lois faites par la).................. 129,	130
—	(Maladies physiques et Ignorance humaine aidées par la).......................	310
—	(Manifestation de la)...... 20, 48 à 51, 126,	127
—	n'a rien créé que de Bien................	217
—	(Nature adorée comme).................	40
—	(Nature universelle de la)..............	42
—	ne contraint pas.......................	263
—	(Proximité de l'Homme avec la)..... 189,	190
—	(Sagesse doit être demandée à la)........	124
—	se réincarne.................... 129,	130
—	(Tout est)...........................	20
—	(Tout existe en la).......... 20, 21, 337,	338

INDEX

— (Tout vient de la)................................		338
— Travail de chaque Jour Cosmique........		327
— (Universalité de l'Idée de)...............		39
— (L'Univers est la Manifestation de la)....		126
Divinités solaires. Adorées par les Tribus..... 40,		41
— Définition............................		127
— Irradient la Force Vitale...............		128
Dissolution alterne avec Évolution...............		125
Doute causé par la Peur.........................		106
Eddy (Mrs. Mary Baker G.)................. 331,		332
Éducation supérieure (Couleur de l').............		293
Effets (La Science étudie les)....................		21
Église catholique (L'Occultisme dans l').........		35
— (Prière dans l').................. 181,		182
Égoisme contre l'Altruisme et l'Individualisme.. 56,		57
— (Vert, couleur de l')............... 288,		289
Égypte............................... 32,		33
— (Occultisme en)........................		32
Égyptien (Empire) fondé par les Ames avancées....		32
Égyptiens (Corps) embaumés pour servir encore....		69
Électricité employée par la Médecine.............		246
— est une Force........................		184
— Remède pour la Maladie...............		307
— Subdivision de la Force Bleue...........		307
Élémentaux........................ 215 à		221
— Bons et Mauvais.....................		216
— Comment ils sont créés.................		216
— Créés par les Pensées des Hommes.. 216,		217
— Phénomènes psychiques.................		218
— quittent leurs créateurs................		218

— utilisés en Magie........................		218
ELEUSIS (Évolution de l'Ame enseignée dans les Mystères d')...		34
ÉLIMINATION du Désir sexuel........ 111, 112, 115 à		124
— de la Peur... 106 à 110, 115 à 124, 174,		175
— de la Sensualité......... 110, 111, 115 à		124
— de la Vanité.................... 112 à		124
ELOHIM (*Voir* Esprits planétaires).		
EMBRYOLOGIE (Difficultés en)................. 21,		22
ÉMOTION (Agir sous l'Empire de l') est généralement regrettable............................		116
— Condition mentale de l'Esprit objectif.....		101
— (Conquête de l') (Aides dans la). 105, 116 à		124
— (Conquête de l') (Loi de Périodicité aide la)......................... 117 à		121
— (Conquête de l') (Penser avec l'Esprit objectif aide à la)....................		116
— (Conquête de l') (Suggestions employées à la) 121,		122
— (Conquête de l') (Volonté doit s'exercer à la)		115
— (Couleur rouge de l')...................		170
— (Désir sexuel est une)......... 106, 111, (*Voir* Désir sexuel).		112
— (Domination primitive de l').............		167
— Forces naturelles sur leur Plan..........		105
— (Maladie causée par l').............. 99,		116
— (Nécessité du Contrôle de Soi-Même pour dominer les)........... 98 à 104, 115,		116
— Non contrôlées fruit de l'Ignorance......		117

INDEX

- — Peur............................ 106 à 110
- — Peut être contrôlée par l'Intelligence..... 171
- — Peut être contrôlée par l'Esprit subjectif........................... 115, 116
- — *(Quatre)* primordiales................. 106
- — Sensualité................ 106, 110, 111
  (*Voir* Sensualité).
- — Vanité.................. 106, 112 à 115
  (*Voir* Vanité).

ENFANTS (Force Orange employée pour guérir les)... 288
ENFER. Pénètre le Monde physique............... 219
- — place des Esprits désincarnés........... 219

ENTITÉS du côté subjectif de la Vie...... 215, 219 à 222
- — se posent en Maîtres................... 232

ENTOURAGE montre quelle est la conscience dominante.............................. 92
- — (Pensées déterminent l')......... 146 à 149

ENVIE éloigne les Démonstrations............ 349, 350
ÉPILEPSIE (Obsession cause l').................. 226
- — (Traitement mental de l')......... 226, 314

ÉQUILIBRE (Loi d') (*Voir* Justice (Loi de).
ÉSOTÉRISME (Enseignement de l')......... 17, 18, 19
- — (Enseignement de l') pour les Initiés..... 18
- — (Jésus a enseigné l')............... 18, 19

ESPRIT................................. 65 à 95
- — (Acides dans le sang causés par l')....... 304
- — Animal, constitue l'Esprit objectif....... 87
- — (Croissance de l').................... 87
- — atteint par la Pensée répétée........... 255
- — (Cerveau ne produit pas l')......... 72, 73

— (Corps contrôlé par l') positif.......	302,	303
— (Couleur de l')................	74 à	77
— dans la guérison des Maladies.....	309 à	322
— divin (*Voir* Divinité, Conscience divine).		
— divisé.....................	46 à	49
— (Division de l')...............	73,	74
— excarné	221,	222
— Force (Produit de l')...........	50,	279
— (Forme de l')............ 74,	75,	77
— Forme supérieure de Conscience........		45
— (Homme réalise qu'il est)....... 23,	72,	73
— (Homme doit maintenant user de son)....		84
— inactif parce que inemployé............		306
— inconnu............................		45
— (Influence du Corps sur l')...........		345
— Manifesté.........................		45
— (Matière soumise à l')..............	23,	52
— non manifesté.......................		45
ESPRIT OBJECTIF (Contrôles de l'). 93, 94, 101 à 105,		
	213,	214
— (Demandes et)............... 189,	190,	195
— détaché................. 213, 214,	221,	222
— détaché (Sensitifs dominés par les).......		220
— détaché (Victime d'un)................		222
— diable personnel de la Science chrétienne..		94
— (Différentes parties du Corps agglomérées par l')............................		298
— (Esprit subjectif contrôlant l'). 101 à 105,		
	122, 123, 139, 213,	215
— (Évolution de l').............. 85,	86,	87

— 377 —

INDEX

— Forme le Corps physique.................. 298
— (Ignorance de l')....................... 95
— (Inutile d'argumenter avec l')........... 123
— (Maîtrise de l'). Comment l'obtenir.. 122, 123
— (Mal, création de l')................. 93, 94
— (Maladie et)........................... 116
— (Méditation influencée par l')....... 194, 195
— (Nature de l').............. 88, 89, 103, 104
— Négatif est la Raison................... 104
— (Origine de l').................. 84 à 87
— (Péché, création de l')............... 93, 94
— (Peur, acquisition de l').......... 90, 91, 116
— positif est le Désir................ 104, 184
— première Conscience atteinte............ 74
— (Rhumes créés par l')................... 121
— se dissout lorsqu'il est abandonné par le subjectif................................ 224
— (Self-Control et)................... 115, 116
— Séparation d'avec l'Esprit subjectif.. 213, 214, 215
— Siège mental des Émotions. 101, 105, 115, 116
— (Suggestions par et à l')..... 121 à 124, 256, 257, 261, 262, 339, 340
- toujours prêt à voir le côté sombre de la Vie....................................... 256
— Union avec l'Esprit subjectif.... 87 à 91, 213
Esprit (Partie invisible de l').................. 45, 46
— (Partie visible de l')................ 45, 56
— pendant l'Hypnose...................... 248
— (Pensée est le produit de l')........... 50

INDEX

—	(Persistance de l')................. 73,	74
—	(Pouvoir attirant de l')................	107
—	(Pouvoir illimité de l')................	254
—	(Réponses indépendantes de votre propre).	195
—	(Sang empoisonné par l')...............	304
Esprit subjectif	assez fort pour tout accomplir.....	104
—	(Classes d')...........................	83
—	(Côté négatif de l') est l'Intelligence......	103
—	(Côté positif de l') est la Volonté. 103, 104,	185
—	(Couleur de l')................ 77, 166,	171
—	(Création de l').................. 80 à	82
—	(Émotions conquises par l')......... 115,	116
—	(Esprit objectif contrôlé par l'). 101 à 105, 139, 213,	214
—	(Éveil de l')..................... 103,	104
—	(Évolution de l')......................	83
—	(Fonctions de l').............. 85, 103,	104
—	(Force Bleue employée seulement par l')..	293
—	(Incarnation de l')................ 83,	89
—	(Origine de l').................... 80 à	82
—	Partie intuitive de l'Homme............	85
—	(Seconde Conscience appelée)...........	74
—	(Self-Control et).................. 115,	116
—	Séparation d'avec l'Esprit objectif... 213, 214,	224
—	se souvient du Passé..................	136
—	(Suggestions par l')....... 121, 122, 262,	263
—	Union avec l'Esprit objectif. 87 à 90, 213,	214
Esprit	Puissance suprême contre la Maladie....	309
—	Synonyme de Conscience,..............	43

— Universel (*Voir* Divinité).
ESPRITS CONTROLES (Crimes attribuables aux)....... 222
— Jouent le rôle de nos amis défunts....... 224
— (Ordre inférieur des).................... 227
ESPRITS PLANÉTAIRES (*Voir* Planétaires [Esprits]).
ESSENCE divine (*Voir* Divinité).
ESSÉNIENS usaient des Forces Cosmiques.......... 278
ÉTAT NÉGATIF cause des rhumes................... 302
— Définition............................. 184
— (Hypnotisme rendu possible par l').. 268, 269
— (Immortalité retardée par l')............. 187
— (Insuccès dû à l')....................... 58
— (Mal causé par l')................... 186, 187
— (Maladies produites par l').......... 187, 302
— (Méditation empêchée par l')......... 186, 187
— (Obsession résulte de l')................ 186
— produit la Mort...................... 187
ÉTAT POSITIF. Définition........................ 184
— Demandes doivent être positives. 340, 341, 348
— (Évolution exige l')........ 58, 186, 187, 226
— (Hypnotisme empêché par l')....... 267, 268
— (Immortalité dépend de l')......... 186, 187
— Indispensable pour guérir...... 246, 314, 317
— (Médiumnité incompatible avec l').. 227, 228
— (Nécessité d'un) pour acquérir l'Opulence..................... 339, 340, 342
— (Nécessité d'un) pour progresser. 58, 187, 226, 246
— (Nécessité de l') dans la Prière........... 342
— (Santé restaurée par l')............. 226, 246

INDEX

— (Vampirisation empêchée par l')......... 163
ÉTERNITÉ (Durée de l')...................... 126
ÉTHER. Définition.................... 54, 55
— donna naissance aux Esprits....... 81 à 84
— Sa nature.................... 54 à 61
ÉTUDES. Somme différente dans chaque Vie......... 23
ÉTUDIANTS aidés par les aînés.................... 233
— (Clairvoyance enseignée aux)............ 231
— (Coercition jamais exercée sur les)....... 232
— (Développement mental requis chez les).. 223
— (Équilibre requis des).................. 223
— et Maîtres.................... 25, 233
— (Expérience des soixante-douze).......... 234
— (Fautes des)........................ 234
— Indépendants...................... 231
— (Maîtres réclamés par la plupart des)..... 232
— préparés à aborder le Plan psychique.... 219
— protégés par les Forces Cosmiques....... 223
— (Self-Control doit être acquis par les).... 99
— (Sept années de probation pour les)...... 233
— (Tous deviennent finalement des)........ 24
ÉVOLUTION alterne avec Dissolution................ 125
— (Centres de Conscience nécessaires à l'). 56, 79
— de l'Âme........................ 34
— de l'Univers.................... 125 à 128
— enseignée par l'Occultisme.............. 21
— en tant qu'Énergie ou Impulsion divine.. 21
— (Procédé d')........ 16, 21, 77 à 80, 142, 143
— travaille par les Individus............... 78
EXCITATION. Son effet sur les demandes...... 345 à 348

INDEX

Exotérisme enseigné par Jésus............... 18,	19
— enseigné aux masses...................	18
Expiation..	114
Fa correspond à la Force Verte..................	290
— Diapason de la Terre..................	290
Fardeaux d'Autrui ne devraient jamais être endossés.	292
Fées sont des Élémentaux.................. 215,	216
Fièvres causées par la Peur.....................	303
— (Guérison des).......................	303
Flammarion partisan de l'Occultisme.............	20
Foi aide à dominer les circonstances..............	332
— basée sur l'Ignorance n'est qu'un Espoir..	333
— basée sur la Loi devient une Science.....	334
— (D'après Votre) qu'il vous soit accordé 339,	354
— (Guérisseurs et Guérisons par la) basés sur une Loi...........................	278
— (Le Salut ne dépend pas seulement de la)..	84
Foie apathique (Cause du).....................	300
— (Vibration du) est de couleur Brune......	300
Folie émotionnelle, causée par une Entité désincarnée...................................	221
— émotionnelle (Force Rouge cause la).....	285
— (Médiumnité conduit à la)..............	226
— (Obsession cause de la plupart des cas de).	226
— (Traitement mental de la)..............	314
Force (*Voir* Courants, Cosmique).	
— Animée par la Conscience..............	129
— Définition............. 49, 50, 51, 278,	279
— est le Désir divin.....................	49

— 382 —

INDEX

—	est l'Essence divine se manifestant en mouvement.......... 50, 51, 52, 278,	279
—	Expression de l'Esprit divin...... 45, 46, 49, 50,	51
—	identique à la Pensée..................	50
—	mal employée provoque la Destruction. 31, 105, 207,	208
—	nous asservit si nous ne l'asservissons pas.	350
—	(Persistance de la)....................	125
—	produit de l'Esprit............ 50, 278,	279
—	se manifeste sous cinq aspects...........	279

Forme (Base mentale de la)..................... 89
— (Cause de la)......................... 49
— Définition............................ 52
— en manifestation................ 156, 157
— (L'Esprit a une)............... 74 à 77
— (Vibration et)....................... 157
Fraternité silencieuse........................ 115
Frayeur agit sur le Système nerveux.............. 149
Fumer (Habitude de) détruite par la Suggestion..... 122
Furoncles (Traitement des)..................... 314
Gaz (Conscience des)......................... 44
Gates (Expériences du professeur E.).......... 303, 304
Genèse. Archive occulte chaldéenne................ 88
Grant. Son Empire sur Lui-Même................ 98
Gravitation (Homogénéité de la Terre maintenue par la Loi de)................................... 298
Grèce (Couleurs dans l'Ancienne).............. 151, 152
— (Matérialisme dans l'ancienne)....... 34, 35
— (L'Occultisme dans l'ancienne).......... 34

INDEX

GUÉRISSEURS MAGNÉTIQUES (Dépression des).... 57,
243 à 246
— (Précautions que doivent prendre les). 244, 245
GUÉRISON (*Voir* Maladie [Guérison de la]).
— Cancers, Tumeurs, etc.................. 314
— (Composés végétaux employés à la). 307 à 309
— Concentration pour percevoir l'Aura d'un malade......................... 316
— Dépression de ceux qui emploient le Magnétisme animal....................... 243
— Détruisez les mauvaises Créations.... 312, 313
— Électricité comme remède............... 307
— Émotions doivent être dominées pour guérir.......................... 99, 100
— (Employez peu de mots pour la)......... 320
— Employez la nuance la plus élevée pour les excroissances..................... 315
— Employez nuance ou couleur la plus élevée et la plus proche de celle du malade.. 318
— Employez une main seulement...... 314, 315
— (Esprit employé à la)............. 307 à 322
— Éviter la vue du mal.......... 311, 312, 315
— Excroissances........................... 314
— (Force Bleue employée à la)........ 307, 318
— Force Orange employée pour les enfants et les animaux.................. 287, 288
— Force Orange employée pour les troubles nerveux........................... 243
— Force Orange employée à la reconstitution des tissus........................ 243

—	Force Rouge employée pour restaurer les fonctions sexuelles....................	287
—	(Force Verte employée à la).... 291, 315 à	318
—	(Forces Cosmiques employées à la)... 244, 278,	311
—	Furoncles............................	314
—	(Magnétisme animal employé à la).......	243
—	(Nécessité d'être positif pour guérir).....	246
—	(Nouveaux éléments doivent être introduits pour guérir).......................	311
—	(Peinture de la maladie doit être détruite pour guérir).......................	312
—	Peur doit être supprimée pour guérir. 319,	320
—	(Règles pour la) .... 331 à	322
—	Représentez-vous les Forces pour guérir 318,	319
—	(Suggestion employée à la)..............	319
—	(Vibrations doivent être élevées pour la)..	311
HABITANTS du Seuil................. 213 à		219
HABITUDE (Éléments qui forment une)........ 118 à		121
—	Loi de Périodicité................ 118 à	121
—	(Self-Control et)................ 118 à	121
—	(Suggestion aide à se défaire d'une). 121, 122,	263
HAINE (Ames liées par la).................. 142,		143
—	(Amour contraint tourne à la)...... 267,	268
HARMONIE divine (Couleur de l')		295
—	inspirée par la Force Bleue..............	293
HOLMAN (S'en référer à).........................		46
HOLMES (Oliver Wendell) et plagiat................		275

INDEX

Homme (Adeptes aident au développement de l'). 34, 79
— assisté par la Conscience universelle.. 84, 325, 326
— Centre de Conscience.............. 109, 140
— (Champ magnétique autour de l').... 158, 159
— (Conceptions primitives de l')....... 66 à 73
— (Couleur de l') primitif. Brun Salé........ 299
— (Destinée de l')...................... 84
— détermine sa propre naissance...... 147, 148
— (Dieu aisément atteint par l')....... 188, 189
— (Élémentaux créés par les Pensées de l').. 216
— n'est lié ni par le Temps ni par l'Espace.. 123
— (Forces destructives créées par l')........ 217
— (Habitants du Plan le plus proche se servent de l').................... 220, 221
— ne peut imaginer l'Inexistant............ 216
— (Où va l') entre ses Incarnations... 137 à 141
— psychique. Définition.............. 101, 102
— réalise qu'il est Esprit........... 23, 72, 73
— réel. Définition................ 89, 101, 102
— sensuel reste lié à la Terre après son excarnation............................. 139
Honneurs (Force Verte employée à créer les)....... 290
Hook (Robert)................................. 152
Huxley....................................... 26
— Définition..................... 246, 247
Huygens (Christian)............................ 152
Hypnotisme.................. 72 à 74, 237 à 271
— (Amour inspiré par)........... 267, 268
— Cas de Patrick..................... 249

INDEX

- — (Coercition par) .... 248 à 250
- — Comment le combattre 252, 267, 268
- — Comment le produire 246, 247
- — (Comment se préserver contre l') ... 268 à 271
- — (Crime causé par) .... 248 à 250
- — d'abord connu comme Braidisme 239
- — Définition .... 246 à 247
- — développe l'Esprit objectif 263
- — (Domination mentale, phase d') .... 250 à 254
- — (Effet de l') continu .... 265 à 268
- — (Effet rétroactif de l') sur l'opérateur 266
- — (Esprit dominé par) .... 248 à 250
- — Esprit n'est pas le produit du Cerveau (Prouvé par l') .... 70 à 75
- — Force malfaisante 267
- — Homme est Esprit (Prouvé par l') 73
- — (Mal fait par l') 72
- — (Maladie n'est pas guérie par l') 264, 265
- — (Négations produisent l') 310
- — n'est jamais justifié 250
- — (Obéissance et) 247, 248
- — (Peu de Bien résulte de l') 72
- — (Survivance de l'Esprit prouvée par l') 268 à 271
- — (Suggestions et) .... 247 à 255
- — (Volonté détruite par l') 247, 248, 265, 266
- — (Volonté employée à produire l') 247, 248
- — Volonté peut briser l'Hypnose 267, 268
- IGNORANCE cause de maladie 301
- — dans les créations 92, 343, 344

INDEX

— empêche le Self-Control............ 116,	117
— (Émotions sans frein causées par)........	116
— des lois n'est pas une excuse...........	92
— (Mal causé par).............. 92, 117,	135
— n'est pas une protection...............	63
— (Vanité et)...................... 117,	118

IMAGINATION est création........................ 196
IMMORTALITÉ (Comment l') est acquise............ 187
— Définition.................... 186, 187
— prouvée scientifiquement par l'Hypnotisme............................... 74
IMPÉRISSABLES (Iles)............................ 27
INCARNATIONS (*Voir* Réincarnation).
— (Loi de Justice cause certaines)......... 145
— prouvée scientifiquement par l'Hypnotisme............................... 74
INCONNU (Peur de l')............................ 109
INDE (Colonisateurs de l').................... 28, 33
— Riche en littérature et philosophie....... 29
— (Temples de l')........................ 151
INDÉPENDANCE enseignée par les Animaux.......... 324
INDIGO. Force, Inspire la Musique................ 294
INDIVIDUALISATION (Couleur Vert Clair de l')...... 171
— (Couleur Verte de l')............ 288 à 290
— enseignée par la Divinité............ 324, 325
— exige un État positif.................. 187
— facilite la manifestation des Plans divins.. 133
— (Parents sages enseignent l')........ 324, 325
— (Planète d') est la quatrième............ 290
INDIVIDUALISME contre l'Altruisme et l'Égoïsme. 56, 57

INDEX

INGERSOLL (Colonel)	39
INSPIRATION (Force Bleue source d') .... 293 à	295
INSUCCÈS causés par la Peur.... 90 à 92, 106, 175,	176
INTÉGRALE (Matière) .... 46 à	49
INTELLECT. Côté négatif de l'Esprit subjectif	103
INTELLECTUALITÉ (Couleur de l')	288
INTELLIGENCE (Gradation de l')	26
INTUITION (Contrôle de Soi-Même nécessaire pour l').	99
— (Couleur de l')	295
INVENTEURS se servent des mêmes courants de Pensée	276
INVISIBLE (Peur de l')	109
IVROGNERIE surmontée par la suggestion....... 122,	123
JALOUSIE causée par la Peur	106
JAUNE (FORCE COSMIQUE) (Amour) 196,	197
— Amour spirituel et créateur	295
— Difficile à voir 166,	167
— Harmonie divine	295
— (Intuition)	295
— La plus élevée sur Terre	295
— (Pouvoir de tout accomplir par l'usage de la)	296
— (Sagesse est)	295
— (Soleil irradie la)	62
— (Spiritualité acquise par la).... 172, 173,	295
JÉHOVAH. Principe créateur Mâle-Femelle	41
JÉSUS a dit : « Aimez vos ennemis »	177
— (Altruisme soi-disant enseigné par)	57
— (Altruiste veut se sacrifier comme)	292

INDEX

— enseigna ésotériquement et exotériquement............ 18,	19
— « Notre Père ». Analysé...............	340
JEU défendu aux Étudiants......................	234
JEUNESSE rétablie consciemment...................	149
JOUR COSMIQUE (Commencement d'un).............	128
— (Conscience suprême se réincarne à chaque nouveau)........................	130
— (Insuccès dans un)....................	38
— (Lois pour chaque)................ 129,	130
— Longue période de temps..............	21
— Moyen d'évolution.....................	21
JOURS COSMIQUES plus ou moins semblables.........	128
JUDAISME jéhovique, cabalistique et talmudique....	19
— (Ritualisme du).................. 180 à	182
JUSTICE (Loi de) (Évolution modifiée par la).......	143
— existe...................... 143, 145,	146
— (Libre arbitre limité par la).............	143
— (Matérialisations gouvernées par la)......	201
— (Mauvais usage de la Force Mentale puni par la)........................ 208,	209
— motive certaines Incarnations...........	146
— (Pensées agissent sur la)................	143
— Revient à son point de départ...........	144
LATENTE (Possibilité) dans l'Homme de savoir toute chose.............................	295
LÉMURIE (Disparition de la)	28
— (Homme existait en) pendant la Troisième Période................... 27,	28
LÉMURIENS (Réincarnation des)...................	29

INDEX

— (Sort des)	28
LOEB (Professeur) (Conditions de Vie par le)	301
LOGOS (Esprit subjectif est le)	85
LOI de Demande et de Réponse (*Voir* Demande et Réponse [Loi de]).	
— divine, travaille automatiquement et impartialement	267
— d'Équilibre (*Voir* Justice [Loi de]).	
— gouverne toutes choses. 146, 147, 323, 326,	338
— (Ignorance de la) n'est pas une excuse	92
— de Justice (*Voir* Justice [Loi de]).	
— d'Opulence (*Voir* Opulence [Loi de]).	
— de Périodicité (*Voir* Périodicité [Loi de]).	
— de Réincarnation (*Voir* Réincarnation [Loi de]).	
LOIS de chaque Jour Cosmique 129,	130
— gouvernent chaque détail 146, 147, 324, 326,	338
— les mêmes pour chaque côté de la Vie. 129,	135
— Méthodes de manifestation de la Divinité 129,	130
— naturelles sont les Plans Divins	129
— de l'Univers	130
LIBRE ARBITRE (L'Homme possède le). 140, 143, 148,	149
— limité par la Justice	143
LITTÉRAIRE (Pensée) (Couleur de la) 293,	294
LIVRE DE VIE (La photosphère est le)	229
LUMIÈRE (Verres colorés modifient les rayons de la)	65
LUMIÈRES zodiacales sont des Courants Cosmiques	280
MAGIE. Blanche et Noire. Distinction 255,	287

— (Force Rouge utilisée pour la) (Destruction par la)		287
— (Force Rouge utilisée au Bien par la)		287
— (Lois utilisées en)		20
— (Pouvoir de la)		33
— (Pratique de la)	19,	218
MAGIQUE (Cérémonial). Définition		34
MAGNÉTIQUES (Connections) produites par la concentration	192, 193, 200,	351
— (Connections) (produites par la Pensée) 192, 200, 201, 350,		351
MAGNÉTISME ANIMAL. (*Voir* Force Orangée, Force de Vie).		
— (Dépression du)	243, 244,	245
— employé par le Mesmérisme		241
— Force occulte		36
— malicieux, considéré par les chrétiens comme un Diable personnel		94
— (Condition favorable à l'émission du)		242
— (Pouvoir curatif du)	243,	244
— utilisé par la fusion des Auras		243
MAITRES (Atlantis était aidé par les)	29,	30
— (Classes de)	24, 25,	233
— Définition		25
— demandés par la plupart		232
— (Divinité atteinte par les)		25
— enseignent l'Occultisme	25, 30,	233
— n'essaient jamais de contraindre qui que ce soit		232
— (Entités subjectives se posent en)		252

INDEX

—	Gardiens de l'Occultisme...............	26
—	(Grade de).........................	25
—	du Monde.........................	177
—	résultat de la Peur.................	106

MALADIE (*Voir* aussi Guérison).

—	(Cause de la). 90, 116, 301, 302, 303, 304,	320
—	(Cause de la) imaginaire............ 304,	305
—	(Cause réelle de la).............. 305 à	307
—	causée par l'Ignorance............ 301,	302
—	(Classification des).............. 304 à	306
—	(Comment se manifeste la).............	301
—	Définition 297,	300
—	(Émotions et leur relation avec la).. 99,	116
—	est produite par l'État Négatif..........	187
—	(Guérison de la)........ 243, 295, 305 à	322
—	(Guérison de la). Définition.............	306
—	Habitude de la Pensée............. 120,	121
—	héréditaire, causée par les Conditions mentales............................	304
—	(Manifestation de la)...................	301
—	n'est pas guérie par la Domination mentale.......................... 264,	265
—	n'est pas guérie par l'Hypnotisme.. 264,	265
MALCHANCE résulte de la Création mentale..........		117
MATA LE MAGICIEN. Citation.....................		81
MATÉRIALISME. Atteint son point culminant au XIXe siècle..........................		36
—	et la Science....................	17
—	(Forme artistique du) en Grèce..........	34
—	(Lois inconnues du)...................	20

INDEX

—	qualifia la Croyance subjective de Superstition.....................	17

MATÉRIALISATION (*Voir* Demande).
— (Concentration hâte la)................. 202
— retardée par la Précipitation............ 348

MATIÈRE animée par la Conscience.................. 129
— assujettie à l'Esprit................... 23
— divisée........................ 46 à 49
— (Indestructibilité de la)................ 125
— intégrale...................... 46 à 49
— (Persistance de la)................... 125

MATRICE (Création mentale devient une)...... 199, 200, 350, 351
— (Objet matériel attiré par).............. 351

MATTHEWS (D^r). Conditions nécessaires à la Vie..... 301
MAXWELL (J. Clerk) (D'après).................. 46
MÉCONTENTEMENT repousse les Démonstrations. 349, 350
MÉDECINE. Science expérimentale.................. 309
MÉDITATION analysée........................ 186, 187
— (Connaissance reçue par la)....... 186 à 195
— Définition........................ 186
— (Demande par la) directement à Dieu. 188, 189
— doit précéder la Création................ 208
— (Se garder de la) négative.......... 186, 187
— Mauvaise manière de méditer... 186, 187, 189, 190, 193
— (Méthode véritable de)... 190, 191, 194, 195
— nécessaire à de promptes démonstrations. 186
— (Opulence et)...................... 339
— pour créer l'Opulence................. 339

INDEX

—	philosophique.................. 186 à	191
—	(Règles pour la)................ 186 à	191
—	(Réponses pendant la)............. 194,	195
—	(Temps pour la).......................	192
MÉDIUMS (Caractères positifs ne peuvent être)... 227,		228
—	contrôlés par des entités d'ordre inférieur.	227
—	(Dégénérescence du caractère moral chez les)................................	227
—	(Folie fréquente parmi les)..............	226
—	(Fraudes des).........................	227
—	Instruments des Ames désincarnées.. 224,	225
—	(Magnétisme des) absorbé par les Esprits Contrôles................................	227
—	(Obsession chez les).....................	225
—	(Passivité irresponsable des)............	229
—	(Perte de Force des)....................	227
—	vampirisés par les Esprits Contrôles......	227
MÉMOIRE DES VIES PASSÉES (Condition nécessaire pour la)..		136
MENTALE (Accroissement de Force). Comment l'obtenir...		197
—	(Bleu, couleur des plus hautes qualités)..	293
—	(Connection) entre les Etres. 142, 143, 192,	193
—	(Dépression). Traitement................	314
—	(Domination). (Coercition par)...... 252,	253
—	(Domination). Définition......... 250 à	254
—	(Domination) employée à l'insu de la victime...................................	250
—	(Domination) (Exemples de)........ 252,	253
—	(Domination) (Extension de la).... 251 à	253

INDEX

— (Force) est Bleue.................... 197
— (Force) sexuelle transformée en Force.... 112
— (Forme) précède la Forme physique..... 89
— (Images) deviennent des choses physiques.
 62, 63, 216
— (Inspiration) vient de la Force Bleue. 293, 294
— (Science) (Dénégations employées par la)
 278, 279
— (Science) Dépression. Comment y remédier.. .... 244, 245
— (Science) (Erreurs de la).............. 51
— (Science) (Forces Cosmiques employées par la)...................... 278, 279
— (Science) (Guérison par la) basée sur la Loi.............................. 278
Messe chantée sur un ton spécial................ 220
Mesmer (Cures accomplies par).............. 237, 238
— étudiant occulte..................... 237
— (Histoire de).......... 237 à 241, 244 à 246
Mesmérisme. Force Cosmique.................... 241
— (Magnétisme animal connu comme)..... 241
— (Nature du).................... 238 à 242
Métaphysiciens (Différents procédés de guérison employés par les)........................ 310
— (Effet des remèdes nié par quelques). 308, 309
Minéraux comme remèdes ne devraient pas être employés................... 307, 308
— (Conscience dans les)........ 43, 44, 85, 132
— (Faible degré de vibration des).......... 308
— (Individualisation des)................. 86

INDEX

— (Pouvoir de cohésion des) est Conscience. 43
— Règne végétal 308
— (Réincarnation des).................... 132
MOELLE ÉPINIÈRE (Traitement des maladies de la)... 314
MOLÉCULES de la Vie complexe individuelle.... 297, 298
MONDES (Création des).................... 128 à 131
— (Mort des)............................ 131
MORT des Mondes............................ 131
MOUNT-MURU.................................. 27
MOUVEMENT.............................. 49, 50
MUSIQUE (Couleur de la).................. 293, 294
— inspirée par la Force Bleue......... 293, 294
NAISSANCE de la Création................. 126
— (L'Homme détermine sa)............... 147
NAPOLÉON et le Self-Control............... 98
NATURE adorée comme Divinité.............. 40
— échoue sans aide................. 79, 80
NÉCROMANCIE. Spiritualisme rebaptisé............. 224
NÉGATIONS dans le traitement de la Maladie....310, 311, 312, 313, 320
— (Hypnotisme produit par).............. 310
— (« Mental Scientists » se servent de)...... 278
NÉO-PLATONICIENS. (Force Cosmique employée par les).. 278
NERFS (Traitement des Maladies de).............. 243
NERVOSITÉ (Comment guérir la)................... 291
— (Force Orangée employée en cas de)..... 243
— (Force Verte employée pour guérir la).... 291
« NEW THOUGHT » (Guérison par la) basée sur la Loi.. 278
NEWTON. Théorie de la Lumière................... 152

INDEX

Nicée (Concile de) (Immortalité définie par le)	68
Nimbe. Définition	161
Noir. Indique un état anormal	165, 166
« Notre Père ». Analysé	340, 341
Nuit de Brahma. Description	126, 127
— Cosmique	126, 127
— Cosmique. Dure des Éons	127
Œuf aurique (Définition de l')	161
Obsession (Épilepsie causée par)	226
— (État négatif favorise l')	186
— (Folie causée par)	226
Occultisme (Abus de l') amène une prompte destruction	31
— (Aperçus sur l')	16, 17, 20
— au Moyen Age	17
— (Causes enseignées par l')	21, 22
— (Ceux qui enseignent l').	24, 25, 29, 30, 233
— (Chacun a ce qu'il mérite, enseigne l').	324, 325
— (Clef de l')	52
— Clergé possédait la science occulte	35
— (Crémation préconisée par l')	219
— dans l'Église chrétienne	35
— dans l'Église catholique	35
— Définition	17, 18
— (Étude de l') par investigations personnelles	25
— (Évolution enseignée par l')	21
— (Histoire de l')	15 à 39
— (Hommes futurs étudieront tous l')	38
— (Loi de l'Être enseignée par l')	235

INDEX

—	(Le Monde est prêt maintenant pour l')...	36
—	n'enseigne pas le sacrifice de Soi-Même. 56,	57
—	(Prompts résultats obtenus par l')......	291
—	(Science de l'). Comment l'obtenir. 24, 35,	36
—	Science de Cause et d'Effet............	22
—	Science de la Révélation divine..... 20,	21
—	Sciences parfaites......................	26
—	(Self-Control nécessaire en).............	99
—	(Sociétés secrètes dépositaires de l').. 35,	36
—	(Tout est Divinité, enseigne l').........	20
—	(Usage criminel de l')...................	31
—	Vérification 15, 16,	26
OPINION PUBLIQUE (Peur de l')............ 107 à		109
OPINIONS (Valeur relative des).....................		27
OPULENCE (CRÉATION DE L')................. 323 à		354
—	(Ardeur requise pour la)...............	350
—	(Calme requis pour la).................	345
—	(Centres employés pour la).... 330 à 332,	334
—	(Colère éloigne la)................ 349,	350
—	(Concentration requise pour la)..... 289,	290
—	(Création requise pour la).......... 289,	290
—	Déclarer : « Dieu a reçu ma demande. »...	352
—	(Demande et).................. 339 à	344
—	Demander jusqu'à réalisation............	339
—	Demandes bien spécifiées.......... 343,	344
—	(Demande fréquente requise pour la).. 350,	351
—	Désirez fortement......................	345
—	(Envie retarde la)................. 349,	350
—	(État positif nécessaire à la).. 339, 340,	343
—	(Excitation affecte la)............ 346 à	348

— 399 —

INDEX

—	Exemples.................... 331 à	336
—	(Foi dans la)................... 332,	333
—	(Force Verte employée dans la).... 290,	291
—	(Loi de la)............ 290, 291, 323 à	354
—	(Maître en)..................... 332,	333
—	(Manque de Self-Control retarde la).. 349,	350
—	(Mécontentement retarde la)........ 349,	350
—	(Méditation avant la)..................	339
—	(Preuves de la)................... 333,	334
—	Réaliser qu'on fait agir une Loi immuable.............................	351
—	(Spéculation sur les moyens de réalisation de la) disperse la force.......... 348,	349
—	Tout est distribué par la Loi...........	338
—	existe en l'Esprit divin................	337
—	vient de Dieu........................	338
OPULENCE	(Travailleur mental attire l').. 329, 335,	336
—	(Travailleur physico-mental et). 329, 334,	335
—	(Travailleur physique n'arrive jamais à l').	330
ORANGÉE	(FORCE), (*Voir* Vie, Force.) « Magnétisme animal ».	
—	(Animaux traités par la)................	287
—	constitue le Magnétisme animal...... 241,	242
—	(Dépression causée par la Diffusion de la) 243,	244
—	(Enfants traités par la)................	288
—	Force Cosmique.......................	280
—	Principe de Vie universel...... 167, 168, 242, 287,	288
—	Reconstituant des Tissus...............	243

INDEX

— (Troubles nerveux calmés par la)........ 243
— Utilisé par le mélange des Auras......... 243
— (Végétaux stimulés par la)............. 288
ORDRE (Force Bleue inspire l')................... 293
— de l'Harmonie universelle.............. 238
ORGANES ont leurs vibrations individuelles......... 299
ORGANISATION (Force Bleue inspire l')............. 293
Os brisés doivent être remis..................... 306
OSTÉOPATHIE. Méthode de guérison............... 307
— (Dépression causée par la pratique de l') 244, 245
PAIX (Self-Control nécessaire à la)................. 101
PATRICK (Influence hypnotique de)................. 249
PAUL. (Mysticisme de saint)...................... 19
PÉCHÉ. Création de l'Esprit objectif.......... 93, 94
— originel........................ 94, 95
— Résultat de l'Ignorance............ 135, 302
PEINTURES MENTALES finalement se matérialisent. 63, 120, 121
— (Matérialisation des)............... 120, 121
— (Matrice formée par).................... 200
— (Photographies de).............. 200 à 202
PENSÉE (Aura déterminé par l'intensité de la)...... 165
— (Le Bien n'est pas une qualité de la). 183, 184
— blessantes produisent les guêpes, mouches, moustiques, etc...................... 217
— (Caractère fait par la)............. 142, 148
— cause de Vibration... 77, 139, 163 à 165, 184
— (Les Choses sont des)................... 63
— consciemment dirigée amène des résultats 60

INDEX

- — (Conscience divine impressionnée par la) 62, 63, 340, 341
- — (Corps physique affecté par la). 136, 148, 149
- — (Couleur de la) déterminée par sa qualité.. 165
- — (Courants de).................... 274 à 278
- — (Créations résultent constamment de la) 141, 142, 196
- — créatrice toujours par Images. 191, 199, 200
- — définie par son usage.............. 183, 184
- — Définition....................... 183, 184
- — (Destinée de l'Homme affectée par chaque) 148, 149
- — (Élémentaux créés par la)............... 216
- — envoyée dans n'importe quelle direction.. 23
- — État concret nécessaire............ 191, 192
- — (Examiner soigneusement les) qui vous viennent...................... 269, 270
- — (Famille déterminée par la)........ 146, 147
- — (Force est Pensée ou le résultat de la). 183, 184
- — inattentive n'amène aucun résultat.. 191, 192
- — (Individus reliés par la).. 142, 143, 192, 193
- — licencieuses se transforment en vermine.. 217
- — (Loi d'équilibre mise en action par la).... 143
- — (Mal n'est pas une qualité de la)......... 184
- — (Milieu déterminé par la)................ 142
- — NÉGATIVE (Vibration inférieure de la).... 184
- — (Photographies de la).............. 201, 202
- — POSITIVE (Vibration supérieure de la).... 184
- — (Pouvoir de la)....... 23, 142, 143, 164, 165
- — produit de l'Esprit................. 50, 183

INDEX

—	(Vibration est la caractéristique principale de la)	184
—	(Volonté détermine la direction de la)	185
—	(Volonté détermine l'intensité de la)	185
—	(Volonté détermine la nature de la)	185
PÉRIODES d'évolution		27
—	Cinquième................ 32 à	36
—	Première et Seconde	27
—	Quatrième................ 29 à	32
—	Troisième................ 27,	28
PÉRIODICITÉ (LOI DE) (Concentration aidée par la)		204
—	Définition 118,	119
—	(Habitudes détruites au moyen de la)	120
—	(Habitudes formées au moyen de la). 118 à	120
—	(Univers gouverné par la)....... 129,	130
PEUR (*Voir* Émotion [Conquête de l']).		
—	acquise avant la Naissance	90
—	acquisition de l'Esprit objectif	90
—	Analysée	106
—	attire ce qu'on craint	107
—	cause de la plupart des Colères, Jalousies, Meurtres, Insuccès, Vols, Découragements	106
—	cause du Cancer	91
—	cause des Désespoirs	106
—	cause de la Fièvre	303
—	cause des Insuccès..... 91, 92, 106, 174 à	176
—	cause des Troubles cardiaques	303
—	(Combattre directement la) épargne de la Force 106,	107

— 403 —

INDEX

—	(Contrôle de la)....... 106 à 110, 115 à	124
—	(Couleur de la).................. 174,	286
—	crée les Maladies................. 91,	320
—	(Déclarations contre la)............ 109,	110
—	(Élimination de la).......... 106 à 110, 115 à 124, 175,	176
—	Émotion fondamentale............ 106,	107
—	(Ignorance et)........................	117
—	de l'Inconnu.........................	109
—	des Individus........................	108
—	(Maladies et).................... 320,	321
—	(Mobilité humaine et).................	107
—	de l'Opinion publique............107 à	110
—	perd bien des Existences..............	109
—	(Suggestion d'un châtiment provoque la).	256
—	(Supprimer la) pour guérir........ 319 à	321
—	vient de l'Esprit objectif........ 90, 91,	116
PHÉNOMÈNES (Vibration cause des) physiques......		53
PHOTOSPHÈRE. Livre de Vie.....................		229
PHYSICIENS (Erreur des) qui ne croient qu'en la matière............................		51
—	(Erreur des) qui ne reconnaissent pas le côté conscient de l'Atome............ 51,	52
PHYSICO-MENTAL (Travailleur). (*Voir* Travailleur physico-mental.)		
PHYSIQUE (Forme), précédée par la Création mentale.		89
—	(Phénomène) causé par la Vibration.....	53
—	(Résurrection) enseignée...............	68
—	(Travailleur). (*Voir* Travailleur physique.)	
—	(Univers). Définition..................	50

INDEX

—	(Vanité) doit être conquise...............	113
PINÉALE (Glande). Centre de fonction subjective.		230, 231
PLAN. (*Voir* subjectifs [Plans].)		
PLANS SUBJECTIFS (Anciens expérimentaient les).. 17,		18
—	(Clairvoyants fonctionnent sur les).......	76
—	(Contacts de l'Homme avec les) diffèrent suivant son Développement...........	219
—	(Définition du premier des).............	219
—	(Élémentaux formés sur les)....... 215 à	221
—	(Entités des)........ 186, 215, 220 à 222,	232
—	(Forces des).........................	24
—	(Habitants des).................... 221,	222
—	(L'Homme repose, entre ses incarnations, dans les)...................... 137 à	141
—	(Mages fonctionnent sur les).............	76
—	(Nombre des)........... 137 à 139, 219,	220
—	(Science assimilée sur les)..............	139
—	(Vie se manifeste en Force Orangée sur les)........................... 167,	168
—	(Zones des).............. 138, 139, 219,	220
PLANÉTAIRE (Chaîne) consiste en sept Planètes......		290
—	(Chaîne) (Évolution s'accomplit sur la)...	83
—	(Esprits) (Esprits subjectifs créés par les) 81,	82
—	(Esprits) (Force vitale irradiée par les)....	128
—	(Esprits) Grands Êtres.................	82
—	(Esprits) (Planètes créées par les) 130, 131,	199
PLANÈTES (Ages des). (*Voir* Ages de la Terre.)		
—	(Incarnation sur une autre).............	139
—	(Première)...........................	84

— pour les Esprits subjectifs...............		83
— Quatrième.................... 83, 84,		102
— Quatrième, toujours Verte..............		290
Poisons créés par l'Esprit......................		304
— (Degré inférieur de Vibration des).......		308
— (Maladie change seulement par les)......		308
Position (Force Verte employée pour créer une)....		290
Pouvoir (Abus de) amène la Destruction.. 31, 208,		209
Précipitation. Définition.......................		202
— La plus haute Forme de Création........		202
Préservation de Soi, premier devoir envers Dieu....		56
Prêtres. Élèves des Adeptes....................		34
— (Science occulte possédée par les).... 35,		220
Prière doit être adressée à la Conscience universelle...................... 188 à		190
— (Différentes formes de)....... 180 à 183, 188, 340 à		342
— (État positif requis pour rendre la) efficace.		342
— généralement négative..................		342
— « Notre Père », analysé............ 340,		341
— rationnelle.............................		183
Probation de sept années pour les Étudiants.......		233
Procréation (Couleur Rouge de la)..............		290
Propensions animales (Couleur des)..............		169
Protestantisme (Prières dans le)........... 181 à		183
Psychisme. En éviter l'Étude....................		211
— Élémentaux 215,		216
— (Élémentaux employés en)..............		218
— (Esprits animaux et)....................		218
— (Esprits objectifs et)............. 213,		214

INDEX

—	(Étudiants doivent se développer avant d'étudier le)..........................	223
—	Étudiants protégés par la Force Cosmique.	223
—	(Habitants du Seuil rencontrés en).. 212 à	219
—	(Humanité proche du)............. 212,	213
—	(Ignorant influencé par)..................	223
—	Imposture des Esprits Contrôles.........	226
—	inutile aux Étudiants pour le moment...	235
—	Les Ames doivent passer par « Le Seuil » psychique............................	219
—	Sensitifs......................... 220,	221
—	(Sensitifs employés en).............. 220,	221
—	subdivision de l'Occultisme............	211
PSYCHOMÉTRIE. Définition.......................		160
PURGATOIRE (Ames libérées du) par les Messes.......		220
—	(Emplacement du)................ 219,	220
QUIMBY (Dr), Maître de Mrs. Eddy...............		331
RAISON (Actions devraient être gouvernées par la).	97,	98
—	côté négatif de l'Esprit objectif..........	104
—	(Émotions l'emportaient primitivement sur la)............................ 166,	167
RÉFORME accomplie par les Individus.............		78
RÈGNE ANIMAL (Ames dans le)....................		218
—	(Conscience dans le)............. 44, 86,	87
—	(Indépendance dans le)................	324
—	(Règne végétal supporte le)............	308
—	(Réincarnation supporte le)....... 134 à	136
RÉINCARNATION (Conscience et)............. 135,		136
—	dans le Règne animal............ 134,	135
—	dans le Règne minéral................	132

INDEX

—	dans le Règne végétal.............. 133,	134
—	de l'Esprit objectif.............. 214,	215
—	de l'Esprit subjectif............ 83, 84,	89
—	Divinité se réincarne............ 129,	130
—	État de l'Homme entre les Incarnations 136 à	140
—	Fait dans la Nature............... 132,	133
—	(L'Homme détermine le temps et l'état de sa)................... 140, 141,	146
—	(Incapacité à se rappeler ses Vies précédentes n'est pas une preuve contre la)..	136
—	Loi Cosmique.................... 130,	131
—	(Loi de)...................... 126 à	149
—	se manifeste partout....................	132
—	sur d'autres planètes...................	139
—	(Temps requis pour la).......... 140 à	143
RELIGIONS ésotériques pour les Initiés........... 18,		19
—	exotériques pour les Masses......... 18,	19
REMÈDES affectent le Corps physique.......... 308,		309
—	minéraux et végétaux............. 307,	308
ROUGE, Couleur de la Colère............ 178, 284,		285
—	Couleur de la Nature émotionnelle... 169,	170
—	Couleur de la Peur............ 174, 175,	286
—	Couleur de la Procréation..............	287
—	Couleur des Propensions animales... 169,	170
ROUGE (FORCE COSMIQUE) (Corps désorganisé par la).		286
—	Couleur Vineuse indique la Jouissance sensuelle............................	286
—	Cramoisi indique le Désir sexuel........	286
—	Écarlate indique la Colère..............	286

INDEX

—	(Émotions résultent de la).......... 169,	170
—	Employée par la Magie Blanche pour punir...............................	287
—	Employée par la Magie Noire dans un but de Destruction......................	287
—	(Fonctions sexuelles restaurées par la)....	287
—	(Folie émotionnelle causée par la)........	285
—	Force la plus inférieure de l'Homme.....	168
—	Force naturelle chez les Animaux.......	284
—	Nuance foncée indique la Peur..........	286

Réponses aux Demandes.................... 189 à 196
— Règles à observer...................... 194
Repos (Plans subjectifs, endroits de).......... 138, 139
Reptiles produits par les Pensées venimeuses....... 217
Résurrection physique enseignée................ 68
Rhumes (Causes des)............................ 302
— (L'Esprit objectif crée les)............. 121
Richesse (*Voir* Opulence).
Ritualisme bouddhique.......................... 180
— brahmanique........................... 180
— chrétien............................... 181
— Définition............................. 180
— judaïque........................ 180, 181
Rosicrutiens (Force Cosmique employée par les).... 278
— Société occulte........................ 35
Sacrifice de Soi n'est pas enseigné par l'Occultisme........................... 56, 57
Sagesse (Comment acquérir la).................... 63
— (Couleur de la)........................ 295
— (Demander à Dieu la plus haute).... 123, 124

INDEX

SAINT-GERMAIN (Comte de), occultiste..............	239
SALUT n'est pas seulement une affaire de Foi........	84
SANG (Vibration du) est Rouge...................	300
SANTÉ (Comment obtenir la)....... 287; 295; 305 à	322
— (Courants Cosmiques et)................	278
— Définition...........................	300
— (Émotions doivent être contrôlées pour jouir d'une bonne)..................	99
— (Habitude de se peindre en bonne santé).	120
SAUVEURS des Hommes...................... 114,	115
SCIENCE (Chimie) primitivement occulte............	17
— ésotérique pour les Initiés..............	18
— exotérique pour les Masses........... 13,	19
— (L'Inconnu est maintenant exploré par la).	23
— traite des Effets.......................	21
SELF-CONTROL (Aides dans le).............. 115 à	124
— (Clairaudience exige le)................	99
— (Clairvoyance exige le)................	99
— (Concentration exige le)................	100
— (Création exige le).....................	100
— (Élévation ne peut être obtenue sans). 98,	99
— (Émotions et)............ 99 à 103, 114,	115
— (Esprit subjectif employé au)....... 115,	116
— (Étudiants doivent posséder le)...... 99,	100
— (Habitude utilisée pour arriver au).. 117 à	121
— (Ignorance est un obstacle au)..... 115,	116
— (Intuition ne peut être éveillée sans).....	99
— (Occultisme demande le)............ 99,	100
— (Paix ne peut être obtenue sans).........	100
— (Pratique du) est difficile................	97

INDEX

- — (Règles pour le）..................115 à 124
- — (Santé exige le)....................... 99
- — signifie Contrôle de l'Esprit objectif par l'Esprit subjectif.................... 101
- — (Souffrance peut être éliminée par le). 100, 101
- — (Succès impossible sans)................ 98
- — (Suggestion employée au).......... 121, 122
- — (Volonté nécessaire au)........... 115, 116

SENS (Couleur de la Jouissance des)................ 286

SENSATION. Manifestation de l'Esprit objectif....... 101
- — (Prime d'abord la Raison)............. 167
- — (Vibration cause de la)................ 53

SENSITIFS (Dispositions d'esprit des)................ 220
- — (Habitants du Plan prochain se servent des)..................................... 222
- — (Influences sur les)............. 220 à 223
- — (Psychisme étudié par les)............. 223
- — (Psychométrie et)....................... 160
- — (Volonté faible des).................... 222

SENSUALITÉ analysée...................... 110, 111
- — (Ascétisme, réaction morale de la).. 110, 111
- — (Élimination de la) (*Voir* Émotion [Conquête de l']).................110, 111
- — Émotion cardinale................ 106, 110
- — Excès sensuels constituent la perversion 110, 111
- — lie à la Terre sur le Plan subjectif........ 139
- — (Réglementation de la) enseignée par l'Occultisme.......................... 111

— 411 —

INDEX

— (Réglementation de la) est la conduite la plus sage.................. 110, 111
SIÈCLE (XIXe), matérialiste..................... 22
SILENCE (Entrer dans le). Procédé de Méditation. 183, 190
SOCIÉTÉ DES RECHERCHES PSYCHIQUES (L'Esprit a une Forme d'après la)................. 75
— (Phénomènes spiritualistes vérifiés par la). 228
— (Preuves recueillies par la)............... 75
— (Psychisme étudié par la)............ 71, 223
SOCIÉTÉS SECRÈTES (Science occulte et)............. 35
SOI (L'Occultisme n'enseigne pas le sacrifice de).. 56, 57
— (Préservation de) premier devoir envers Dieu.................................. 56
SOLAIRES (Divinités) (*Voir* Divinités solaires).
SOLEIL, centre de Vie........................... 79
— (Craintes dissipées par le)............... 61
— (Orbite du)............................. 130
— (Traitement par le)..................... 62
— Vibrations les plus fortes............... 62
SON (Vibrations sont la cause du)............. 52, 53
SOUFFRANCE (Comment échapper à la)........ 100, 101
— preuve que l'Esprit objectif n'a pas été conquis.................................. 103
SOURIS. Petits centres de Conscience............. 109
SPENCER HERBERT. Discussion sur la Force et la Matière.................................. 125, 132
SPÉCULATION. Évitez de vous demander par quelle voie se réaliseront vos démonstrations........ 348, 349
SPIRITUALISME (Aspects du)......... 223, 224, 228, 229

— (Éternelle Progression enseignée par le)...	71
— Nécromancie rebaptisée................	224
— (Passivité requise par le)...............	224
— (Pratique du)............ 224, 225, 228,	229
— (Preuves réunies par le)................	75
— Vampirisation................... 224 à	227
SPIRITUALITÉ (Couleur Jaune de la)........... 172,	173
— ('Tendances actuelles vers la)......... 36,	37
SUBSTANCE (L'Atome possède un côté)............	51
— Essence divine qui se manifeste comme matière........................	50
SUCCÈS attribué à des Causes extérieures....... 277,	278
— dépend du Self-Control................	100
— (Lois qui gouvernent le)............ 277,	278
SUGGESTION (Acceptation de la) dépend de celui qui la reçoit................ 254, 255, 259,	269
— (Alcoolisme vaincu par la).. 122, 123, 250,	260
— (Atlantéens détruits par le mauvais usage de la).............................	255
— (Auto). Définition................. 257,	263
— (Auto) devrait être faite par le Subjectif à l'Objectif........................	263
— bienfaisante. Exemples.................	122
— constructive (Exemples de)........ 225 à	258
— constructive doit être employée.... 255 à	258
— destructive (Exemples de)......... 255,	256
— destructives........................	256
— (Domination mentale par)......... 250 à	254
— (Double) à l'Objectif et au Subjectif. 261,	262
— (Émotions conquises par la)........ 121,	122

INDEX

— (Esprit Objectif accepte toujours les) destructives.................................... 256
— (Esprit Objectif maîtrisé par la). 121, 122, 261, 262
— (Esprit Subjectif usant de la)... 121, 122, 262, 263
— Force qui croît par l'usage.............. 259
— (Guérison par la).................. 319, 320
— (Habitude de fumer vaincue par la)...... 122
— (Hétro). Définition...................... 257
— (Hétro). Exemples................ 258, 259
— (Hypnotisme produit par)......... 246 à 250
— équitable, peut être faite............... 258
— équitable (Usage de la).. 254, 255, 258 à 263
— (Mauvais usage de la).............. 259, 260
— (Mauvais usage de la) amène la destruction.................................... 255
— mauvaise (Exemples de)........... 256, 257
— (Obstacles écartés par la)........... 258, 259
— (Parents mésusent de la) sur leurs enfants. 256
— peut aider dans la Vie................... 258
— (Pouvoir illimité de la)................. 254
— Professeurs suggèrent continuellement leurs élèves.................................... 256
— (Règles pour le bon usage de la)... 259 à 263
— (Rejet de la).................... 255, 259
— silencieuse. Définition............ 255 à 259
— silencieuse plus forte que la Suggestion vocale.................................... 257
— Stimulant moral........................ 259

INDEX

— vocale. Définition	255,	256
— vocale (Exemples de)		256
Surplus seulement doit être donné		292
Sympathie doit être dominée pour guérir les malades.		245
Tabac défendu aux Étudiants		234
Télépathie basée sur la Loi	23,	255
— Définition		164
Terre des Dieux		27
Tonique de notre Monde est *Fa*		290
Tout appartient à Dieu		338
— Développement de la Divinité		21
— doit progresser		16
— est distribué par la Loi	338,	339
— est gouverné par La loi	147, 148, 323, 324, 326,	338
— est d'un usage temporaire		338
— existe en Dieu		21
— existe en quantité suffisante pour tous.	337,	338
— peut se faire, peut s'acquérir	16,	207
Traitement (Comment appliquer un)		60
— par le Soleil	61,	62
Travail. Chacun doit travailler pour progresser		327
— Définition		327
— de Dieu pendant chaque Jour Cosmique		327
Travail mental	327, 328, 352,	353
— emploie consciemment la Loi	329 à	334
— (L'Esprit est employé dans le)		329
— (Opulence acquise par le)		330
— (Succès obtenu par le)	327 à	336
— (Travail physique inférieur au)	329,	334

INDEX

TRAVAIL PHYSICO-MENTAL (Esprit employé dans le)...	329
— (Étudiants s'attardent plus ou moins au)..	335
— (Opulence obtenue par le)...............	330
TRAVAIL PHYSIQUE. Définition....................	329
— (Opulence ne s'obtient jamais par le).....	330
— (Travail mental supérieur au)...... 329,	334
TRAVAILLEURS (Classes de). Définition........ 328,	329
TRINITÉ de Conscience, Force et Substance.........	51
TUMEURS (Traitement des).................. 314,	315
UNIVERS (Évolution et Dissolution alternent dans l').	125
— manifestation de la Divinité.............	126
UNIVERS PHYSIQUE (Base de l')...................	49
— (Création de l')................ 126 à	132
— Définition...........................	50
— (Manifestation de l')........... 49, 125,	126
UNIVERSELLE (Conscience). (*Voir* Divinité, Conscience divine.)	
VAMPIRISATION. Définition.......................	162
— des Êtres jeunes par les plus âgés........	163
— par les malades.................. 162,	163
— (Pour prévenir la).....................	163
VANITÉ analysée........................ 113,	114
— (Aspect mental de la)............ 113,	114
— (Aspect physique de la).................	113
— (Aspect spirituel de la)............ 114,	115
— (Contrôle de la)................ 112 à	124
— Émotion cardinale................ 106,	113
— (Évolution très retardée par la)..........	114
— (Ignorance démontrée par la)............	114

INDEX

—   incite à pratiquer la Clairvoyance artificielle............................... 230
—   mentale, difficile à reconnaître.......... 113
—   (Nécessité de dominer la) *(Voir* Émotions [Conquête des])..................... 113
—   niée par ceux qui en sont atteints.. 113, 114
—   spirituelle anéantie par le Martyre....... 114
—   doit s'éteindre....................... 115
—   (Réformateurs sont animés par la)....... 114
—   (Subtilité de la), rend sa conquête difficile 113

VÉGÉTAL (RÈGNE) (Ames du)..................... 134
—   (Conscience dans le)........ 44, 86, 133, 134
—   (Individualisation dans le)............... 86
—   (Réincarnation dans le)........... 133, 134
—   Supporte le Règne animal.............. 308
—   supporté par le Règne minéral.......... 308

VÉGÉTAUX composés, employés pour guérir la maladie........................ 307 à 309
VÉRITÉ toujours démontrable................. 15, 16
VERMINE (créée par les Pensées licencieuses)....... 217
VERRE (Pourquoi le diamant entame le)....... 302, 303
VERRES colorés modifient les rayons lumineux...... 65
VERT, couleur de l'Égoïsme.................. 288, 289
—   couleur de l'Intellectualité sans intuition........................ 288, 289
—   couleur normale de l'Esprit objectif... 77, 166, 171, 290, 298, 299, 300
—   indique l'Individualisation..... 171, 288, 289
—   positif et négatif...................... 173

VERTE (FORCE COSMIQUE) (Altruisme guéri par la). 291, 292

INDEX

—	Désir d'acquérir, Couleur de la verdure en automne	289
—	Égoïsme, Couleur Vert bouteille	289
—	employée pour créer richesses, pouvoir, situation et tous les biens matériels.. 290,	291
—	(Excroissances détruites par la)	315
—	(Guérison par la) 291, 315 à	318
—	Individualisation, Couleur Vert pastel	289
—	(Nervosité guérie par la)	291
—	(Rayon X nuance de la)	316
—	(Troubles visuels guéris par la) 291,	292
Verte (Quatrième Planète, toujours)		290
Vibrations (Appareil enregistreur des) 164,		165
—	(Caractère, cause des) de l'Homme	77
—	cause des phénomènes physiques	53
—	cause de la Sensation	53
—	de la couleur	52
—	du diamant et du verre comparées... 302,	303
—	de l'eau bouillante	44
—	des Forces de la Pensée	82
—	de l'Homme	77
—	du Soleil	62
—	du Son	52
—	(Maladie résulte de la Loi de)	301
—	ne peut mentir	77
—	(Pensée cause de)..... 77, 139, 163, 164,	184
—	(Puissance résulte de) élevées	58
—	produisent la Forme et la Couleur.. 153 à	157
—	Supérieures et Inférieures	162
—	sympathiques	273

INDEX

—	(Tout est)	53

Vie. Force (*Voir* Force Orangée; Magnétisme animal).
- — (Corps préservé par la) 168, 169
- — Couleur Orangée 167, 168, 287
- — Essence de la Vie 160, 167
- — irradiée par les Divinités solaires 127
- — irradiée par les Esprits planétaires 127
- — (Végétation animée par la) 133, 134

Vie formée de Molécules 297
- — Humaine prolongée 149, 301, 302

Vin défendu aux Étudiants 234
Visible (Partie) de l'Esprit 45
Voi, résultat de la Peur 106
Volonté (Clairvoyance par effort de) 230, 231
- — côté positif de l'Esprit subjectif. 104, 105, 184
- — (Culture de la) 185
- — (Désir plus faible que la) 105
- — détermine la Direction de la Pensée.. 184, 185
- — détermine l'Intensité de la Pensée 185
- — détermine la Nature de la Pensée 185
- — (Domination de la) 260
- — (Éveil de la), notre grand but 104
- — (Exercice de la) 115
- — (Force de la) 185
- — (Hypnotisme et) .... 246 à 249, 267
- — (Hypnotisme brisé par la) 268
- — (Libre arbitre) (L'Homme possède le) 140, 143, 148
- — Libre arbitre limité par la Justice 143
- — (Self-Control et) 115, 116

INDEX

Von Reichenbach (Karl) 150
Voyants fonctionnent sur les Plans subjectifs 76
Vue affaiblie (Comment guérir la) 291, 292
Wachmeister (Comtesse) 253, 254
Wilmans (Mrs Helen) 335, 336
Wood (Henry) 264
X (Rayon). Nuance de la Force Verte 316
Yoga mentale et physique 179
Zanoni (A la recherche de la Vérité) 212
Zodiacales (Lumières) Forces Cosmiques 280
Zones du côté subjectif de la Vie 137, 138, 219, 220

www.ingramcontent.com/pod-product-compliance
Lightning Source LLC
Chambersburg PA
CBHW070924230426
43666CB00011B/2306